모든 여성은
같은 투쟁을 하지
않는다

모든 여성은 같은 투쟁을 하지 않는다

'모두'의 페미니즘에서 누락된 목소리

초판 1쇄 인쇄 2021년 2월 26일

초판 1쇄 발행 2021년 3월 5일

지은이	미키 켄들
옮긴이	이민경
펴낸이	이영선
책임편집	차소영

편집	이일규 김선정 김문정 김종훈 이민재 김영아 김연수 이현정 차소영
디자인	김회량 이보아
독자본부	김일신 김진규 정혜영 박정래 손미경 김동욱

펴낸곳 서해문집 | 출판등록 1989년 3월 16일(제406-2005-000047호)

주소 경기도 파주시 광인사길 217(파주출판도시)

전화 (031)955-7470 | 팩스 (031)955-7469

홈페이지 www.booksea.co.kr | 이메일 shmj21@hanmail.net

ISBN 979-11-90893-48-0 03300

모든 여성은 같은 투쟁을 하지 않는다

'모두'의 페미니즘에서
누락된 목소리

미키 켄들 지음
이민경 옮김

서해문집

일러두기

• 본문에서 옮긴이가 부연 설명한 내용은 대괄호로 표시했으며, 본문 각주는 모두 옮긴이주다.

• 단행본·잡지·신문 등은《》로, 영화·텔레비전 프로그램 등은〈〉로 표시했다.

내게 도구를 준 후드를 위하여

드렉스사이드와 사우스사이드여, 영원하라

나의 할머니는 스스로를 페미니스트로 칭하지 않을 것
이다. 백인 여성이 투표권을 쟁취한 이후인 1924년에 태어났지
만* 짐 크로Jim Crow** 법이 기승을 부리던 시기에 자라난 할머
니는 백인 여성을 동맹이나 자매로 여기지 않았다. 그는 특정한
성 역할에 대한 굳은 신념을 가지고 있었고, 제2차 세계대전 이
후 여성이 일을 해야 하는가를 놓고 벌어진 논쟁을 참을 수 없
어했다.*** 그는 자기 어머니나 할머니가 그랬듯이 항상 일을 했

---

* 미국에서는 1920년 "미국 시민의 투표권은 성별을 이유로 미합중국 또
는 어떠한 주州에 의해서도 부정되거나 제한되지 않는다"고 명시한 수정헌
법 제19조가 비준됨에 따라 여성 투표권이 보장됐다.

** 식당·화장실·극장·버스 등 공공장소에서의 인종차별을 골자로 한 법
이다. 이 법에 따라 흑인은 백인과 같은 공간을 점유할 수 없는 것은 물론,
공교육이나 일자리에서 배제되는 등 체계적이고도 철저한 차별을 겪었다.
1965년에 폐지됐다.

*** 양차 세계대전 당시 남성들이 징집됨에 따라 생긴 노동력 공백을 여성
들이 메웠는데, 전쟁이 끝난 후 참전 군인들이 돌아오면 여성들은 일자리
를 그들에게 다시 내주어야 했다.

다. 할아버지는 할머니가 바깥에서 일하기를 그만두고 자신에게 가장家長 자리를 넘겨주기를 원했는데, 그것은 할머니에게 세상에서 가장 논리적인 일처럼 보였다. 그는 피로했고, 또 그에게 집 안에서 아이들을 돌보는 일은 집 밖에서 하는 일과 전혀 다르지 않았기 때문에. 할머니는 모든 여성이 일을 해야 한다고 생각했다. 그저 어디서, 얼마나 일하느냐가 문제였을 뿐. 그는 당시 많은 여성들이 그러했듯이 집에서 돈을 버는 나름의 창의적인, 하지만 반드시 합법적이지는 않은 방법을 알았고, 돈을 벌 필요가 생기면 그것을 총동원했다.

할머니는 자신의 네 딸들에게 반드시 교육을 받게 했다. 그것은 네 딸이 둔 여섯 손녀에게도, 수많은 사촌, 친구, 이웃들에게도 똑같이 적용되었다. 그는 항상 "학교에 가라"고 말하곤 했다. 중퇴는 결코 선택사항이 될 수 없었다. 할머니가 노여워할 것이 두려웠기 때문이기도 하지만 그가 지닌 지혜를 존중했기 때문이기도 하다. 고등학교는 의무였고, 어떤 대학에 가는 건 강력히 권고됐다. 이때 젠더는 아무런 상관이 없었다. 할머니는 일과 마찬가지로 교육 역시 모두가 받아야 하는 것이라고 믿었다. 교육을 어떻게, 얼마나 받는지는 그리 중요하지 않았다. 그저 스스로를 보살필 수 있다면 되었다.

비록 나를 숙녀로 만들기 위해 헛된 노력을 기울이기는 했지만 할머니는 앎의 기쁨을 간직한, 내가 아는 가운데 제일가는 페미니스트였다. 하지만 그는 그 라벨을 단 적이 없었다. 당시 페미니스트들이 할머니 같은 여성들에 대해 늘어놓던 말은 인종주의적이고 계급주의적인 가정으로 점철되어 있었기 때문에, 그는 자신이 통제할 수 있는 것에 초점을 맞췄고 많은 페미니스트 수사를 경멸했다. 그러나 그는 자신의 페미니즘을 살아냈다. 할머니의 우선 과제는 개인과 공동체의 건강에 대한 우머니즘wom-anism적인 관점과 상통한다.

할머니는 살아남는 것, 나를 돌보고 내가 사랑하는 이들을 돌보는 것이 존중받을 자격을 갖춘 사람이 되는 것보다 더 중요하다고 가르쳤다. 백인 여성들의 우선 과제로 정의된 페미니즘은 유색인 여성들을 통해 헐값에 가사노동을 해결할 수 있는지에 달려 있었다. 백인 여성의 주방에 들어가는 일은 다른 여성들에게 아무런 도움이 안 됐다. 그런 일은 언제든 구할 수 있었고, 늘 보수가 낮았고, 항상 위험했다. 절대 오지 않을 기회에 접근한다는 얄팍한 허울로 노동을 하는 데 자유란 없었다. 백인 여성을 위한 더 나은 제안은 흑인 여성을 위한 자유의 길이 될 수도, 될 리도 없었다.

할머니는 내가 원하는 것이 무엇이고 덜 필요로 하는 것이 무엇인지 듣지 않는 이들, 그러면서도 그들이 가장 잘 안다고 주장하고 옹호하는 이데올로기는 무엇이든 비판하라고 말했다. 그는 내게 불신을 가르쳤다. 역사에 무지한 채 진보를 말하는 이들은 인종주의가 학습되듯이 불신도 그러하다는 사실을 이해하지 못한다. 모부와 조모부가 짐 크로 법, 코인텔프로COINTELPRO,* 레

---

* COunter INTELligence PROgram의 약어로, 미 연방수사국(FBI)이

이거노믹스를 겪었고, 또 아이들에게 일찍부터 '마약과의 전쟁'*
을 언급하고 어떻게 해야 문제에 휘말리지 않을 수 있는지 자주
이야기하곤 했던 우리 집 같은 곳에서는 특히 그렇다. 경찰이 괴
롭힐 때, 그렇지만 이웃 간에 폭력이 벌어져 실제로 보호가 필요
할 때는 신경 쓰지 않을 때, 우리 문화와 공동체에 무엇이 문제
인지를 지적하는 외부인들의 훈계는 필요치 않았다. 우리에게
필요했던 것은 스스로를 보호하기 위한 경제적이고 인종적인
특권이었다. 주변화된 이들을 살피겠다고 약속하지만 아무것도
하지 않는 이들에 대한 회의는 정체성 때문에 타깃이 되는 이들
에게 유용한 삶의 기술이었다. 중산층이 된다 해도 이미 존재하
는 것만으로 범죄가 될 수 있는 몸을 갖는 결과를 완전히 차단해
줄 마법의 방패를 얻을 수는 없었다.

　아마 착한 소녀로 보여서 좋을 만한 가치도 있을 것이다. 잘
맞추고 현상 유지를 중요시하는 사람이 되는 데. 불편하고 거친
구석이라고는 없는 고상한 중산층처럼 보이는 것을 중시하는
이들에게는 적게나마 보상이 따랐다. 나는 내 길을 거기서 찾은

1956~1979년에 걸쳐 페미니스트 조직을 비롯해 공산당, 반전 조직, 블랙
팬서당, 아메리칸 인디언 운동 등을 감시·분쇄했던 불법적인 프로젝트를
말한다.
* 1971년 6월 18일 닉슨 대통령이 언급하면서 대중화된 용어로, 향정신
성 약물의 생산·유통·소비를 근절하기 위한 일련의 마약 정책을 말한다. 그
런데 향정신성 약물 범죄에 관한 통계에는 심한 인종적 차이가 있었다. 흑
인은 다른 인종에 비해 마약 범죄로 체포될 가능성이 훨씬 높았고, 더 강력
한 처벌을 받았다.

적이 한 번도 없었고, 따라서 가치를 산술할 수 있는 척, 누가 그런 틀 안에 들어갈 수 있는지 판단할 수 있는 척하지 않았다. 나는 잘못된 방향으로 돌출된 내 일부분을 잘라내기를 결코 원치 않을 것이며, 잘라내지도 않을 것이다. 나는 나를 좋아하지 않는 이들의 기대를 저버리기를 좋아한다. 나는 내 선택이 모두에게 받아들여지지 않는다는 사실을 즐긴다. 나의 페미니즘은 현상 유지를 편안하게 느끼는 이들을 중심에 놓지 않는다. 그 길은 결국 나 같은 여성들을 위한 평등에 영영 이르지 못하리라는 것을 알기 때문이다.

어렸을 때 나는 내가 성차별주의며 인종주의, 그 밖의 다른 폭력으로부터 안전하게 착한 소녀나 숙녀처럼 행동할 수 있을 줄만 알았다. 무엇보다 할머니가 내가 숙녀처럼 행동하기를 너무나 원했기 때문에, 거기에는 어떤 의미가 있어야 했다. 하지만 내가 발견한 사실은 이랬다. 그렇게 행동하는 것은 내게 어떤 보호도 제공해주지 않을뿐더러 사람들에게 약하다는 신호로 받아들여지며, 살아남는 것 이상을 원한다면 맞서 싸워야 했다. 착한 소녀들은 얌전하고, 조용하고, 옷을 더럽히는 법이 없는 반면 나쁜 소녀들은 소리를 지르고, 싸우고, 그들 자신에게 상처를 주는 이들을 늘 막을 수는 없을지언정 그렇게 했다는 사실을 후회하게 만들 수는 있다. 착한 소녀가 되려고 노력하는 건 지루하고 당황스러웠을 뿐만 아니라 나를 지켜주지도 못했다.

나는 스스로를 방어하고 나쁜 소녀가 되는 위험을 기꺼이 감수하는 법을 빠르게 배워나갔다. 하지만 다른 많은 것들처럼, 나는 다른 사람들이 내가 앉아야 한다고 생각할 때 일어서는 법을 배웠다. 잘 나빠지기란 무섭고, 재미있고, 그럴 만한 가치가 있는 일이었으며, 궁극적으로는 내가 걷고자 했던 유일한 길이었다. 나는 문제아가 된다는 것이 자기 길을 가고 해야 할 일이 되게끔 하는 어른이 될 수 있는 뜻이라는 걸 배웠다. 나는 나를 희생하면서까지 다른 사람들을 만족시키는 데 집중하지 않았기 때문에. 할머니는 당신 시대에는 현명한 사람이었을지언정 내게 필요한 것이 무엇인지를 가장 잘 판단하는 사람은 아니었다. 그가 중산층 숙녀다움이라는 관념을 포용했던 것은 그것이 그에게 상대적인 안전을 보장해주는 길이어서였다. 나로 말하자면, 그것은 나를 무방비하게 만들었다. 나는 할머니가 나를 위해 만들어주려 했던 버블 바깥으로 나가 세계를 탐험하는 법을 배우기 위해 내가 속한 공동체로부터 도망쳐야 했다. 나는 내 출신을 수치스럽게 여기지 않는다. 후드hood*는 페미니즘이 단지 학계 이론이 아니라는 걸 가르쳐줬다. 옳은 말을 옳은 때에 하는 것도 아니다. 페미니즘은 바로 당신이 하는 것이며, 다른 무엇보다도 중요하게 생각하는 사람들을 위해서 하는 것이다.

주류 페미니즘에 대한 비판은 그것이 외부로부터 왔을 때 더

---

* 흔히 뒷골목에 대한 은유로 쓰이는 '후드'는 이 책에서 저자 미키 켄들이 자라난 사우스사이드와 드렉사우드를 의미한다. 켄들은 흑인이 밀집되어 있고 빈곤층 비율이 높은 이 지역에서 형성한 자신의 관점을 미국 중산층 백인 중심의 페미니즘과 대비하며 서술한다. 따라서 부정적인 어감을 줄 수 있는 한국어 단어로 옮기는 대신, 그대로 음차했다.

큰 주목을 받곤 하지만, 실제로는 내부에서의 비판이 페미니즘을 성장시키고 더 효과적으로 만들어왔다. 주류 페미니스트 글쓰기는 페미니즘 이슈를 구성하는 핵심적인 틀을 보여주었다. 우리가 기본적인 요구를 페미니즘 이슈라 말하는 일은 거의 없다. 식품 불안정에서부터 양질의 교육에 대한 접근, 안전한 이웃, 생활 임금, 의료 서비스 모두 페미니즘 이슈다. 그럼에도 초점은 여성이 이러한 기본적인 요구를 충족할 수 있도록 돕는 틀을 짜는 대신, 너무도 자주 생존이 아닌 특권을 늘리는 데에 놓인다. 모든 여성을 대표한다는 운동이 이미 자기 욕구를 대부분 만족시킨 이들을 중심으로 돌아가는 것이다.

다는 아닐지라도 대부분의 주변화된 여성들이 공동체에서 페미니스트(꼭 이 용어를 쓰지 않을 때조차) 역할을 하는 것과 마찬가지로, 나의 페미니즘은 어떻게 인종, 젠더, 계급에 상관없이 교육을 받고, 의료 보장을 받고, 일자리를 구하고 유지하는지, 또 이러한 것들이 권위 있는 이들이 나를 대하는 태도에 어떤 영향을 미치는지 인식하는 데 뿌리를 두고 있다. 내가 '지각력이 있는' 같은 단어를 안다는 사실을 백인인 여름 캠프 교사가 믿기를 거부했다거나 일상적으로 사소한 차별을 겪었던 경험은, 시카고 남부 출신 흑인 소녀라는 존재가 사람들로 하여금 어떤 가정을 세우게 만든다는 사실을 알게 했다. 이는 중산층, 백인, 이성애자, 날씬한 몸, 비장애인 등 인공적인 '규범' 바깥에 존재하는 모든 이에게 통용되는 진실이었다. 우리는 세상에 대해 바라는 대로가 아니라 있는 그대로의 세상에 개입해야 한다. 세상에 바라는 대로 개입하는 방식은 가장 많은 특권을 쥔 이들의 관심에 주목하는 이상화된 페미니즘을 만들어낸다.

이 경험은 내가 나 자신이나 다른 이들을 인간적인 감정이 필요치 않을 만큼 강한 사람으로 생각한다는 뜻이 아니다. 나는 강한 사람이기도 하지만 흠 있는 사람이기도 하다. 나는 초능력자가 아니고, '강인한 흑인 여성'이 아니다. 흑인 여성은 너무나 강인하기 때문에 어떤 도움도, 보호도, 돌봄도, 관심도 필요로 하지 않는다는 식의 인종주의적 고정관념이 만들어낸 기준에 따라 살 수 있는 사람은 아무도 없다. 이러한 고정관념은 실제 문제를 가진 실제 흑인 여성에게 어떤 공간도 내주지 않는다. 사실 유색인에 대한 가장 '긍정적인' 수사들 역시 해롭다. 그런 수사들은 우리를 비인간화하며, 우리가 받을 수 있는 타격을 지워버리기 때문이다. 그것이 설령 선의에서 비롯됐다 할지라도 그렇게 말하는 이들의 행동이 보여주는 것은 사실상 그들이 우리를, 우리가 어떤 일에 대해 결정할 권리를 존중하지 않는다는 사실이다.

나는 페미니스트다. 대체로 그렇다. 나는 성격이 더럽다. 대체로 그렇다. 정말이기 때문에 이야기하는 것이지만, 이렇게 이야기함으로써 내가 착한 사람이 아니라는 사실을 자주 상기할 수 있다. 진실이기도 하다. 나는 정말이지 착한 사람이 아니다. 나는 (때때로) 친절한 사람이다. 하지만 착한 사람인가 하면, 아니. 사랑하는 사람들, 나이 든 사람들, 혹은 어린아이를 대할 때가 아니면 그렇지 않다. 무슨 차이가 있냐고? 나는 도움을 필요로 하는 사람이라면 아는 사이든 아니든 간에 기꺼이 돕는다. 하지만 착한 사람이 된다는 건 누군가를 돕는 것과 다르다. 그것은 듣기 위해, 연결되기 위해, 부드럽게 말하기 위해 멈추는 것이다. 내 착한 마음은 내게 착하게 대해주는 사람들을 위해 혹은 처한 상황 때문에 그것을 필요로 하는 사람들을 위해 아껴두었다.

페미니스트 집단에는 착하고, 사교적이고, 다른 사람들이 싸지른 것을 불만 없이 견뎌낼 수 있는 따뜻한 천성과 부드러운 방법을 가진 이들이 있다. 그들에게는 자기 노선이 있고, 내가 생각하기에 그들 대다수는 잘 해내고 있는 것 같다. 그렇지만 내 노선은 다르다. 나는 다정하게 구는 것만으로는 충분치 않을 때, 거듭 상냥하게 이야기해도 일이 굴러가지 않을 때 사람들이 부르는 페미니스트다. 나는 미팅에 들어가 "이봐, 네가 다 개판 내고 있잖아. 방법은 이거야"라고 말하는 페미니스트다. 착한 페미니스트들은 내 거친 단어 선택에 충격을 받는다. 그들은 상처받은 감정을 어루만지고, 사람들에게 왜 내 단어 선택이 그들을 화나게 했는지 이해한다고 말하며, "우리 감정을 상하게 하기는 했지만 그가 옳은 말을 했어요. 동료, 공동체, 회사에 해를 끼치지 않고서 어떻게 문제를 해결할까요?"라는 피할 수 없는 질문이 닥칠 때면 이미 이전에 사람들을 설득하려 했지만 실패했던 것과 같은 말을 내놓는다.

사람들은 그제야 그들이 하는 말을 듣는다. 내가 소리를 질러 모래에 파묻혀 있던 사람들 머리를 밖으로 꺼냈기 때문에. 내가 못되게 굴고 나면 남은 것은 자신들이 누군가에게 잘못을 저질렀고, 그들이 그러해야 한다고 생각하는 대로 자신이 착하거나 쓸모 있거나 관대하지 않다는 자각이다. 그것이 바로 이 책의 핵심이다. 편안한 독서가 되지는 않겠지만, 그런 고된 일을 기꺼이 하는 이들에게는 배울 기회가 될 것이다. 이는 읽기 쉽다는 뜻이 아니며, 주변화된 공동체가 직면한 문제가 해결될 수 없다는 뜻도 아니다—하지만 인종주의, 흑인여성혐오misogynoir, 동성애혐오 같은 문제가 사라진 것은 아니다. 모두가 무시했기 때문에. 나는 모든 문제에 해답을 갖고 있지도 않고, 가진 척할 생각도 없다. 내가 가진 열망이란 페미니즘 운동 및 연대에 대한 대화를, 페미니즘에 대한 교차적 접근이 여성 공동체들 간의 관계를 증진하는 열쇠임을 인식하는 방향으로 움직이려는 것이다. 진정한 연대가 일어날 수 있도록 말이다. 지워내기는 평등이 아니다. 적어도 인구의 절반 이상을 대표한다는 주장으로부터 힘을 끌어내는 운동에서는 그렇다.

나는 학계 바깥에서 페미니즘을 배웠다. 아마 여러분은 우리 집 현관에서 상아탑을 볼 수 있겠지만, 이곳에 도달하는 동안 시카고 대학 학생들과 직원들은 내 이웃인 하이드파크 주민들과 최소한의 상호작용만을 했다. 순전히 실용적인 목적에서 학생들에게 이웃과 거리를 두라고 경고하는 대학과, 대학이 우리가 아닌 사람들에게 제공하는 기회에 어떻게 접근할 수 있는지조차 정보가 부족한 상황 사이에서, 상아탑은 차라리 달에 가까웠다. 돌봄노동자나 관리인 같은 직업을 갖는 것, 혹은 식당에서 일자리를 구하는 것은 비교적 투명했지만, 그 외의 곳에 접근하는 길은 뚜렷하지 않았다. 시카고 대학의 페미니즘이 이웃에 사는 저소득층 흑인 여성에게 제공하는 것은 영화 〈헬프The Help〉의 한 장면이었을 것이다.* 우리가 더 높은 사회경제적 수준에서 태어난 이들의 필요를 충족시키는 것보다 더 큰 열망을 가지고 있다는 발상은 대부분의 사람들에게 그저 스쳐 지나가는 것으로밖에 보이지 않는다. 평등의 감각을 가지고 있는 극소수에게 접근은 체면을 비용으로 치르게끔 했다. 윌리 웡카의 골든 티켓을 가지는 문제와 비슷했다. 초콜릿 공장에서 일어나는 일이 좀 더 나았으리라는 점이 다르다면 달랐다.

하이드파크는 많은 변화를 겪었다. 이 변화란 인구가 늘어나는 데 필요한 서비스를 위해서는 더 나아졌음을 의미했고, 젠트리피케이션이 집값을 올리면서 그러한 서비스를 가장 필요로 하는 이들을 밀어냈다는 면에서는 나빠졌음을 의미했다. 장기 거주자들이 강제로 쫓겨나면서 거주자들을 위한 자원이 투입된 셈이다. 최근 대학은 로컬들을 좀 더 환영하는 듯 보이나 여전히 주된 관심사는 중산층이거나 부유층인 이들(혹은 그렇게 되고 싶어하는 이들)에 있다. 나는 새로운 하이드파크가 워킹푸어로 남은 로컬들에게 어떻게 문을 열지 알 수 없지만, 현재까지는 모든 신호가 규제 강화를 뜻하거나 이 구역을 다양한 인종과 다양한 소득층이 살아가는 곳으로 유지하는 데 철저히 무관심함을

---

* 2011년에 개봉한 이 영화의 뼈대를 이루는 내용은 작가 지망생이자 기자인 백인 여성이 흑인 여성 가정부가 겪는 인종차별을 목도하고, 그것을 책으로 출판하는 것이다.

드러낼 뿐이다.

대학을 졸업한 이후 나는 환영받았고, 시카고 대학에서 발표할 기회도 몇 번 얻었지만, 과연 상아탑을 볼 수 있는지조차 의심스러웠다. 젠트리피케이션이 이 아름다운 지역에서 먼 곳으로 나를 밀어냈기 때문에. 나는 일리노이 대학에 진학한 후에야 비로소 도서관에 꽂힌 다른 모든 책이 그러하듯 학문적인 고전에 속하기 위한 것(내가 접근할 수 없었던 세상을 반영하는 것이었다)이 아니라 지침을 제공하기 위한 것으로서 페미니즘 텍스트를 진정으로 조우할 수 있었다. 몇몇 예외가 있기는 했지만, 너무나 많은 페미니즘 텍스트들이 나 같은 소녀들에 대해 쓰면서도 나 같은 소녀들에 **의해서** 쓰이지는 않았다. 당시 나는 페미니즘 대 우머니즘—전자는 평등에 대한 실질적인 조치보다는 립서비스에 가까웠고, 후자는 보다 실질적인 조치에 가까웠지만 여전히 생계를 위해 성판매에 뛰어드는 이들을 충분히 포괄하지 않았다—이라는 국면을 맞닥뜨렸으나, 둘 중 무엇도 나 혹은 내 목표에 완전히 들어맞지 않았다. 나 같은 여자들은 대화의 대상이지 완전한 참여자라고는 여겨지지 않았다. 우리는 권리를 가진 사람이 아닌 해결되어야 할 문제였기 때문에.

이 책은 가장 취약한 구성원들을 지지하는 데 초점을 두면서 공동체 전체의 건강을 다룬다. 주변부에 선 이들의 경험에 집중할 것이며, 이제껏 페미니스트들이 그러했듯 부분적인 문제만을 다루는 것이 아니라 대다수 여성들이 마주한 문제를 다룰 것이다. 좀 더 커다란 문제에 전면적으로 맞서는 것이 모든 여성의 평등에 도달하는 데 핵심이기 때문이다.

　이 책은 어떻게 가난한 여성들이 음식을 마련하기 위해 분투하는지, 어떻게 도시 내부에 거주하는 이들이 학교를 열어두기 위해 싸우는지, 또 어떻게 시골 사람들이 자기 몸에 대해 내리는 가장 기본적인 선택이 페미니즘적인 관심에 부합하는지를 설명하면서 이러한 문제들이 왜 페미니즘 운동 중심에 위치해야 하는지 다룬다. 나는 이런 문제가 다루어질 때조차 왜 가장 심각한 타격을 입는 이들에게는 관심이 거의 모이지 않는지를 파고들 것이다. 예를 들어 강간 문화에 대해 이야기할 때 중심에 놓이는 것은 도시 외곽에 사는 십대의 데이트 강간이다. 미국 선주민이나 알래스카 여성들이 맞닥뜨리는 더 높은 비율의 성폭력이나 학대는 다뤄지지 않는다. 시스젠더나 트랜스젠더 성판매자가 당하는 폭력은 그들이 '올바른' 희생자가 아니기 때문에 철저히 음지에서 다루어진다. 후드 페미니즘은 모두를 위한 것이다. 모두가 필요로 하기에.

연대는 여전히 백인 여성들을 위한 것이다

SOLIDARITY IS STILL FOR WHITE WOMEN

페미니즘은 적절한 교육 혹은 동등한 기회에 접근할 수
없는 여성들을 가여워하는 것이 아니다. 그들을 연구해야
할 프로젝트로 바라보는 것도, 운동의 완전한 참여자가
될 수 있도록 그들에게 존중받을 자격을 갖추기를
요구하는 것도 아니다. 존중받을 자격은 유색인 여성을
인종주의로부터 구해내지 못했으며, 성차별주의나
여성혐오로부터 어떤 여성도 구해내지 못할 것이다.

▶▶

부계 성이라든가 체모, 최고경영자가 되는 가장 좋은 방법에 대한 토론이 현대 페미니즘 담론의 중심에 서 있는 동안, 누군가가 중산층 백인 여성의 좁은 관심사만을 다루는 여성운동의 적법성을 질문한 이유를 살피기란 어렵지 않다. 주변화된 여성들이 겪는 식품 불안정성, 교육, 가장 기본적인 재생산 요구 이상의 의료 서비스 같은 문제는 증가했음에도 페미니즘 이슈로 다루어지지 않았다. 특권을 가진 소수가 아닌, 모든 여성과 관련된 통합적이고 교차적인 이야기는 진작 나왔어야 했다.

2013년 내가 '#연대는백인여성을위한것이다solidarityisfor-whitewomen'를 시작했던 건 연대를 외치는 주류 페미니즘의 요구가 다른 여성을 희생하여 백인 중산층 여성이 안락함을 누리는 방향에 맞추어져 있었기 때문이다. 많은 백인 페미니스트들은 그런 문제가 실재하며 해결되지 않았음을 인지하는 대신, 이 해시태그가 분열을 조장하며 내부 갈등을 빚는다고 말했다. 그들은 페미니즘을 바로잡는 방법이 다들 보는 앞에 더러운 빨랫

감을 내놓는 식으로 거론되어서는 안 된다고 주장했다. 그러나 그 출발점에서부터 주류 페미니즘은 어떤 여성들은 평등을 위해 더 오래 기다려야 한다고 주장해왔다. 일단 한 집단(주로 백인 여성)이 평등을 얻고 나면 모두를 위한 길이 열리리라는 것이었다. 하지만 실제로 이 문제를 해결해야 할 때면 주류 백인 페미니즘은 유색인 여성을 위해 나타나지 않았다. 백인 페미니즘은 '린 인lean in'*하여 회사에서의 최고경영자 문제에 우선순위를 둘 수 있는 반면, 흑인 여성들이 이름 때문에 고용차별을 겪고 헤어스타일 때문에 해고당한다는 문제를 드러내지 못했다. 학교가 유색인 여성들을 차별할 때 백인 페미니즘은 조용했다. 유색인 여성들이 가장 큰 문제에 처한 순간에조차 백인 페미니즘은 백인 여성이 중심에 놓이는 경우든, 아니면 백인이 아닌 여성에게 가장 큰 영향을 끼치는 문제가 지워지는 경우든, 모두에게 호소하는 운동이란 하얀 얼굴을 하지 않은 여성에게 장애물이 되는 문제에 참여하는 것임을 잊은 듯 굴었다.

트랜스 여성은 자주 폄하되거나 지워진다. 저명한 페미니스트들은 보수적인 언설을 앵무새처럼 되풀이하면서, 여성성을 유동적이고 임의적인 사회적 구성물이 아니라 출생 시점에 결정되는 생물학적인 문제로 틀 지운다. 유색인 트랜스 여성은 가장

---

* '뛰어들다'라는 뜻을 가진 단어이자 페이스북 최고운영책임자 셰릴 샌드버그Sheryl Sandberg의 저서 제목으로, 여성들에게 기회가 왔을 때 놓치지 않는 적극적인 리더십을 북돋우는 내용으로 이루어져 있다.

쉽게 폭력의 대상이 되며, 이들의 현실을 반영한 통계는 모든 여성이 동일한 수준의 위험에 노출되어 있다는 사고를 강화하기 위해 활용된다. 하지만 트랜스 여성에게 직접적인 영향을 미치는 문제에 대해 주류 백인 페미니스트들이 보내는 지지란 기껏해야 최소한에 그칠 뿐이며, 종종 아예 존재하지도 않는다. 공중화장실에 대한 기본적인 접근에서부터 고용 보호에 이르기까지 트랜스 배제적인 정책 및 법안에 반대하는 주류 백인 페미니스트들의 목소리는 부족할 따름이다. 일원화된 페미니스트들의 접근은 위해를 야기하는데, 그것이 도움을 받아야 하는 이들을 소외시킬뿐더러 그들을 지지하려는 시도조차 않기 때문이다. 유색인 여성들에 대한 예상—우리가 인종보다 젠더를 우선시할 것이며, 그리하여 가부장제를 모든 남성에게 같은 힘을 부여하는 무언가로 여기리라는 예상은 우리 가운데 많은 이들에게 소외감을 안겨준다.

우리가 마주하는 장애물은 인종과 계급에 따라 달라지며, 따라서 우선 과제도 저마다 다르다. 결국 의식주를 갖추기 위해 분투하는 여성들에게 문제는 충분히 열심히 일했느냐가 아니다. 그들도 '린 인'한다. 하지만 그것이 동일임금을 쟁취하거나 "모든 것을 갖기" 위해서는 아니다. 동일임금에 대한 그들의 요구는 교육과 기회에 대한 동등한 접근에서부터 시작한다. 그들은 페미니즘이 식품 불안정성이나 교통 및 학교에 대한 접근, 혹은 생활임금과 같이 여성에게 영향을 주는 모든 문제를 페미니즘 이슈로서 인지하기를 요구한다. 이 말은 모든 페미니스트가 모든 사건에 관여하고 모든 투쟁의 모든 세부사항을 알아야 한다는 뜻일까? 아니다.

다만 이 말은 페미니스트들이 집중하기로 선택한 모든 문제를 둘러싼 언어는, 그런 문제가 상이한 사회경제적 위치에 놓인 여성들에게 미치는 영향이 어떻게 달라지는지에 대한 이해를 반영해야 한다는 의미다. 예를 들어 노동을 두고 이야기할 때는 많은 사람들이 생계를 위해 일을 필요로 한다는 것이 삶의 현실임을 인지해야 한다. 우리는 존중받을 자격의 정치(이는 주변화된 집단이 구성원들을 내적으로 감시하여 지배적인 문화규범을 따르게 한다)가 오직 어떤 여성만이 존중이나 보호를 받을 가치가 있다는 발상을 만들어내게 둘 수 없다. 존중받을 자격에 대한 서사는 우리로 하여금 성판매자나 복역 중인 여성, 혹은 삶에서 힘든 결정을 내린 이들이 갖는 요구를 다루지 못한다. 어떤 여성도 존중받을 자격이 있는 사람이나 가치 있는 사람이 될 필요가 없다. 우리는 사람들에게 살기 위해 일하기를, 그러면서도 자기 몸을 통제할 여성의 권리를 둘러싼 시대착오적인 발상에 맞서지 않을 때에만 존중받기를 요구할 수 없다. 주류 페미니즘은 여성의 노동이 중요하게 여겨지기 위해서는 시스젠더 백인 남성에 의해 그려진 노동 경로를 따라야 한다는 아이디어를 포용해 왔다. 하지만 돌봄을 필요로 하는 사람에서부터 전업주부, 성노동자에 이르기까지 모든 사람은 그들이 집에 있든 사무실에 있든 존중받아야 한다.

모든 여성이 같은 투쟁을 하고 있다고 가정하는 이런 경향은 재생산 건강에 대한 심상을 시스젠더 비장애인 여성 중심으로 만듦으로써 트랜스, 인터섹스, 혹은 성기환원주의적인 좁은 관념에 들어맞지 않는 몸을 가진 이들을 소외시킨다. 당신은 포궁이 없더라도 여성일 수 있다.

고용 평등 통계는 남성이 1달러를 받을 때 여성은 77센트를 받는다는 관념을 투사하고 있지만, 백인 여성이 그만큼을 벌어들일 때 유색인 여성은 더 적은 임금을 받는다. 적극적 평등 조치Affirmative action에 대한 불평(백인 여성들이 내뱉는 불평을 포함해서)은 유색인 여성이 가장 큰 혜택을 누리고 있다는 발상에 기초해 있으나, 적극적 평등 조치로 가장 큰 수혜를 입는 것은 다름 아닌 백인 여성이다. 슬픈 현실은, 백인 여성이 억압받는 집단이면서도 동시에 다른 여성 집단에 비해 더 많은 힘을 휘두르고 있다는 것이다—유색인 남성과 여성을 억압할 수 있는 힘을 포함해서 말이다.

강력한 흑인 여성에 대한 신화는 백인 여성들로 하여금 흑인 여성이 그들과 동등해지려면 조금 기다려도 된다고 생각하게 만들었다. 하지만 흑인 여성이 백인 여성보다 더 강하다는 것은 우리가 무지와 학대를 견디도록 만들어졌으며, 관심과 돌봄에 대한 우리 요구가 덜 중요하다는 뜻일 뿐이다.

일반적으로 백인 여성은 백인됨whiteness을 기본으로 여기고 인종은 무시해도 되는 것인 양 교육받는다. 그들이 인종을 비롯해 주변화된 속성이 누군가에게 영향을 미칠 수 있는 방법을 인지하지 못한 흔적은 대중 미디어에서 종종 발견된다. 레나 던햄

Lena Dunham의 HBO 드라마 〈걸스Girls〉가 짚었던 헛다리를 떠올려보라. 모든 등장인물이 뉴욕 브루클린에 사는 이십대 백인 여남으로 구성되어 유색인 여성은 완전히 배제되었음에도 불구하고 이 드라마는 모든 젊은 여성을 위한 것으로 홍보됐다. 혹은 좀 더 최근 일, 이를테면 던햄이 에이미 슈머Amy Schumer에게 한 행사에서 흑인 남성인 오델 베컴 주니어Odell Beckham Jr.와 같은 테이블에 앉았던 일을 언급하면서 했던 말을 떠올려보라. 던햄은 베컴이 자신에게 성적인 면에서든 다른 어떤 면에서든 아무런 관심을 보이지 않은 것이 잘못됐다고 말했다.

베컴이 핸드폰에 빠져 있었다는 것은 단순히 그가 정신을 딴 데 팔고 있었다는 뜻이 아니라, 던햄의 매력에 판단을 내리고 있다는 뜻이었다. 베컴은 부정적인 단어를 한마디도 내뱉지 않았음에도 그들이 짠 개인적인 서사로 끌려 들어갔다. 흑인 남성이 백인 여성에게 어떤 감정을 품고 있으리라는, 베컴의 관심을 원한 백인 여성이 세운 암묵적인 가정 때문이었다. 나는 이제 던햄이나 슈머, 혹은 그들 같은 페미니스트들이 흑인 여성이나 다른 유색인 여성에게 귀 기울이리라고 기대하지 않는다. 백인들에게 듣기라는 기술은 내재해 있지 않다. 남성의 목소리를 가로막는 데 익숙한 백인 페미니스트들로서는 그들에게 남성을 억압하는 힘이 있다는 말을 듣는 것이 특히 어려운 일일 수 있다. 그러나 이는 백인 여성에게 관심을 표했다는 이유로 악마화되거나 살해당한 흑인 남성의 역사를 바꾸지 못하며, 백인 여성의 눈물이 흑인 남성의 커리어뿐 아니라 삶 전체에 미칠 수 있는 부정적인 영향 역시 바꾸지 못한다. 던햄이 사과했다는 사실이나 별 의도가 없었다는 사실은 아무 의미가 없다. 위해는 가해졌고, 던햄의 일상적인 인종주의적 가정은 베컴이 가상적인 바디셰이밍으로 뉴스에 며칠 동안 오르내렸음을 뜻했다.

백인 페미니즘이 역사를 무시할 때, 백인 여성의 눈물이 흑인을 죽일 수 있는 힘을 가졌다는 사실을 무시한 채 모든 여성이 같은 쪽에 서 있다고 주장할 때, 어떤 문제도 해결되지 않는다. 1955년, 에멧 틸Emmett Till이 자신에게 휘파람을 불었다고 거짓말한 캐럴린 브라이언트Carolyn Bryant를 떠올려보라.* 누가 틸을 죽였는지 알았음에도 불구하고, 또 틸이 그 자신이 주장한 대로 무례하게 굴지 않았음에도 불구하고, 브라이언트는 틸이 린치를 당해 죽은 지 50년이 지난 이후로도 거짓말을 계속 이어갔다. 가족들은 그가 일생 동안 후회했다고 말하지만, 브라이언트는 수십 년간 진실을 쥐고 앉아 틸을 살해한 이들이 유유히 걸어나가는 것을 도왔다. 어떻게 페미니즘은 집단 내부에 이러한 상처를 만들어낸 인종주의에 대해 이야기하지 않고 상처와 화해할 셈인가?

많은 것을 쥐고도 무지하기를 선택하는 데 페미니스트적인 건 하나도 없다. 의도가 결과보다 중요하다는 주장에는 임파워

---

* 1955년 흑인 소년 에멧 틸은 백인 여성에게 휘파람을 불었다는 이유로 납치, 살해당했다. 이후 틸에게 린치를 가한 용의자 2명이 체포됐으나 전부 백인이었던 배심원들에게서 무죄 평결을 받았다.

링이나 계몽이라 일컬을 어떤 것도 존재하지 않는다. 특히 그 결과를 직접 경험하는 것이 아니라 주변화된 공동체의 누군가가 경험하는 것이라면 더더욱 그렇다.

몇몇 백인 페미니스트들이 유색인 여성들에게 자매애에 대한 일방적인 관념을 요구하면서 이를 연대라 부르는 건 도움이 되지 않는다. 자매애란 동등한 이들 간의 상호적인 관계다. 또한 자매를 가진 이들이라면 누구든 말해줄 사실이겠지만, 자매들이 서로 싸우고 감정 상하게 하는 일은 결코 드물지 않다. 생물학적이든 아니든 가족이란 당신을 지지해 마땅한 존재다. 이는 당신이 틀렸다는 말을 누구도 할 수 없다는 뜻이 아니다. 어떤 식이든 비판이 곧 공격이라는 뜻도 아니다. 물론 어떤 말들은 가혹하다. 하지만 성인으로서, 고된 일을 하며 살아가는 사람들로서, 타인의 투쟁 중심에 당신의 감정을 세우도록 요구할 수는 없다. 사실상 연대에 대한 가장 현실적인 접근은 당신이 대화 중심에 설 차례가 아닐 뿐이라고 가정하는 것일 수 있다.

페미니스트 수사가 인종주의나 장애인 차별, 트랜스여성혐오, 반유대주의, 이슬람혐오 같은 편견에 뿌리내리고 있을 때, 이는 주변화된 여성에 대해서도, 연대에 관한 어떠한 개념에 대해서도 맞서게 된다. 다른 경험을 가진 다른 여성이 존재한다는 것을 아는 것만으로는 충분치 않다. 그들이 경험으로부터 길어낸 그들 자신의 페미니즘을 가지고 있음을 이해해야 한다. 히잡을 쓴 여성들이 그것으로부터 '구출'되어야 한다고 이야기하거나, 재생산 정의에서 장애아를 갖는 것이 일어날 수 있는 최악의 결과인 것처럼 주장할 때, 페미니즘이 주변화된 이들을 만들어낼 수 있다는 게 현실이다. 해방운동을 대표하는 이들이 다른 이들을 억압한다면, 그러한 내적인 문제를 해결하지 않고서 어떤 진보가 일어날 수 있겠는가?

페미니즘은 적절한 교육 혹은 동등한 기회에 접근할 수 없는 여성들을 가여워하는 것이 아니다. 그들을 연구해야 할 프로젝트로 바라보는 것도, 운동의 완전한 참여자가 될 수 있도록 그들에게 존중받을 자격을 갖추기를 요구하는 것도 아니다. 존중받을 자격은 유색인 여성을 인종주의로부터 구해내지 못했으며, 성차별주의나 여성혐오로부터 어떤 여성도 구해내지 못할 것이다. 하지만 주류 백인 페미니스트들은 외부의 적에 초점을 맞춤으로써 위해를 가할 수 있는 제 행동을 무시한다. '적의 적은 친구'라는 말은 클리셰일 뿐이다. 현실에서 적의 적은 나의 적일 수 있다. 정체성의 서로 다른 일면을 싫어하는 집단 사이에 놓여 있다는 것은 그중 누구도 안전하지 못하다는 뜻일 수 있다.

그렇다면 우리는 어떻게 수렁에 빠지지 않고 이 복잡한 현실을 다룰 것인가? 우선, 다양한 배경을 가진 페미니스트 모두는 잠재적 앨라이들에게 우리가 원하는 것이 무엇인지를 이야기해야 한다. 그리고 우리가 앨라이로서 행동할 때, 페미니스트들은 우리가 지지하고자 하는 이들에게 기꺼이 귀 기울이고 존중해야 한다. 연대를 구축하는 데 구원자 신화가 들어설 공간은 없다. 연대는 모두를 위한 것이 아니라—현실적으로 모두를 포함할 수 없다—협력 속에서 공통된 목표를 달성하는 것이 답이 될 수 있다. 동등한 파트너로서 자리할 때 우리에게는 협상하고 타협할 여지, 심지어 어떤 경우에는 진정한 우정을 나눌 여지가 있다. 이러한 연결을 만들어내기까지는 시간과 노력, 그리고 어떤 자리가 당신을 위한 것이 아님을 기꺼이 받아들일 수 있는 마음이 필요하다.

비록 '#연대는백인여성을위한것이다'가 당시 온라인 페미니스트 공동체 내에 특정한 문제를 부상시키기는 했지만 이는 좀 더 큰 문제, 말하자면 어떤 여성이 다른 이들을 억압할 가능성이 뚜렷이 존재하는 가운데 모든 여성을 아우르는 운동에서 연대는 무엇을 의미하는가 하는 질문을 던진다. 이는 백인 여성이 유색인을 억압하고, 이성애자 여성이 레즈비언을 억압하고, 시스젠더 여성이 트랜스젠더를 억압하는 현실을 드러내는 수사다. 이러한 정체성들은 별개로 존재하는 것이 아니라, 서로 겹쳐질 수 있다. 우리가 페미니즘의 이름으로 서로를 해치거나 돕는 방법도 마찬가지다.

정치적 성향, 배경, 행위, 심지어는 만들고 소비하는 미디어에 따라 누가 '진짜' 페미니스트인지를 가려내려는 경향이 있다. 비욘세와 니키 미나즈Nicki Minaj가 의상에서나 무대에서나 충분히 페미니스트적이지 않다고 비난하는 동시에 케이티 페리Katy Perry가 유색인의 몸과 문화를 페티시화하고 전유함으로써 임파워링을 했다고 찬양하는 것은 일종의 논쟁거리다. 진짜 페미니즘(이라는 게 존재할 수 있다면)은 인종주의적이고, 트랜스혐오적이고, 동성애혐오적이고, 비장애인 중심적이고, 계급주의적 규범을 복제하는 데서 발견될 수 없다. 하지만 우리는 모두 인간이고, 흠이 있으며, (아마도 가장 중요한 점은) 우리 중 누구도 우리를 둘러싼 환경으로부터 영향 받지 않을 수는 없다. 우리는 우리가 바꾸고자 하는 사회의 일부분이며, 우리 자신이 맡은 일정한 역할을 내팽개칠 수 없다.

해방의 수사가 다른 이들을 희생시키는 여성 집단의 진보를 위한 윤활유여서는 안 된다. 백인 특권에는 젠더가 없다. 이는 힘든 일이나 갈등 없는 완벽한 인생에 대한 어떤 약속도 제공하지 않지만, 인종이 늘 중요시된 사회에서 어떤 문제들을 더 용이하게 만들어준다. 분노는 해시태그로, 블로그 포스트로, 집회로 그 몸집을 키워가면서 유색인 여성들로 하여금 백인 여성들에게 이렇게 말하게 한다. "나는 여기 네 뒤처리를 해주러 온 게 아니야. 네 무기를 들어주러, 네 손을 잡아주러, 내가 침묵 속에 고통받는 동안 널 응원하러 온 게 아니야. 나는 네 아이를 키워주러, 네 죄를 사해주러, 네 통로를 지어주러, 네 싸움을 해주러 온 게 아니야. 나는 우리 말고 아무도 대신해주지 않는 나의 공동체를 위해 여기 온 거야."

이런 우리 말에 백인 여성들이 언제나 그랬듯 우리가 운동을 더 쉽게 만들어주지 않는다고 투덜댄다면? 우리는 상관하지 않는다. 상관하지 않을 것이다. 그럴 만한 여력이 없다. 2015년 아카데미 시상식에서 퍼트리샤 아켓Patricia Arquette이 동일임금에 대해 "우리가 함께 싸웠던 모든 동성애자와 유색인"에게 "지금 우리를 위해 싸우기를" 요구한 연설로 칭송받는 동안, 수많은 유색인 여성들은 동일임금은커녕 임금 자체를 받기 위해 싸웠고 또 지금까지도 싸우고 있기 때문이다. 연대를 위한 이러한 요구는 가닥을 잘못 잡았을 뿐 아니라 철저히 일방적인 기대다.

누군가의 안락을 우리 삶, 우리 아이들 삶보다 더 중시하기를 거부하는 건 침묵도, 괴롭힘도, 유해함도 아니다. 우리는 여기에 (〈헬프〉 같은 영화가 답습하곤 하는) 매미Mammy*나 다른 어떤 낡아빠진 인물이 되기 위해 여기 선 게 아니다. 우리는 페미니즘의 조력자가 아니며, 궁극적으로 우리에게 흘러 들어올 평등을 기다릴 여력이 없다. 백인 여성들이 백인 남성들과의 평형에 도달하기를 도우면 언젠가 주류 백인 페미니스트들의 이상ideal이 우리 요구를 비춰주리라고 믿을 만한 여력도 없다. 100년이 넘는 역사와 나날의 삶은 주변화된 여성들에게 백인 여성이 더 쉽게 최고경영자 자리에 오르는 것과 모든 여성의 삶을 더 낫게 만드는 것은 같지 않음을 가르쳐준다.

공동체의 희생 위에 개인의 진보를 두는 문화규범은 모든 여성의 삶을 더 낫게 만드는 페미니즘을 모델로 받아들이기를 불가능하게 만들었다. 주변화된 여성들에게 있어 같은 공동체에 속한 남성들은 인종주의에 대항하는 투쟁의 동료다. 그들 중 일부가 성차별주의와 여성혐오 문제의 근원일지라도 말이다. 우리는 우리 아들, 형제, 아버지, 남편, 친구를 버리지 않을 것이고, 버

---

* 과거 미국 남부의 백인 가정에서 아이들을 돌보던 흑인 여성들을 경멸적으로 가리키던 말.

릴 수도 없다. 그들은 우리에게 적이 아니기 때문이다. 우리에게는 가부장제라는 문제가 있지만, 그들 역시 그러하다. 가장 강력한 이들의 얼굴이 유색인이 아닌 이상에는 그러하다.

내 남편은 여성혐오가 내게 어떤 영향을 미치는지 항상 이해하지는 못하지만, 상사나 동료의 인종주의가 어떻게 문제인지는 전적으로 이해한다. 우리는 삶의 모든 국면에서 정확히 같은 투쟁을 마주하지는 않지만 테이블에 함께 앉아 있다. 유색인 집단 내 여성은 공동체 내에서 나쁘게 행동하는 이들을 교육하는 동시에 바깥의 문제적인 목소리와 싸우면서 균형을 잡아야 한다. 그리고 우리는 페미니즘이 스스로에게 같은 식으로 하기를 기대한다.

교차성은 킴벌리 크렌쇼Kimberlé Williams Crenshaw를 지우고 간단히 취할 수 있는 단어가 아니다. 그는 사법 체계에서 흑인 여성에게 젠더와 인종이 영향을 미치는 방식을 묘사하기 위해 이 용어를 만들어냈다. 페미니즘에 대한 교차적인 접근은 흑인과 다른 유색인종 여성들이 증오라는 탄광 속 카나리아라는 사실을 너무 자주 무시하는 주류 페미니즘에 대한 이해를 수반한다.

문제가 일어났을 때 이를 늘 직면하기란 쉽지 않다. 하지만 무시는 위험하다. 휴고 슈바이처Hugo Schwyzer를 예로 들면, 그의 포식자적이고 학대적인 행위는 페미니즘에서 연대가 무엇을 의미하느냐는 논쟁에 불을 붙였다. 슈바이처가 트위터에 자신이 몇 년에 걸쳐 유색인 여성 학생과 연인을 번갈아 학대해왔다는 사실을 인정했을 때, 슈바이처의 글을 발행해왔던 페미니스트들이 취한 태도는 그로부터 거리를 두는 것이었다. 많은 주류 백인 페미니스트들은 그가 무슨 짓을 저지르는지 몰랐다고 주장했다. 하지만 이 주장이 성립할 수 없었던 이유는, 슈바이처가 몇 년간 자기 이야기를 신나게 써댔던 블로그 포스팅이며 이메일이며 기사에 있다. 그들 주장은 실질적인 변화는커녕 이전 행동에 대한 책임감조차 필요치 않은 허구적인 속죄였다. 임금님만 벌거벗은 것이 아니라 궁궐에 있는 모두가 그러했던 셈이다. 우리에게 처음 일어난 일은 결국 백인 여성들에게도 일어날 것이다. 슈바이처 같은 학대자들을 감싸 안는 행위는 그 같은 결과로 이어질 뿐이다. 하지만 방조된 인종주의는 동맹이 되어야 할 여성들을 공모자로 만든다. 그들이 타깃이 되기 직전까지 말이다.

게이머게이트Gamergate*를 위시해 여성혐오, 인종주의, 괴롭힘이 느슨하게 연결되었다. 첫 번째 타깃은 조에 퀸Zoë Quinn이었지만, 그를 좇았던 남자들은 분노를 추동하고 혐오를 부추기는 공격을 흑인 여성에게 먼저 실험했다. 흑인 여성들은 방어할 자아가 없는 존재로 여겨지기 때문에 우리는 서로를 지지했으나 백인 주류 페미니즘은 다른 곳을 보았다. 이 무렵 공격 양상이 세이디 도일Sady Doyle, 제시카 발렌티Jessica Valenti, 아만다 마르콧Amanda Marcotte 같은 유명한 백인 페미니스트를 위협하는 쪽으로 바뀌었는데, 이때 질문은 "어떻게 이런 일이 일어

---

* 2014년 게임 문화 내 성차별에 대한 여성 게임 개발자들의 문제 제기로 촉발된 논쟁을 말한다.

났지?"여서는 안 됐다. "왜 우리는 이 일을 더 일찍 막지 못한 거지?"였어야 했다.

많은 백인 페미니스트 학자들은 2016년 트럼프가 대통령에 당선됐을 때 충격에 휩싸였다. 그가 여성, 인종, 계급, 젠더, 교육 문제에 보인 혐오스러운 태도에도 불구하고, 백인 여성 유권자 과반수(53퍼센트)는 그들을 형편없이 대우하겠다고 약속한 남자를 뽑았다. 보지를 쥐겠다는 말을 농담이랍시고 하면서 그런 끔찍한 언행이 명성 덕에 받아들여질 것을 확신하는 남자였다. 트럼프는 모두를 위한 평등을 통한 빛나고 화사한 미래를 건네주지 않았다. 사실 그가 내세운 공약 대다수는 이민이 진짜 문제라는 발상에 근거해 있다. 그는 흑인 혹은 무슬림 남성에 대한 신화적인 공포 속에 살아가는 백인 여성들이 자신들의 두려움을 정당한 것으로, 자신들의 인종주의를 합당한 것으로 느낄 수 있는 미래를 약속했다. 그는 여성들에게 평등이 아닌 공포에 근거해 호소했다. 많은 백인 페미니스트들은 그들이 제안한 적 없던 연대가 그들 자신에게도 허용되지 않음을 발견하곤 충격을 받았다.

백인 여성 과반수가 트럼프에게 투표했다는 충격적인 사실은 슬프도록 우스꽝스럽다. 이는 연대가 백인 여성들 가운데서도 일부만을 위한 것임을 보여주었다. 유색인, 특히 흑인 여성들에게 이 사실은 놀랍지 않다. 그들은 현실에서 페미니즘이라는 이름으로 자행된 인종주의를 늘 봐왔기 때문. 경찰이 유색인을 잔인하게 살해하는 광경을 무시할 수 있고, 인종 및 종교

를 근거 삼아 어떤 여성들에게서 지역적·국가적으로 권리를 박
탈하는 정책을 무시할 수 있는 페미니즘은 모든 여성의 형평이
나 평등을 위하지 않는다. 다른 이들을 희생시켜 백인 여성의 이
득에 복무할 뿐이다. 억압 대상이 백인이 아닐 때는 다른 여성을
위한 연대가 아닌 '경제적 난국'을 이유로 투표해도 괜찮다는 인
식이 있었다. 하지만 그 뒤에 나온 정책들은 오히려 경제적 난국
을 심화시켰으며 부유한 백인 남성이 아닌 모두에게 불이익을
안겨주는 데에만 일조했음이 밝혀졌을 뿐이다.

작가인 게일 시몬Gail Simone을 처음 만나던 날, 나는 그에게
글루텐 프리 초콜릿 컵케이크를 선물했다. 이야기를 나누던 중
그는 내게 만화를 그리는 데 관심이 있는지 물었다. 만화 산업은
백인 중심적이고 남성 지배적인 공간으로, 게일은 자신이 발굴
한 틈새시장을 다른 여성으로부터 지켜내야 할 무언가로 여길
수도 있었다. 그러나 내가 그렇다고 대답하자 그는 내가 산업에
진입할 수 있도록 도움을 주었다. 그때 나는 그가 이런 일을 꽤
자주 했음을 알게 됐다. 그는 자신이 힘과 특권을 가지고 있음을
알았고, 그 힘을 할 수 있는 한 다른 이들을 돕는 데 썼다. 때로
좋은 앨라이가 된다는 것은 자신의 목소리가 유일무이하게 중
요하다고 고집을 부리는 대신 다른 이를 위해 문을 열어주는 것
일 수 있다.

게일은 훌륭한 작가이자 편집자다. 그는 만화에서 남성 영웅
이 여성혐오적으로 여성을 죽이는 서사에 맞서 싸웠다. 미용사로
시작한 그는 매일같이 '존중받을 만한'이라는 정의에 맞출 수 없

었을 것이다. 하지만 그는 일을 밀어붙였고, 산업이 여성을 위해, 여성과 함께 굴러갈 수 있도록 방법을 바꾸었다. 때로 연대는 그렇게나 간단하다. 올라서고, 닿고, 계속해서 밀고 나가는 것이다.

총구는 누구를

향하는가

VIOLENCE CON

우리는 총기 사고에 노출된 젊은 남성들에게 관심을
기울이는 경향이 있지만, 소녀들 역시 총기로부터 심각한
영향을 받는다. 소녀들이 총격이 빈번한 지역을 지나지
않기 위해 학교를 중퇴하는 비율은 소년들의 중퇴율과
비슷하다—말하자면 그들은 생존하기 위해 학교를
그만둔다.

▶▶

할아버지는 내가 여섯 살 때 내 목숨을 구한 적이 있다. 나는 미용실에서 나오는 중이었는데, 할아버지는 총싸움이 붙은 두 사람 사이에서 내 머리를 붙들고 나를 끌어냈다. 내 앞머리가 둥글게 잘려 있었던 것을(당시 나는 이제는 기억나지 않는 이유로 짧은 앞머리를 무척 원했다), 헤어스타일이 문제가 아닌 상황보다는 앞머리에 정신이 팔려 있었던 것을 기억한다. 나는 총이 무섭지 않다. 사실 나는 총을 좋아한다. 정확히 말하면, 총을 쏘는 걸 좋아한다. 나는 길거리에서는 결코 불가능한 범위에서 무기를 사용한다. 온라인에서 나는 때때로 내가 군대에서 보냈던 시절에 대해 이야기하곤 한다. 총부터 수류탄에 이르기까지 많은 무기에 접근할 수 있던 때였다. 이따금 나는 할아버지와 그의 총에 대해서도 이야기한다. 내게 총이란 도구다. 총을 쓰는 사람들이란 그 도구가 안전하게 사용되는가 위험하게 사용되는가를 결정하는 요인이다. 이 말은 우리가 브런치를 먹을 때, 식료품점에서, 극장에서 총을 사용해야 한다는 뜻이 아니다.

페미니즘이 총과 무슨 상관일까? 총은 페미니즘 이슈가 아니지 않은가. 사실은 맞다. 단지 어떤 여성의 삶에서는 페미니즘 이슈가 아닐 뿐이다. 어쨌든 지금 당장은 아니다. 그렇지만 많은 여성들, 특히 저임금 공동체에 속한 여성들은 매일같이 총기 폭력을 마주해야 한다. 가정폭력 상황에서 총의 존재는 여성의 사망률을 5배 높인다. 여성이 총기 살해를 당하는 건 총기가 사용 가능하기 때문에, 파트너들이 폭력적이기 때문에, 총기 사고가 사망률이 높기 때문에, 총기 사용이 평범한 이유들을 더 나쁜 쪽으로 몰고 가기 때문이다. 우리는 총기 사고에 노출된 젊은 남성들에게 관심을 기울이는 경향이 있지만, 소녀들 역시 총기로부터 심각한 영향을 받는다. 소녀들이 총격이 빈번한 지역을 지나지 않기 위해 학교를 중퇴하는 비율은 소년들의 중퇴율과 비슷하다—말하자면 그들은 **생존하기** 위해 학교를 그만둔다. 어머니들은 총기 폭력으로 인해 아이들을 떠나보낸다. 가족들은 총으로 인해 불가역적인 변화를 경험한다. 주류 페미니즘은 어떤 여성들에게는 일상과도 같은 총기 폭력 문제에 개입해야 한다. 어떤 지역에서는 총알이 비처럼 쏟아지는 와중에 총기 폭력 문제가 페미니즘에서 거리가 먼 문제로 치부될 수는 없다. 매일같이 공공보건 위기를 맞닥뜨리는 소녀와 성인 여성들의 요구에 제대로 답하기 위해 주류 페미니즘은 들어야 하고, 활동해야 하고, 자원을 제공해야 한다. 내가 집에서 이 장章을 쓰는 동안 몇 블록 떨어진 곳에서 열두 살 소녀가 총에 맞았다. 그를 상처 입힌 총기 폭력은 길거리에서 벌어진 게 아니었다. 그는 올해 총기 폭력에 부상을 입은 100여 명의 소녀 중 1명이며, 1999년 컬럼바인 총기 사건*이 일어난 이후 총기 폭력에 영향을 받은 20만 어린이 중 1명이다. 총기 폭력이 당신과는 멀리 떨어져 있고 아무 상관없는 문제라고 생각할 수 있지만, 잠시 멈춰 주위를 둘러본다면, 평소에 총기 폭력을 우려할 필요가 없는 특권이 형성한 버블 바깥을 바라본다면, 이 문제가 우리가 무시해온 공공연한 유행병임을 알 수 있을 것이다. 총기 폭력은 모든 주州에, 모든 도시에, 모든 소득 수준에 연루되어 있다.

총기 폭력을 후드에서만 일어나는 문제로 병리화하는 건 유혹적인 일이다. 여기서 후드란 미래에 대한 약속이라고는 존재하지 않는 공간이며, 누구도 무결하지 않고, 그렇기에 그들이 무슨 일을 당하든 그런 취급을 받을 만한 공간이다. 미디어에서는 총기 폭력을 흑인됨blackness과 가난이 교차해 일어난 결과라는 서사를 자주 보여주곤 한다. 따라서 총기 폭력을 피하는 방법은 가난한 흑인 이웃으로부터 거리를 두는 것이다—교외 이주white flight나 선다운 타운sundown town**에서 볼 수 있듯이. 우리는 이너 시티inner city***의 상황이 너무 열악한 나머지 보호하거나 지

---

* 1999년 4월 20일 미국 콜로라도주 컬럼바인 고등학교에서 일어난 총기 사건을 말한다. 이 사건으로 학생 12명과 교사 1명이 숨졌고, 20여 명이 부상을 입었다.

** 전자는 도심지 등 인종적으로 다양한 지역에서 백인들이 (비교적 인종적으로 단일한) 교외로 이주하는 현상을 가리키며, 후자는 일몰 후 유색인종 출입을 금지하는 지역을 말한다.

*** 미국에서 '이너 시티'는 도심지의 저소득층 거주 지역 혹은 흑인 인구

지할 것이 남아 있지 않다고 믿게 됐다. 하지만 백인들이 흑인으로부터 멀찍이 떨어져 안전을 도모하는 동안, 후드에 거주하는 흑인들이 총기 폭력의 희생자가 될 확률이 더 높은 것이 현실이었다. 총기 폭력은 어디에서나 일어날 수 있고, 일어난다. 그리고 계속 늘어난다. 라스베이거스, 파크랜드, 올랜도*에 이르기까지 미국에서 총기 난사 사건은 매일같이 일어난다. 시카고는 총기 규제가 통하지 않는다는 증거로 들먹여지기 일쑤지만, 사실 시카고가 겪는 총기 문제는 미국 전체가 겪는 문제와 같다.

주류에서 사회경제적으로 떨어진 어떤 지역에서든 범죄율이 더 높다는 것도 사실이고, 가난이 불법 시장으로 이어진다는 것도 맞다. 하지만 주류 밀매에서부터 마약 거래에 이르기까지 폭력은 해결할 수 있는 다른 방법이 없을 때 더욱 증식한다. 때문에 시골 지역에서 총기 폭력 발생률이 높고, 사망률도 높다. 도시 지역에서 총기 폭력이 감소하는 때조차 그렇다. 이 사실은 뉴스에서 자주 언급되지 않는다.

후드에서의 폭력 문제를 더욱 복잡하게 만드는 것은, 미국에서 고립된 흑인 공동체가 주변화된 사람들이 겪는 폭력에 무관심한 법을 신뢰할 수 없었던 오랜 역사다. 법적 제재에 대한 불신은 시골 지역에서도 찾아볼 수 있다. 시골 지역에서는 도움을

가 밀집된 지역을 완곡하게 가리키는 표현이다.
* 각각 2017년 라스베이거스 총기 난사 사건, 2018년 스톤먼 더글러스 고등학교 총기 난사 사건, 2016년 올랜도 나이트클럽 총기 난사 사건을 가리킨다.

받기 어려울뿐더러 식량을 구하기 위해 사냥하는 일이 여전히 흔하기 때문에 무기가 일상에서 중요한 부분을 차지한다. 두 경우 모두 총기 문화는 필요에서 나온다. 시골 지역에서 법적 제재를 받는 이들의 수는 적어질 수 있지만, 이는 인구 감소로 안전이 증대되었다는 착각에 기반할 뿐 인종 및 계급상의 분열은 사회적 편향이 확대됐음을 반영한다. 지난 수십 년간 범죄율은 전국적으로 감소했다. 하지만 인구가 많은 도시 중심지는 범죄율이 더 높은데, 거기에는 사람도 미디어 보도도 더 많기 때문이다. 반면 시골 지역에서 현저히 낮은 것은 범죄율이 아니다. 지역 매체가 있는지도 모르겠지만, 있다 하더라도 범죄를 같은 방식으로 보도할 확률이다.

백인들이 이주해 간 교외 지역이나 선다운 타운이었던 지역은 범죄 행위가 부각되지 않는 장소의 표본이라고 할 수 있는데, 범죄자가 백인인지 아닌지 불확실하기 때문이다. 인종 다양성이 부재한 곳에서는 계급이 중심을 차지할 수 있다. 빈곤 문제를 다룰 때조차 백인 특권이 사라지지는 않지만, 빈곤은 힘에 대한 접근을 제한하고 현행 감시 체계가 보호하도록 설계된 재산 소유자가 되었을 때 얻을 수 있는 안전에 대한 감각에 한계를 짓는다. 우리 문화는 백인 노동계급을 주요 관심사로 두지만, 가난한 백인이 가난한 흑인보다는 나은 처지라는 것이 현실이다. 궁극적으로 타자(백인이 아닌 사람이다)의 상황을 제외한 계급 차이는 가난한 백인을 억압적인 구조의 타깃으로 만들어놓는다.

가난한 백인들이 도덕적으로나 사회적으로나 부적절하며, 더 넓은 세계의 일원이 되기에 너무 무지하다는 관념은 인종주의적 구조를 만들었다는 책임으로부터 면해준다. 그들이 그로부터 이득을 얻었음에도 그렇다. 백인성 내부의 억압은 이로 하여금 세계를 백인 노동계급에 집중시키며 유색인들이 겪는 문제는 스스로에게 잘못이 있다는 서사를 창조한다. 인종주의가 총기를 범죄에 대한 해결책으로 위치시키는 방식에 더해, 이 같은 조건들은 폭력을 수용하는 총기 문화를 만들어낸다. 누가 상해를 입든 간에 무기에 대한 접근을 축소시키려는 노력은 튕겨져 나간다. 미국의 역사는 미국의 폭력으로 정의되며, 이에 어떻게 대응할 것이냐는 문제는 경찰이 범죄자가 지닌 것보다 더 크고 좋은 무기를 소지하는 방식으로 답해져왔다. 우리는 전쟁 무기를 길거리로, 집으로 들여왔다. 그것이 얼마나 큰 위해를 가할 수 있는지도 모른 채, 혹은 그런 무기 확대가 결코 정답이 될 수 없음을 모른 채.

우리는 교육이 미국과 전 세계에서 성공을 가능케 할 열쇠임을 안다. 하지만 연간 300만 명에 가까운 아이들이 범죄로, 사고로, 자살로, 혹은 집에서 총기 폭력에 노출된다. 총기 관련 사망은 현재 미국 아이들의 사망 원인 2위이며, 이는 다른 부유국 아이들의 총기 사망률보다 14배 높은 수치다. 15세에서 24세 사이의 미국인은 무려 23배나 높았다. 살해당한 미국 아동 및 십대 중 60퍼센트는 총에 맞아 숨졌다. 한 해에 총기 사망 사건은 평균적으로 1600건에 이른다. 가정폭력에 노출된 13세 이하 아동의 경우 집 안에 총기가 있다면 살해당할 위험이 높아지며, 가정폭력으로 인해 사망하는 아이들 중 3분의 2가 총기에 목숨을 잃는다.

놀랄 일도 아니지만 흑인 아동 및 십대는 더 큰 위험에 놓여 있다. 이들이 총기에 사망할 확률은 백인에 비해 14배나 높다. 집도, 학교도, 거리도 안전하지 않을 때 어느 아이가 학교에 집중할 수 있겠는가? 극소수뿐이다. 여자아이들은 같은 위험에 처해 있으면서도 총기 폭력에 대항하는 대부분의 노력으로부터 소외당하는 이중고를 겪는다.

우리는 해외의 여아 교육을 중요하게 여기는 척할 수도, 미국에서 총기 폭력으로 인해 학업 부진이나 교육 부재를 경험하는 여아가 얼마나 많은지 무시할 수도 없다. 나를 맞히지 않은 총알 역시 나를 바꾸어놓는다. 비록 시간이 지나 나아지기는 했지만 내가 처음 외상후스트레스장애(PTSD) 진단을 받았을 때, 나는 내 모든 행동이 정상이라고 생각했다. 나는 누가 봐도 무해한 것들에 대해 총기 폭력의 위협 없이 자라난 이들에게는 이상해 보일 수 있는 방식으로 반응하곤 했다. 과민성과 불안은 총기 폭력이 상시적인 공동체에서 살아남은 자의 일부일 수밖에 없다. 이러한 특질이 트라우마 반응이라는 걸 인지하기까지는 오랜 시간이 걸렸다.

지금에 이르러서 나는 내 코앞에 총기가 들이밀어졌던 모든 시간에 대해 이야기할 수 있다. 나는 갱에 속해 있지도 않았고, 어떠한 범죄 활동에 연루된 적도 없었다. 총알에 앞머리가 잘려나간 일화는 미국에서 총기를 마주할 확률을 고려했을 때 특별할 게 없는 이야기다. 마찬가지로, 현금인출기 앞에서 어머니에게 강도질을 하려던 남자가 내게 총을 겨누어 어머니를 항복하게 만들었던 일은 미국에서 애플파이만큼이나 흔하다. 총소리에 잠을 깨고, 총을 든 사람 주변에 서 있었기 때문에 죽는 소녀들의 이야기는 전부 중요하다. 이들은 우리의 관심을 필요로 한다. 이들을 제외한 다른 '모두'의 이야기를 우선시하는 어마어마한 미디어의 눈사태에 깔려 그들을 시야에서 잃는 순간에도 말이다.

총기 폭력이 우리 모두를 위한 이슈라면, 이것을 특별히 페미니즘 이슈로 만드는 건 무엇일까?

우리는 반 총기 폭력 프로그램에서 모두에게 초점을 맞추지만 이때 위험에 처한 소녀와 성인 여성들은 빠져 있다. 여성은 결과를 목격한 이로 틀 지워지지, 문제를 겪는 존재로 드러나지 않는다. 하지만 여성들이 삶의 매 순간 총기 폭력을 맞닥뜨린다는 사실은 잘 알려져 있다. 2016년, 폭력정책센터는 흑인 여성이 다른 어떤 여성 집단보다 높은 총기 살해율을 보인다는 보고서를 발표했다. 이는 친밀한 파트너가 휘두른 폭력에 의한 것이었다. "흑인 남성에 비해 흑인 여성은 낯선 사람이 아닌 배우자, 친밀한 지인, 가족에 의해 살해될 확률이 높다." 불행히도 여기에 대해서는 개인적인 경험을 들어 이야기할 수 있다.

나는 학대적인 관계를 한 번 이상 경험한 적이 있다. 처음은 내가 고등학생일 때였다. 그때 나는 그것을 학대적인 관계로 불러도 된다는 것을 몰랐다. 그가 나를 때리지 않았기 때문에. 그는 나를 때릴 필요가 없었다. 나는 '착한' 여자친구가 되기 위해 너무나 열심히 노력했고, 숙녀를 동네북이 되는 것으로 착각했다. 고등학교는 허울만 존재하는 관계를 중심으로 돌아갔고, 결국 나는 나 자신을 끔찍하게 느끼게 한 남자와 헤어졌다. 그는 끊임없이 바람을 피웠다. 내가 너무 세서 견디기가 어렵다고도 말했다. 나는 남자가 나를 때리면 그를 떠나야 한다는 사실을 늘 알고 있었다. 그래야 하니까. 그렇지 않은가? 떠나서 결코 돌아보지 말아야 한다. 머릿속으로는 잘 알지만, 실제로는 그저 스스로에게 하는 착한 거짓말일 때가 많다. 그건 심지어 편안하기까지 하다. 이 이야기를 하는 건 때로 한 사람 삶의 이야기는 다양한 삶의 이야기이기도 하기 때문이다.

나는 날 제외한 다른 누구에게도 친절하지 않은 사람에게 빠지는 습관이 있었다. 내게 매력적이기만 하다면 잔인하고 냉담한 사람의 관심을 받아들인다는 게 무슨 의미인지 생각하지 않았고, 스스로에 대해 알아차리지 못했다. 돌이켜보면 고등학교 시절 남자친구는 나를 감정적인 장난감으로 취급했다. 영원을 약속할 것처럼 굴다가도 헤어지기를 반복하면서 좋은 나날들은 점점 줄어들었다. 관계가 좋을 때 나는 우리가 완벽하다고 생각했다. 하지만 관계가 나쁠 때, 그는 언어폭력을 저질렀고 (노골적으로 드러내지는 않았지만) 물리적인 위협을 가하기 쉬웠다. 당시에는 인정하지 못했지만 나는 스스로를 매듭으로 묶어 관계가 끝나기 전까지 그에게 양보하기를 일삼았다.

상황이 제 입맛에 맞을 때만 친절하게 구는 파트너에게는 좋은 사람이 되어 사랑을 줄 필요가 없다. 나는 그렇게 생각했다. 그들은 차여야 하고, 당신은 다음으로 넘어가야 하는 것이다. 교훈을 얻었다. 그렇지? 그랬다. 가장 중요한 한 가지, 안전하기 위해 요구를 들어주어야 하는 파트너들에 대해 배우지 못했다는 점만 제외하면. 그땐 잘 몰랐다. 몇 명의 남자친구들을 만났다 헤어진 5년 뒤에 첫 남편을 만났을 때, 그는 내게 굉장한 관심과 흥미를 보였다. 그가 가진 결점들에 눈감는 데 아무 어려움이 없었다. 그중 하나는 거대한 붉은 깃발을 펄럭이는데도 그랬다. 이를테면 그는 고등학생 때 만난 여자친구와 결혼했는데, 결혼생활 1년 만에 표면상 이혼을 했다고 말했다. 나는 내 결점만으로도 정신이 없었고 그를 너무나 사랑했기 때문에 문제없다고 생각했다. 결코 제대로 질문하지 않았다. 새로운 관계를 시작하기 전에 지난 관계를 정리하지 않는 사람들에 대한 직감을 믿지 않았다. 나는 스스로에게 거짓말을 하는 데 무척 능숙했다. 다른 사람들에게 거짓말을 하는 데에도.

내가 사랑하는 남자가 별로 좋은 사람이 아닐 수 있다고 지적하는 이에게는 그가 좋은 사람이며 단지 일찍 결혼하고 실수를 했을 뿐이라고 말하곤 했다. 그가 마침내 이혼을 했을 때, 나는 그가 날 가지고 놀았다는 생각 대신 내가 옳았다는 생각을 했다. 결혼을 법적으로 끝내기 위해 이혼하겠다고 말한 지 1년이 걸렸는데도 그랬다. 그가 이혼한 지 (말 그대로) 5분 만에 결혼하자고 말했을 때는 약혼한다는 데 짜릿함을 느낄 정도였다. 결혼을 승낙했을 뿐 아니라 이혼 서류의 잉크가 마르기도 전에, 관계가 끝나기까지 남은 문제들을 매듭짓기도 전에 나는 완전하고도 헌신적인 관계로 접어들었다.

우리는 약혼하고, 결혼하고, 군에서 준 집에 들어갔다. 그리고 내가 무시했던 붉은 깃발은 곧바로 감정적 지뢰가 되었다. 나는 무결한 피해자와는 거리가 멀었다. 그가 소리를 지르면 나도 소리를 질렀고, 그가 나를 처음 때렸을 때 나도 그를 때렸다. 나는 방 안에 틀어박혀 바닥에 웅크린 채 그가 문을 걷어차는 소리를 들으면서 어쩌면 내가 감당할 수 있는 선 이상일지도 모른다는 생각을 하기 시작했다. 아마 그게 맞았을 것이다. 그러고도 나는 그만둬야 한다고 생각하지 않았다. 심지어 군경을 부를 생각도 하지 않았다. 신고한 건 이웃이었다. 처음 도착한 군경은 '쌍방 폭행'이라고 했다. 뒤이어 도착한 그의 상사가 54킬로그램인 나와 90킬로그램인 남편을 보고는 "자기방어 말이지?"라고 되물었다. 36킬로그램과 15센티미터 차이가 어느 우주에서도 공정한 싸움을 벌일 수 없다고 생각했던 것이다.

우리는 헤어지지 않았다. 상담을 받고, 사과를 하고, 합리화했다. 스트레스로 가득하고 끔찍한 과정이었다. 그는 자기 입맛에 맞아야 매력적으로 구는 사람이었고, 나는 같이 살기 힘든 사람이었다. 그런 거였다. 누군가를 사랑한다면 맞춰가야 한다고 생각했다. 특히 온전한 가족을 가질 자격이 있는 아이가 도착했다면 더더욱 그랬다. 우리는 다른 사건들을 거쳐 상담을 받고, 별거를 하고, 새 거처로 옮기고, 맺지 말았어야 할 관계가 죽어갈 때 할 수 있는 모든 걸 했다.

우리는 아이를 가졌다. 아파트를, 나라를 옮겨 다녔다. 폭력은 마치 우리가 기르는 다른 아이인 것 같았지만 가족이 되려고 노력했다. 우리는 민간인 신분으로 돌아왔다. 나는 잠시 동안 또다시 스스로에게 거짓말을 했고, 군대를 비난했다. 우리가 나아질 길 없는 망가진 춤을 추고 있다는 사실은 비난하지 않았다. 그가 나를 마지막으로 때린 건 어떤 평범한 일로 싸움을 벌였을 때였다. 이번에는 현관 비밀번호를 바꾸고 스스로 경찰을 불렀다. "이전에 있었던 일과 다를 게 없잖아." 우리는 싸웠다. 관계가 끝났다는 걸 확실히 알았다면 좋았을 것이다. 우리는 분명 끝에 가까워졌고, 흠결 많던 관계는 폭발 직전의 압력솥 같았다.

그렇지만 관계가 끝나야 한다는 걸 알기까지는 1년이 걸렸다. 느리고 원만한 해결을 위해서는 몇 주가 소요됐지만, 색색거리는 증기는 너무 시끄러워서 무시하기에는 너무 멀리 와버렸다. 그는 한 손으로 내 목을 졸라 냉장고에 밀쳤고, 내가 쓰러질 때까지 주먹질을 하고 나서야 놓아주었다. 그는 나를 바닥에 내팽개쳐두곤 열쇠를 빼앗아 떠났다. 두 살 난 아들이 이 모든 걸 보았다. 나는 관계를 일찍 끝내지 않은 것을 평생 후회하게 될 것이다. 하지만 나는 관계에서 벗어나려는 고집스러운 계획이 내가 감당할 수 있는 집을 마련하고, 아이를 키울 방법을 찾고, 그가 무슨 짓을 했든 안 했든 상관없는 삶을 꾸릴 때까지 미뤄지리라는 것 또한 알고 있었다.

그 모든 것을 갖추지는 못했지만, 마지막 폭력이 일어났을 때 나는 내 완벽한 계획이 어그러졌다는 걸 알았다. 나는 내 명의로

그럭저럭 임대료를 낼 수 있을 만한 공간을 구해 그로부터 벗어나고자 했다. 폭력이 완전히 끝났다는 뜻은 아니었다. 단지 내 집에서 일어나지 않을 뿐이었다. 그는 계속해서 분노로 가득 찬 폭력적인 내용의 이메일이며 문자를 보냈고, 스토킹을 했고, 괴롭혔다. 접근 금지 명령과 체포에도 아랑곳없이 물리적인 위협을 가했다. 하지만 좋은 일인지 나쁜 일인지, 그에게는 총이 없었다. 그는 협박을 하고, 소리를 지르고, 때릴 수 있었지만 자칫하면 절대 돌이킬 수 없는 찰나를 만들어낼 무기를 쥐고 있지 않았다. 나는 운이 좋았다. 우리는 일리노이에 있었고, 일리노이는 가정폭력 전적이 있는 자의 총기 소지를 엄금하는 주였다. 만일 화난 그가 총을 갖고 있었다면 나를 죽일 수도 있었을까? 그랬다. 그는 달리 주장할 수 있겠지만, 당시 그의 얼굴에서 무엇을 보았는지 기억한다. 그가 나를 얼마나 세게 때렸는지도. 멍이 들고 귓속이 울리는 것으로 끝나는 게 아니라 더 나쁜 일이 벌어졌을 수도 있었다.

친밀한 파트너가 가하는 폭력은 흑인 여성이 직면하는 유일한 폭력이 아니다. 경찰이 가하는 폭력, 특히 경찰이 권력을 남용해 휘두르는 폭력은 페미니스트 사이에서 거의 논의되지 않지만 '흑인의 삶은 중요하다Black Lives Matter'나 '#그의이름을말하라Say Her Name'와 같은 캠페인이 다루고자 하는 문제다. 이 문제는 공식적인 자료가 부족할 뿐만 아니라 시스젠더 남성을 중심으로 삼는 공동체 규범 때문에 다뤄지기 어렵다.

나는 (최근 몇 년간 급증한 동영상들에서 볼 수 있듯) 경찰에게 잔혹하게 폭행당하거나 살해당하는 여성들 중 1명일 수 있었다. 이 장 초고를 쓰는 동안 거리에서 발목에 총을 맞은 작은 여자아이일 수 있었다. 혹은 레키아 보이드Rekia Boyd일 수 있었다. 시카고에 사는 젊은 흑인 여성이었던 그는 귀에 휴대폰을 갖다 대고 있던 남자 옆에 서 있었다. 당시 비번이었던 경찰 1명이 이 동작을 총을 꺼내는 것으로 오해하곤 총을 쏘았다. 레키아 보이드의 머리로. 휴대폰을 꺼내 든 남자는 손에 총을 맞았다. 보이드는 즉사했다. 어떤 죄도 저지르지 않았음에도. 경찰은 어깨 너머로 총을 쐈다는 사실을 시인했지만, 단 하루도 복역하지 않았다. 심지어 그는 근무 중이지도 않았다. 그는 인근에 부동산을 소유한, 그 지역에 새로 온 사람이었고, 젊은 여성의 목숨을 빼앗은 총은 여전히 그의 손에 들려 있다.

지난 몇 년간 얼마나 많은 경찰과 접촉했는지 이루 말할 수가 없다. 나는 운이 좋은 편이었다. 경찰로부터 언어학대를 당하고, 협박을 받고, 희롱을 당했을지언정 공격을 받지는 않았다. 이는 내가 누구인지, 어떻게 행동했는지에 따른 것이 아니다. 단지 운 좋은 제비를 뽑았을 뿐이다. 부정적인 상호작용을 하는 여성에게 잘못을 돌리는 경향이 있지만, 집에서 잠들어 있거나 가만히 서 있을 때에도 총에 맞을 수 있다면, 혹은 도움을 요청할 때 잔혹한 대우를 받는다면, 경찰과 접촉하는 것 자체가 기본적으로 위험을 내포한다는 사실을 알 수 있을 것이다.

나는 더운 날 밤이면 사람들이 현관 앞이나 공원에 앉아 시간을 보내는 도시에 살고 있다. 이웃들과 교류하는 데 죽음을 무릅

쓸 위험이 포함되어야 할까? 내 삶에서 가장 좋은 순간에는 친구들과 공원에서 어울리던 시간이 있다. 거기다 총을 쏜다고? 우리가 시끄러웠던가? 아마 그럴지도 모른다.* 하지만 레키아 보이드를 마주친 것이 순찰차가 아니라 동네에 새로 온 비번 경찰이었던 데에는 이유가 있다. 이 지역에서 자란 주민들은 공원에서 파티를 하는 것 같은 일상적인 일에 경찰을 부르지 않는다. 시카고 경찰을 불렀다가는 상황이 빠르게 악화된다는 것을 알기 때문이고, 그런 문제가 불거지기를 원하는 사람은 아무도 없기 때문이다. 나는 흑인이라는 거대한 집단이 곧 중죄와 등치된다고 믿지 않지만, 많은 이들이 젠트리피케이션에 기쁨의 나팔을 분다는 사실은 안다.

새 이웃들은 건물이 얼마나 근사한지 말하는 동시에 오래 거주한 이들이 얼마나 무서운지 말한다. 그러나 이들은 장기 거주자들이 왜 무서운지는 절대 말하지 않는다. 경찰이 누군가가 귀에 휴대폰을 가져다 대는 동작을 총을 꺼내 드는 것으로 오인하기 때문에? '무서운 흑인 남자'라는 신화는 플로리다에서 트레이본 마틴Trayvon Martin**을 죽인 구조의 일부다. 미국의 집단 정신

---

* 레키아 보이드를 쏜 경찰관 던트 서빈Dante Servin은 총을 쏘기 전에 공원에서 파티를 벌이던 사람들(그중 한 명이 핸드폰을 귀에 갖다 댄 남자였다)과 말다툼을 했다. 시끄럽다는 이유에서였다.

** 2012년 2월 26일, 흑인 고등학생이었던 트레이본 마틴은 마을 방범대원 조지 짐머만George Zimmerman(그는 혼혈이었다)에게 총격을 입었다. 마틴은 비무장 상태였으며, 이후 짐머만은 살인죄로 기소되었으나 정당방위임을 주장해 무죄를 선고받았다.

에 우리가 범죄자라는 신화는 너무나 깊이 착근되어 있어서, 레키아 보이드를 죽인 경찰이 흑인들도 3월의 따뜻한 날들을 즐길 수 있다는 사실을 고려하는 일은 일어나지 않는다. 그것이 그저 파티 광경 이상도, 이하도 아니었다고 생각하는 일 역시 일어나지 않는다. 당시 어떤 무기도 발견되지 않았으며, 한 여성이 사망하고 한 남성이 부상을 입었다. 단지 바깥에서 통화를 하고 있었기 때문에. 이것이 바로 미국에서 흑인으로 살아가는 현실이며, 흑인 여성으로 살아가는 현실이다. 새 이웃을 성가시게 만들면 총에 맞을 위험을 감수해야 한다. 이때 던져야 할 질문은 총기 폭력이 페미니즘 이슈인가가 아니다. 왜 주류 페미니즘은 이 문제를 더 다루려 하지 않는가다.

그렇게나 밝은 페미니스트 미래를 건설하기 위해 우리는 분쟁을 해결하는 방식이, 안전 문제가, 범죄가 누군가의 무기에 대한 접근과 관련이 없는 사회를 만드는 데 투자해야 한다. 이는 무엇이 안전을 구성하는가에 대한 문화적 가정을 바꾸는 것, 해결책으로서 폭력에 대한 과도한 의존을 최소화하기 위해 공공 및 민간 정책을 바꾸는 것을 의미한다. 지난날 편견이 우리에게 남긴 유산이란 새로운 장소로 이사를 갔을 때 그곳의 모두가 거기 존재할 권리가 있고, 자기 문화와 공동체를 가질 권리가 있다는 점을 이해하는 것임을 기꺼이 받아들여야 한다. 우리는 친밀한 파트너로부터 폭력을 당한 피해자의 말을 들어야 하고, 그들이 불편하거나 안전하지 못한 감각을 처음 말하는 순간 의문을 표하거나 그냥 넘기는 대신 그들의 공포를 진지하게 받아들여야 한다. 문화의 일부로서, 페미니스트로서, 잠재적이고 실질적인 피해자로서, 우리는 위험한 사람들과 사회적으로나 감정적으로나 깊이 얽혀 있어 너무 늦은 순간까지 위험을 알아차리기 어려워하곤 한다. 우리는 모든 차원에서 폭력 조정 프로그램을 지지해야 하며, 총기 폭력이 이너 시티의 구조적인 문제 혹은 어쩌다 벌어지는 일이라고 상정하지 말아야 한다.

우리는 또한 혐오를 정상화하는 것, 혐오 발언이 무해하다고 간주하는 것을 멈춰야 한다. 누구를 타깃 삼든, 누가 말하든 마찬가지다. 편견에 찬 말을 하는 이들이 모두 폭력적인 행위를 일삼는 건 아니지만, 끔찍한 수사를 생산하는 이들의 관점을 승인하는 것은 폭력을 격화시킬 수 있다. 일찍 개입해야 목숨을 살릴 수 있다. 이는 버블에 대한 문제가 아니다(리버럴이든 아니든). 총기 폭력을 공동체 보건 문제로 간주하고 이를 해결하기 위해 자원을 할당하는 문제다.

가정폭력과 혐오 발언을 새빨간 깃발로 대해야 한다. 그런 문제들이 사라지기를 기다리는 대신 위험을 줄이기 위해 필요한 조치를 취해야 한다. 총기 폭력을 페미니즘 이슈로 다루어야 한다. 그저 이 문제가 가정폭력이나 총기 난사 사건일 때만이 아니라, 주변화된 공동체에 영향을 미칠 때에도 마찬가지다. 모두가 총기 폭력으로부터 안전하도록 노력하지 않으면 우리 중 누구도 안전할 수 없을 것이다.

굶주림은

페미니즘 이슈인가

식품 불안정은 단순히 '음식에 접근 가능한가'보다 더 복잡한 문제다. 음식 값 대 사람이 치를 수 있는 비용의 문제다. 식료품점 옆에 살지만 그곳에서 장을 볼 수 없다면 식품 사막에 살지 않는다는 게 문제가 아니게 된다. 그런 사람은 여전히 배가 고프다.

▶▶

첫 번째 결혼이 이혼으로 끝난 이후 푸드 스탬프를 받는 신세가 되었다. 나와 아들은 국가 보조 의료 카드를 받아 의료 서비스를 받을 수 있었고, 공공주택에 살았다. 당시 나는 특정한 사회적 안전망 덕분에 학대적인 전 남편을 떠나 계속 그 없이 살게 됐다는 점에서 운이 좋았다. 아이를 상대적으로 안전하고 안락하게 키울 수 있었다. 오늘날 그러한 사회적 안전망 가운데 상당 부분이 사라졌고, 공공주택은 많은 지역에서 거의 사라졌다고 해도 무방하다. 우리는 빈곤이 페미니즘 이슈라는 사실을 추상적으로는 알고 있지만, 실상 **다른 나라를 위한** 페미니즘 이슈라고 생각한다. 또 우리는 허리띠를 졸라매고 불굴의 의지를 보인다면, 간절히 원한다면 빈곤을 극복할 수 있는 나라에 산다고 생각한다. 그러나 현실은 '노오력' 이상을 필요로 한다. 나는 운이 좋았다. 교육을 받았고, 중고등학교 커리큘럼은 대학 교육을 받을 수 있도록 나를 준비시켜주었다. 나는 학비를 내기 위해 군대에 들어갔다. 일리노이에서는 전역자들에게 주립대학 학비를 면제해주어서였다. 제대 군인 원호법이 충분히 적용되기 전의 일이라는 건 그리 중요하지 않다.

나는 가난했고, 많은 것이 쉽지 않았다. 하지만 주변화된 상태에 놓여 삶이 역행하던 순간에도 붙들 곳이 있었다. 양육 보조금은 전남편이 양육비를 부담하지 않을 때에도 아이가 여전히 내가 다니는 대학 부설 유치원에서 좋은 교육을 받을 수 있게 해주었다. 나는 4년 동안 학위를 따고, 전일제 일을 구하고, 지금의 내가 있기까지 지루하기 짝이 없지만 반드시 필요한 단계를 밟아나갈 수 있었다. 수준 높은 교육, 훌륭한 가족, 즐길 수 있는 일. 만일 이게 빈곤한 독신모에 대한 일상적인 훈훈한 이야기였다면 당신은 아마 이렇게 생각할지도 모른다. '저 여자도 한다면 다른 사람들은 왜 못 해?' 그리고 이렇게 말하기를 기대할지 모른다. "힘들었지만 많은 것을 배웠고, 이 시간을 소중하게 기억합니다."

내가 기억하는 건 배고픔이다. 크리스마스 트리를 살 수 없어 울었던 날이다. 트리조차 살 수 없는 처지가 두려웠다. 아이에게 줄 수 있는 것이 없어 아이를 잃을 거라 생각했다. 부유한 여성의 아이를 데려가기는 어렵지만 가난한 여성의 아이를 데려가는 건 너무나 쉽다. 사회적으로 우리는 배고픔을 도덕적 실패, 즉 누군가가 기본적인 면에서 결여되어 있다는 신호로 여기는 경향이 있다. 우리는 명절이면 굶주림과 싸운 기억을 나누지만 한편으로는 푸드 뱅크에 의지하는 엄마들, 아이들이 학교에서 무료 혹은 저가에 점심 급식을 받게 하거나, 전 세계 정부가 골머리를 앓는 문제를 해결할 수 없어 푸드 스탬프를 받는 엄마들을 평가한다. 실제로 우리는 빈곤을 범죄처럼 생각한다. 그들이 그들 자신만이 아니라 아이에게 일부러 나쁜 선택을 내린 것처럼 여긴다. 우리는 그들에게 좋은 선택지가 없었다는 사실, 그들이 붙들 것이 빈약하거나 아예 없는 상태에서 결정을 내린다는 사실을 간과한다.

이런 상황에 있는 여성들은 신선한 먹거리를 파는 식료품점에 접근하기 어렵거나, 그런 곳에서 파는 것을 살 여력이 없다. 그들은 음식을 준비하기 위해 너무 많은 시간 일하고, 그렇게 만든 음식을 저장하는 문제로 씨름한다. 그들이 버스 정류장에서 먹는 감자칩과 탄산음료 뒤에는 영양 정보의 부재나 게으름, 심지어 방치보다도 더 복잡한 이야기가 있다. 때로는 음식에 접근할 수 있는 곳이 주유소나 주류 판매점, 패스트푸드점이지 먹거리가 충분히 갖춰진 식료품점이나 부엌은 아닌 것이다.

우리는 식품 사막이 존재한다는 사실을 안다. 식료품점이 희박한 곳, 인간이 소비하기에 적합하지 않은 것들만 존재하는 곳 말이다. 하지만 식품 불안정은 단순히 '음식에 접근 가능한가'보다 더 복잡한 문제다. 음식 값 대 사람이 치를 수 있는 비용의 문제다. 식료품점 옆에 살지만 그곳에서 장을 볼 수 없다면 식품 사막에 살지 않는다는 게 문제가 아니게 된다. 그런 사람은 여전히 배가 고프다. 굶주림에는 나이 제한이 없다. 식품 불안정을 겪는 아이가, 대학생이, 노인이 있다. 미국에서만 약 4200만 명에 달하는 이들이 배고픔에 시달린다. 통계적으로 이 중 최소 절반은 여성이지만, 임금에서의 젠더 편향성을 고려해 실제 퍼센티지를 따져보면 배고픔으로 씨름하는 미국 가정의 66퍼센트가 독신모 가정이다.

국가 빈민 가운데 70퍼센트가 여성과 아이들이다. 기존 안전망 프로그램은 가난한 여성의 삶이라는 현실을 반영하는 데 실패했다. 빈곤가정임시부조(TANF)*나 양육 보조금처럼 주 및 연방 정부가 가계에 지원하는 프로그램은 실제로 필요한 것과 접근 가능한 자원 사이에 커다란 간극을 만들었다. 일리노이를 예로 들어 설명해보자면, 빈곤가정임시부조 프로그램으로 수혜를 받는 독신 양육자는 한 달에 최대 412달러를 받는다. 독립을 열렬히 강조하는 입장일지라도 이 돈이 두 사람의 기본적인 요구를 해결하는 데 충분한 금액이 아니라는 사실을 인지해야 한다. 우리는 빈곤을 탈출하려는 여성과 가족을 돕는 데 충분한 자원을 갖고 있지 않다. 사실 우리는 인위적이고 불필요한 장애물을 만든다. 예컨대 실업 보험이 전일제 노동자에게만 한정되어 있어 시간제 노동자가 일을 잃는다면 어떤 지원도 받지 못하는 경우가 그렇다. 푸드 스탬프가 생기기 전까지는 굶주림 같은 극심한 어려움을 해결하고자 할 때나 노숙자가 될 위기에 대처하고자 할 때 자선단체에 의존해야 했다.

우리는 집이 없으면 가족 구성원 개개인이 고통에 신음하고 빈곤의 늪으로 빠져든다는 사실을 안다. 퇴거 비율과 식품 가격

───── * 이 프로그램에 대해서는 247쪽 각주를 참고할 것.

굶주림은 페미니즘 이슈인가

이 오르는 와중에 임금은 정체되어 있고, 심지어 이런 흐름을 따라 항해하기는 점점 더 어려워진다. 특히 복지 수당에 노동이 필수조건으로 명시된다는 사실에는 아주 어린아이들을 데리고 있는 여성들에게 보육은 필수적이라는 점이 무시되어 있다. 시간제 보육을 감당할 수 없는데 전일제 일을 하는 것이 가능한가? 유급 모성 휴가는 훌륭한 방침이지만, 아이가 태어난 이후 한 사람분을 감당할 만한 충분한 돈을 받지 못하면서 높은 비용을 치러야 한다면 어떻게 되는가?

여성이 진 빈곤의 무게를 경감하는 것은 핵심적인 페미니즘 이슈다. 우리는 굶주림에 대해서, 식품 불안정에 대해서 이야기하지만 이런 용어로 말하지는 않는다. 왜? 주류 페미니스트 집단에 속한 이들은 식품이 장기적으로 불안정한 상태가 어떤 것인지 모르기 때문이다. 푸드 스탬프 챌린지처럼 누군가가 일주일 혹은 한 달간 푸드 스탬프로 생활하는 것과 비슷한 예산으로 살아보는 것은 주목을 끌기는 좋지만 공공정책에 영향을 주지 못한다. 이런 챌린지에 참여하는 이들은 시도했다는 사실로 제 엉덩이를 토닥여주고 지역 푸드 뱅크에 얼마간 기부를 할지 몰라도, 그리고 나서는 문제가 존재한다는 사실을 잊는다.

굶주림은 평생에 걸쳐 영향을 미친다. 먹거리와의 관계뿐 아니라 개인의 건강, 공동체의 건강을 틀 짓는다. 배고픔, **진짜** 배고픔은 절망을 안기고, 절망에 빠지지 않았다면 내리지 않았을 불가해한 결정으로 사람을 이끈다. 생존 본능은 우리 모두에게 존재하지만, 허기가 물어뜯어 만들어낸 공허보다 강렬한 것은

없다. 행그리hangry*라 부르든 다른 무엇으로 부르든 간에 배고
픔은 짧은 시간 동안 경험해도 고통스럽다. 그리고 우리는 페미
니즘이 이 문제를 다뤄야 한다고 말하는 일이 거의 없다. 배고픔
은 여성에게 파괴적인 영향을 미치는 다른 문제에 비해 훨씬 덜
언급된다.

미국에서 영양보충지원프로그램(SNAP)이나 여성, 유아, 어
린이를 위한 영양보조프로그램(WIC) 등을 운영하는 방식을 생
각해보자. 이런 기금을 이용할 때 우리는 주 및 연방 차원에서
수많은 제약을 맞닥뜨린다. 이들 기금이 공공복지 예산에서 1퍼
센트 미만을 차지하는 것과는 별개로, 우리는 이런저런 부정행
위를 지적함으로써 제약을 정당화할 수 있겠지만, 부정행위는
빈곤에서 벗어나는 방법을 가장 잘 설명해준다. 이를테면 푸드
스탬프를 판매해서는 안 된다고 말하기는 쉽다. 하지만 음식을
준비하려면 냄비나 팬 따위가 필요하다는 사실을 기억한다면
그런 입장을 고수하기 어렵다. 그들에게는 냉장고가, 스토브가,
빈곤선 이하에서 살아가는 이들의 열악한 주거환경에 자주 출
몰하는 해충을 막기 위한 저장 방편이 필요하다. 푸드 스탬프는
기본적인 가정용 청소 도구나 위생 제품을 제공하지 않는다. 기
저귀나 생리대 역시 마찬가지다.

가난한 사람들이 영양에 대해 아무것도 모른다고 단언하면

---

* 배고픔hungry과 분노angry의 합성어로, 극심한 허기를 느낄 때 화가 나
거나 성급해지거나 감정이 격해지는 것을 가리킨다.

편할 것이다. 상하기 쉬운 신선식품은 저장할 공간과 준비할 공간뿐 아니라 시간도 필요로 한다는 사실을 모른 척한다면야 가능하다. 끔찍한 소매업자들을 보이콧하자는 것은 훌륭한 아이디어다. 어떤 지역에서는 소매점이 유일한 선택지라는 걸 깨닫기 전까지는 그렇다. 저항하고자 하는 이들이 던져야 할 질문은 이것이다. 누가 더 많이 다치는가? 기업인가, 아니면 기업이 생산하는 식품에 의존해야 하는 이들인가? 물론 답하기 쉬운 질문이 아니다. 그러나 그것이 후드에서의 삶이다. 미국뿐 아니라 전 세계에서 가난하게 산다는 것이 그렇다.

주류 페미니즘은 빈곤 여성을 지지한다는 아이디어에 탁월한 립서비스를 늘어놓지만, 사실상 무엇이 지지를 구성하는지 질문하는 데에는 실패했다. 후드 페미니즘은 이런 서사에 도전하는 방식에 관한 것일 뿐 아니라 많은 문제(가령 굶주림)에 대한 해결책이 지저분하고 심지어는 불법적일 수 있음을 인식하는 것이다. 빈곤은 성판매부터 마약 판매에 이르기까지 모든 것을 생존을 위한 일로 바꿔놓는다. 합법적인 생활임금을 벌 수 없지만 먹고살아야 하고 누군가를 부양하거나 양육해야 한다면 그저 '린 인'할 수 없기 때문이다. 주류 페미니즘은 이런 선택지가 가능하다는 점을 고려하지 못했다. 존중받을 자격이라는 낡은 수사에 뿌리를 내리고 있는 사람들은 많은 이들에게 굶주림과 범죄 사이에서의 선택이 결코 선택이 아니라는 점을 간과한다. 페미니즘은 위기 속에 생겨나는 해결책을 아우르기 위해 충분히 경각심을 가져야 하고 또 충분히 유연해야 한다. 페미니스트들이 굶주림의 영향을 인지하는 데 실패할 때, 그들은 나쁜 선택지만을 마주한 이들에게 최소한의 연민이나 예의를 보이지 못하며, 그럼으로써 부지불식간에 그들에게 해를 끼치는 데 일조할 수 있다. 하지만 굶주림은 참혹하다. 단기간에 걸친 고통스러운 영향과, 오랜 시간에 걸쳐 혹은 세대에 걸쳐 지속되었을 때 일어나는 끔찍한 결과를 생각해보라. 모든 여성을 위한 운동이라면 모든 여성의 목소리를 들을 뿐 아니라 그들의 기본적인 요구에 맞추고자 해야 한다. 굶주림 문제를 무시하는 자는 페미니스트가 될 수 없다. 정치인들로 하여금 어떤 이슈를 유의미한 방향으로 다룰 수 있게 할 만한 힘과 연줄을 가졌을 때 특히 그렇다. 임신 중지를 할 권리나 동일임금을 위해 싸울 때처럼 굶주림을 해결하기 위해 싸워라. 나중에 다루어질 수 없는 문제임을 이해하라.

소득 불평등이 증대되고 부의 격차가 인종에 따라 커져가는 가운데 어떤 여성들, 어떤 공동체들 사이에서는 굶주림이 단지 영양 상태가 나쁜 정도가 아니라 심각한 영양실조로 바뀌어가고 있다. 지금 당장 우리가 굶주림에 맞서는 일을 우선 과제로 삼지 않는다면 너무 많은 여성과 그들 가족이 굶주림으로 고통받을 때에야 우선 과제가 될 것이다.

우리는 왜 비만에 맞서는 프로그램을 만드는 일에 굶주림 문제를 다루는 것보다 더 치중하는 걸까? 소다세soda tax*를 제안

———— * 스포츠음료나 탄산음료 등 설탕이 들어가는 음료의 섭취를 줄이기 위해

한 이들은 이 사실을 자랑스럽게 떠들지만, 왜 탄산음료가 식품 불안정을 겪는 가정에 그토록 상시적으로 존재하는지에 대해서는 말하지 않는다. 그들은 탄산음료가 맛이 좋고, 주스보다 싸기 때문에 일상적으로 소비된다는 사실을 말하지 않는다. 그들은 저소득층 소비자들이 최근 포장재를 바꾸기 전까지 문제되었던 곰팡이 핀 카프리선이나, 식품안전청이 검사를 확대하기 전까지 살충제가 들어 있던 몇몇 오렌지 주스 같은 문제를 탄산음료에서는 우려하지 않아도 된다는 사실을 고려하지 않는다. 그들은 또한 시카고 플린트 등에 거주하는 이들이 오염된 식수로 인해 겪는 것과 같은 문제를 탄산음료 소비자들은 걱정하지 않아도 된다는 사실을 인지하려 들지 않는다. 어쨌거나 탄산음료 제조사들은 깨끗한 물을 만드는 데 필요한 정화 장치를 살 수 있고, 사고 있기 때문이다.

소다세 같은 정책을 옹호하는 이들은 이 모든 것 대신 건강에 대해 말한다. 그들은 비만이 탄산음료에 세금을 부과함으로써 해결될 수 있는 질병이라고 말한다. '탄산음료는 아이들에게 나쁘다'는 메시지는 진저에일 대신 탄산음료를 마시는 아이들이 당뇨에 걸리는 이미지와 결합된다. 만약 설탕이 그것을 섭취하는 모든 사람에게 질병을 불러오는 것이 확실한 유해 화학물질이라면 이런 이미지는 타당할 것이다. 하지만 비만이 소다세로 해결될 수 있다는 과장된 주장은 당뇨통제및예방센터에서 내놓

도입된 세금이다.

은 연구를 무시하는 결과다. 이 연구들은 체중이 건강과 별 관련이 없다고 말한다.

정치인들은 비만혐오증을 활용해, 비만을 저소득 공동체의 건강에 영향을 미치는 정책들로부터 관심을 끄게 만드는 희생양으로 사용한다. 운동은 건강을 측정하는 더 나은 수단이며, 이는 단순히 세금을 부과하는 것보다 더 강도 높은 노동인 다면적인 접근을 필요로 한다. 여기에는 아이들이 학교에서 쉬는 시간만이 아니라 집 근처에서도 더 큰 폭력에 노출될 위험 없이 바깥에 나가 놀 수 있는 것이 포함된다. 또한 규칙적으로 음식을 섭취할 수 있어야 한다. 연구는 운동, 신선한 제품, 깨끗한 물, 맑은 공기, 보건 서비스에 대한 접근 가능성 등이 좋은 건강 상태를 유지하는 데 필요한 주요 요소임을 보여준다. 심야 농구Midnight basketball*를 비롯해 방과 후, 주말, 여름 등에 열리는 프로그램은 위험에 처한 젊은이들에게 해소할 창구를 주어 폭력을 예방할 뿐 아니라 이들에게 건강한 행동 패턴을 만들어준다. 그럼으로써 가족들은 보다 활동적인 생활을 하게 되며, 아이들이 걱정 없이 바깥에 나가 놀게 하는 일이 안전하다고 여기게 된다. 이러한 프로그램과 더불어 음식과 영양 수업을 제공하던 다른 프로그램들은 최근 대대적으로 폐지되었다.

---

* 1990년대 미국에서 도심 범죄를 억제하기 위해 시행된 프로그램으로, 14세에서 29세 사이의 젊은이들(주로 유색인종 남성이었다)은 22시에서 2시 사이에 체육관 등에서 농구를 할 수 있었다.

결국 소다세는 건강과 거의 관련이 없다. 이는 정치인들과 그들을 지지하는 이들이 접근하기 쉬운 문제지만, 만약 이 문제가 정말 공공보건을 위한 것이었다면 그저 세금을 부과하는 것을 해결책으로 조명하지 말았어야 한다. 소다세 정책을 채택한 주가 그것을 저소득 공동체가 감당할 수 있는 건강한 먹거리를 마련하는 조치를 빼놓은 나머지에 사용하지도 말았어야 한다. 더욱이 설탕 섭취를 전반적으로 줄이는 것이 목적이라면, 오직 탄산음료라는 형태에만 세금을 붙이는 것을 납득하기 어렵다. 탄산음료 한 캔에 든 설탕은 39그램이지만 코코아 한 잔에는 49그램이 들어간다. 프라푸치노는 어떤가? 한 잔에 102그램이 들어가기도 한다. 이러한 다른 선택지들은 사회적으로 받아들여질 만하며, 유제품은 단백질과 비타민의 공급원으로 여겨지지만, 사실 거기에는 탄산음료보다 훨씬 많은 설탕이 들어 있다. 사회적으로 받아들여지는 설탕은 단순히 탄산음료보다 비싸다고 해서 더 건강한 것이 아니다. 설탕이 건강에 어떤 영향을 미치는가에 관심을 두었다기보다는 돈이 필요했던 주 정부가 다른 수입원을 찾았다고밖에 설명할 수 없다.

　　소다세는 애초에 주어진 선택지가 몇 없는 사람들에게 가장 큰 타격을 입힌다. 식품 사막에서 '건강한' 선택지는 가장 비싼 것이기 때문이다. 저소득층 양육자들은 이미 식품 불안정이며 이웃으로부터의 폭력과 싸우고 있는데, 이제는 아이들 건강 문제(주로 체중으로 표상되는)가 오직 나쁜 선택지만을 갖고 있었던 그들 잘못이라는 소리도 들어야 한다. 중금속이 든 수돗물, 추가적인 세금이 붙어 있는 생수, 지나치게 비싼 주스, 유통기한이 지난 우유, 탄산음료 가운데 하나를 선택해야 할 때 무엇이 가장 건강하다는 말인가? 나머지를 선택하기 어려운 이들에게 세금 하나를 더 부과하면 어떤 문제가 해결된다는 말인가? '식품 경찰' 역할을 하는 조치들은 음식에 더 나은 접근성을 가질 필요가 있는 개인 및 가족을 돕는 대신 낙인을 강화하는 경향이 있다.

이는 이너 시티만의 문제가 아니다. 사실상 식료품 가격이 정해져 있거나 식료품점이 한두 곳만 존재해 선택지 자체가 부족한 많은 시골 지역은 식탁에 늘 먹거리가 올라오는 것이 얼마나 어려운지를 보여주는 증거다. 자기 자신이나 가족을 먹여 살릴 자원이 부족한 사람들에게 배고픔은 모든 곳에서 문제가 된다.

내가 배고픔을 개인적인 삶에서 해결해야 할 문제로 다루기를 그만둔 지 몇 년 뒤, 어느 날 한 여성이 나를 불러 세우더니 식료품을 사는 데 도와달라고 부탁했다. 나는 내가 줄 수 있는 것을 주곤 지나갔다. 누군가에게 주어도 괜찮은 액수를 쥐여준 뒤 금세 갈 길을 간 것이다. 솔직히 말하자면 이 일을 거의 잊고 있었다. 친절의 나비효과 이론이 내 버전으로 쓰일 순간이 오기 전까지는. 어느 날 같은 곳에 있던 내게 낯선 여성이 내가 장 본 것들을 계산해주었다. 그는 내 돈을 받지 않으려 했고, 실랑이하려는 내게 이렇게 말했다. "**나**는 지금 **당신**이랑 싸우는 게 아니에요. 알겠어요?"

그 순간 나는 그가 내게 도움을 청했던 여성임을 알아차렸다. 그는 내 이웃이었고, 내가 그를 알아보지 못할 때에도 늘 나를

굶주림은 페미니즘 이슈인가

기억하고 있었다. 이는 내가 얼마나 대단한 사람인지에 대한 이야기가 아니다. 전에 나는 그에게 푸드 스탬프가 다 떨어진 월말이 얼마나 힘든지 기억한다는 말을 했다. 그가 도움을 청하고 있었기에 비슷한 상황에 처했다고 짐작한 것이다. 하지만 그는 어떤 지원도 받지 못하고 있었다. 그는 직업을, 배우자를 잃었고, 삶이 무너져 내리고 있었다. 그런데 나는 그가 푸드 스탬프를 받고 있다고 넘겨짚으면서 모욕을 한 셈이었다. 물론 의도적인 것이 아니었고, 그가 이를 언급했을 때 사과했다. 그는 나를 보고 웃더니 이제는 괜찮다며, 몇 주간 도움을 받아 자신과 아이들을 먹일 수 있었다고 말했다.

실제로 우리가 다시 만났을 때 그는 자기 발로 서서 잘 지내고 있었다. 하지만 그는 한동안 내게 고마움과 분노를 동시에 느꼈다. 나는 이 상황을 이해하지만 자부심이 상실된 상태를 겪어보지 못한 이에게는 잘 설명하지 못할 수도 있다. 얼마나 열심히 일하든 간에 극복할 수 없는 수치 말이다. 그가 필요로 한 건 음식이었고 돈이었지, 내 어림짐작이 아니었다. 도움을 구할 때에는 고마워하는 마음을 가질 필요도, 수치심을 느낄 필요도 없다. 만약 우리가 대부분의 여성이 가난하다는 것을, 많은 여성들이 그들 자신과 아이들, 다른 가족 구성원들을 먹여 살리느라 분투하고 있다는 것을 인정한다면, 이 문제를 힘을 필요로 하는 거의 모든 여성에게 영향을 미치는 것으로서 다룰 수 있다. 식품 불안정이 어떤 개인에게든 죄악이나 수치인 것처럼 대하는 것이 아니라 마땅히 우리 사회가 해결해야 할 문제로서 다룰 수 있는 것이다.

좋은 소식은, 이런 태도를 가진 공동체에 속한 여성들이 공동체 텃밭에서부터 식품 협동조합에 이르기까지 모든 것을 동원해 배고픔과 싸우고 있다는 사실이다. 식료품이 잘 구비된 가게에 접근하기 어려운 이들을 위한 교통수단이든, 학교가 문을 닫은 여름에 아이들이 식사할 수 있게 십시일반하여 마련하는 '스톤 수프'든, 음식을 필요로 하는 이들을 위해 일으킬 수 있는 풀뿌리 운동의 방식에는 한계가 없다.

나쁜 소식은 이런 프로그램들 가운데 어떤 것도 그 자체로는 배고픔과 싸우기 어렵다는 사실이다. 그들에게는 더 많은 것이 필요하다. 더 많은 자원, 더 많은 직원, 정부 차원에서의 더 많은 노력이 필요하다. 그들에게는 연결망도, 자원도, 정치인에게 로비를 할 시간도 충분치 않다. 자선은 가정 단위에서도 시작될 수 있지만 근본적인 사회악을 해결하는 데에는 역부족이다. 제한적이거나 처벌적인 조치를 취하는 대신 수입에 상관없이 가장 취약한 계층이 보살핌 받을 수 있는 조치를 확고히 하는 데 더 집중하는 정부 지원 프로그램 없이는 안 된다.

식품 프로그램을 그것을 필요로 하는 사람 자체가 아닌 노동이나 존중받을 자격과 묶으려는 시도는 궁극적으로 굶주림 문제를 해결하는 것보다는 수치심 주기와 관련이 있다. 영양보충지원프로그램을 비롯해 정부에서 지원하는 다른 식품 안정 프로그램이 줄어드는 것은 사설 프로그램이 존재한다는 이유로 정당화되곤 하지만, 그런 정부 지원 프로그램이 향후 몇 년간 줄

굶주림은 페미니즘 이슈인가

어들거나 와해된다면 푸드 뱅크나 자선단체가 그 공백을 메울 수 있으리라고 믿기는 불가능에 가깝다. 영양보충지원프로그램은 자선단체의 12배 가까이를 담당한다. 기존 보조 프로그램은 이전 정부가 사설 자선단체가 할 수 있는 것과 정부가 할 수 있는 것 사이의 방대한 차이를 이해했기 때문에 존재할 수 있었다.

우리는 자선단체가 이 차이를 메울 수 없을 때 어떤 일이 벌어지는지 안다. 역사책에 등장하곤 하는 빵과 수프 배급 행렬이며 고릿적 굶주리던 이야기며 대공황을 떠올리기는 어렵지 않다. 보수파가 만들어낸 '게으른 자들'이라는 서사에도 불구하고, 보조 프로그램 수혜자 가운데 40퍼센트는 일을 하고 있다. 그들은 푸드 스탬프를 이용해 월급을 보충하고 계속 일할 수 있도록 할 뿐이다. 나머지 60퍼센트는 미성년자거나, 노인이거나, 아니면 취약한 가족 구성원에 대한 돌봄을 제공하기 때문에 일할 수 없다. 보조를 받는 이들 가운데 워킹푸어 집단이 부업을 찾는다거나 월급이 오른다거나 아니면 음식을 사기 위해 생활비를 줄일 다른 방법을 찾는다 하더라도, 일하는 다른 가족 구성원에게 돌봄을 의지해야 하는 아동과 노인에 대한 질문이 여전히 남아 있다.

보육과 노인 돌봄, 혹은 다른 서비스 제공에 관련된 문제는 이미 힘겹게 살아가는 이들에게 다른 어려움을 야기하기 때문에, 복지 수당을 받기 위한 조건에 노동을 추가할 경우 일할 준비가 되어 있지 않은 이들을 노동현장으로 밀어넣는 꼴이 될 것이다. 그리고 그들이 어떤 일에 접근할 수 있는가 하는 문제가 남는다. 기술이 없고, 교육이 더 필요하고, 건강상 문제가 있을 때 보조 프로그램 혜택을 잃기까지 하면 고용 상태를 유지할 가능성은 거의 없다. 이는 논리나 사실에 의거하지 않은 채 수사에 붙들려 지는 게임을 하는 꼴이다. 푸드 스탬프 수혜자 대부분은 아이, 장애인, 노인 등으로 최소 1명의 성인이 일하지만 가계 생활비를 대기 어려운 가정에 속해 있다. 의존할 사람이 없는 수혜자의 수는 매우 적으며, 그중 부양가족이 없는 비장애인 성인은 대부분 일을 하고 있거나 일을 찾고 있다. 그들은 단기 저임금 노동의 순환고리 속에 들어 있다. 계절노동을 하거나, 소매업에 종사하거나, 아니면 노동 수요가 때때로 발생하는 산업에 속해 있는 것이다. 그들은 간헐적으로만, 즉 고용되지 않았거나 해고된 상태일 때만 수혜자가 될 뿐이다. 그들이 짐이 된다는 근거 없는 믿음은 배고픔과 싸우는 일이 경제에 도움이 된다는 수십 년간의 직업적 통계를 무시하는 것이다.

식품에 대한 접근을 증대하는 문제는 논쟁거리가 되어서는 안 된다. 그러나 우리는 아이들, 노인, 실직자, 워킹푸어 집단에게 충분히 영양가 있는 식사를 제공하는 것을 못마땅해하는 문화에 살고 있다. 식품 안정을 필요로 하는 주변화된 이들은 이등 시민으로 간주되지만, 그들은 식품 경제의 핵심이다. 농촌 지역에서 이주노동자들은 자신들을 굶겨 죽이는 정책을 입안하고 싶어하는 이들의 식탁을 책임질 식량을 재배하고 수확한다. 계절노동자들은 우리 식품 공급에 핵심적인 노동력임에도 불구하고 그들의 자원에 대한 접근은 심각하게 제한되어 있다. 식품이

굶주림은 페미니즘 이슈인가

시장에 도달해서도 마찬가지다. 식료품점에서 일하는 노동자들은 급여를 제대로 받지 못하고 식품 안정에 관련된 문제를 겪고 있다.

노동 현장에서 여성들은 식품 가공 및 준비에 핵심적인 역할을 한다. 그럼으로써 이들은 가족을 먹여 살리지만, 도처에서 착취와 심각한 차별이라는 위험을 맞닥뜨린다. 저임금, 평균 이상의 성희롱과 성폭력 속에서, 시골 및 도시 지역의 주변화된 노동자들은 미지불 노동이나 저임금 노동을 경험한다. 그렇게 이들은 식품 안정을 둘러싼 의사결정과 리더십을 발휘하는 자리에서 배제된다. 음식을 안전하고 접근 가능하며 맛있게 만드는 데 책임을 지는 이들은 가장 적은 임금을 받는 이들이다.

여성이나 주변화된 이들이 가장인 가족에게 페미니즘은 식품 불안정과 싸우는 문제다. 신선식품의 높은 가격부터 구조적인 차원에서 배고픔을 해결하기 위한 프로그램에 정부 지원이 미흡한 문제까지 모두 포괄한다. 특권과 접근성을 가진 페미니스트의 지지가 없다면, 식품 불안정을 마주한 가족들이 겪는 문제는 그들이 기울이는 노력에도 불구하고 심화된다. 배고픔은 에너지와 의지를 빨아들인다. 무언가를 성취하는 데 쓸 수 있는 공간을 살아남는 데 대한 필요로 대체한다. 페미니즘 이슈에서 이보다 더 많은 여성과 가족에 걸쳐진 문제는 없다.

음식은 인권이다. 적절한 음식과 영양에 대한 접근은 공동체를 번성하게 하며, 여성들로 하여금 다른 모든 권리를 위해 싸우게 한다. 식품 안정은 주변화된 여성들이 정치적이거나 다른 조직적인 공간에 참여하게 한다. 이는 다른 형태의 구조적 억압으로부터 그들의 이익을 보호한다.

페미니즘적인 변화는 주류 페미니즘이 젠더, 계급, 인종을 아우르는 모든 형태의 차별에 맞서 싸울 때 진정으로 가능해진다. 진정한 평형이란 모든 사람이 기본적인 욕구에 도달하기를 보장할 때 시작될 것이다.

'#까진여자애들'과

OF SPASTELGIRLS
AND FREEDOM

자유

어떤 몸은 공격받을 만하다는 체계에 기반한 강간 문화는 이너 시티에 있거나, 원주민 보호 구역에 있거나, 이주노동자이거나, 복역 중인 주변화된 여성들에 대한 잘못된 대우를 모른 척한다. 그들 몸은 이용 가능해 보이기 때문에 성폭력은 암묵적으로 규범화된다. 더 많은 특권을 가진 이들에게 미치는 영향을 공공연히 비난할 때조차 그러하다. 강간 문화는 진공 상태에서 생겨나는 것이 아니다. 사회적 규범에 의해 의식적으로, 무의식적으로 만들어진다.

▶▶

　　다른 많은 이들처럼, 나는 이 말이 무슨 뜻인지도 알기 전부터 '까진 애fast-tailed girl'였다. 특정 공동체에서 자라는 아이라면 이 단어를 반쯤은 경고성으로, 반쯤은 경멸조로 듣게 된다. '까진 여자애'라는 건 성적으로 조숙하다는 뜻이다. 그런 곳에서는 까진 여자애가 되지 않도록 경고를 받거나 '저런 까진 애들'과 어울려 놀지 말라는 소리를 듣는다. 때로 이 말은 까졌다는 뜻의 '패스트fast'로 줄여 불리기도 하지만, 어쨌거나 나쁜 뜻임에는 변함이 없다. 이 말을 자주 쓰는 연장자들은 젊은 여자들이 제저벨[성적으로 문란한 여자를 뜻한다]로 인식되지 않도록 보호하고자 하는 경우가 많다. 내가 친구인 제이미 네스빗 골든Jamie Nesbitt Golden과 함께 '#까진여자애들#FastTailedGirls'이라는 해시태그를 트위터에 처음 띄운 것은 2013년 12월이었다. 수많은 여성들이 감정을 쏟아냈다. 미국에서 흑인 여성에게 자행된 성폭력의 오랜 역사를 떠올려보면, 존중받을 자격의 정치가 갖는 특수한 측면을 쉽게 이해할 수 있다. 존중받을 자격의 정치는 비단 옷차림이나 말투뿐 아니라, 젊은 흑인 여성들이 자신의 섹슈얼리티를 어떻게 단속하는가와 결부된 문제다. 이는 섹슈얼리티가 보호되어야 한다는 의미이나 종종 억압적이다.

어떻게 잘 의미화하든 간에 '패스트'가 되는 것을 피하라는 경고들은 성폭력 문제에 대한 결함 많은 응답이 되었다. 왜냐고? 까진 여자애라는 꼬리표가 붙는 데는 실제로 성적으로 조숙할 필요도 없기 때문이다. 그렇게 인식되는 것이 전부다. 따라서 소년들에게 말을 건다거나, 핫팬츠를 입는다거나, 화장을 한다거나, 심지어는 사춘기를 일찍 겪는 등 완벽하게 평범하고 제 나이에 걸맞은 행동을 하는 것만으로도 문제의 원인을 제공했다고 생각하게 만들기에는 충분했다. 이러한 인식이 뿌리를 내리면 당신이 겪는 문제는 자동적으로 당신의 문제가 된다. 성녀-창녀 이분법의 여러 표현법이 말하듯이, 착한 소녀들에게는 나쁜 일이 일어나지 않는 법이다.

흑인 여성의 구체적인 요구와 관심을 중심으로 연구를 진행하는 조직인 '흑인여성청사진'과 '흑인여성건강규범'이 지난 10년간 조사한 결과, 흑인 미국인 소녀 가운데 40~60퍼센트는 18세 이전에 성폭력을 당한다. 이 소녀들에게는 (그들에게 일어난 일을 그들 잘못으로 돌리고 싶은 이들에 의해) '까진 여자애들'이라는 소급적인 꼬리표가 붙는다—그들은 남성의 흥미를 유발하기 위해 어떤 일을 했을 것이 분명하기 때문이다. 그리하여 피해자들은 가해자들이 철저한 조사를 피해가고 결국에는 정의를 거머쥐기까지 하는 모습을 보게 된다. 1994년 당시 15세였던 알

리야Aaliyah와 결혼한 알 켈리R. Kelly가 다른 십대에게 소변을 갈
긴 것이 영상 증거로 남아 고발당하고, 아동 포르노로 재판에 오
르고도 커리어가 끊기기는커녕 자유가 침해받지도 않았다는 사
실이 이를 증명한다. 반면 소녀들은 그에게 가까이 있었다는 이
유로, 그를 더 잘 알지 못했다는 이유로, 충분히 준비된 채 유명
세와 부를 쥔 포식자 성인 남성과 접촉하지 못했다는 이유로 비
난을 받는다. 나는 알 켈리가 결과를 피하는 묘수에 놀랐다고 말
할 수가 없다. 공동체는 자주 잠재적인 포식자보다 소녀들에게
더 쉽게 관심을 두곤 한다.

할머니는 내게 까진 애가 되지 말라거나 그런 애들과 어울려
놀지 말라는 소리를 같이 사는 8년 내내 늘어놓았다. 열두 살에
엄마와 같이 살게 됐을 때, 나는 2차 성징을 겪는 내 몸이 누군가
로 하여금 나를 까진 애로 생각하게 만든다는 사실을 알았다. 나
는 나를 요조숙녀로 만들려는 가족들의 노력에도 불구하고 톰
보이처럼 살았다. 내가 누구랑 친구를 해야 하는지에 대한 할머
니의 잔소리는 그대로였고, 엄마는 **패스트**라는 단어를 무기처럼
휘둘렀다. 내가 까진 애라는 문제에 휘말린 건 어느 바람 부는
날 갑자기 옷 위로 두드러진 젖꼭지를 한 남자가 응시하면서였
다. 나는 내가 미니스커트도 입기 전부터 가족 지인인 어떤 늙은
이(정말로 **늙은이**였다, 할아버지보다도 나이가 많았으니까)가
집적거렸던 일이나, 베이비시터가 나를 성추행했던 일을 엄마에
게 절대 말하지 않았다.

엄마가 나를 까진 애로 본 건 나의 섹슈얼리티를 누군가의

눈에 포착되지 않게 하려는 생존자로서의 눈물 나는 노력이었다. 엄마 눈에는 내가 하는 모든 행동이 잘못된 것이었기에, 나는 내게 일어난 일을 엄마에게 말할 수 없다고 확신했다. 엄마는 2차 성징을 맞아 피어나는 내 몸이 성인 남성을 끌어들인다고 해석하는 만큼 그런 일도 내 잘못이라고 볼 터였다. 우리의 꼬인 관계는 이후 몇 년간 악화일로를 걸었다. 내 몸, 내 관심사가 엄마가 수용 가능한 정도를 넘어섰기 때문에. 옷에서부터 친구, 심지어는 통화까지도 전장이 됐다. 승자도, 해결에 대한 희망도 없는.

성인이 되어 돌이켜보면 엄마는 나를 두려워했던 것 같다. 내가 존중받을 만한 숙녀로부터 너무 멀리 떨어져 있었기 때문에. 나는 남자아이들과 어울렸고, 반쯤 풀어헤친 셔츠와 미니스커트를 입었고, 숨 쉬듯 플러팅을 했다. 나는 제저벨이나 롤리타가 아니었지만 엄마는 그런 걸 보지 않았고, 나는 내가 내 몸을 통제하기 위해 싸우고 있다는 사실을 설명할 언어를 갖지 못했다. 흑인 미국 여자아이들은 피해자를 비난하는 이데올로기 편에 서서 존중받을 자격이 우리를 구해줄 것이라는 관념에 사로잡힌 공동체 내에서 어떠한 무죄 추정도 받지 못한다. 공동체는 우리가 어떻게 행동하든 너무나 자주 타깃이 된다는 사실을 인정하지 않는다. 인종주의적 서사로 만들어지고 까진 여자애라는 신화에 의해 영속화되는 이 순환고리는 너무나 해롭지만 깨뜨리기도 어렵다. 유색인 및 흑인 여성에 대한 성폭력이라는 추한 역사 때문에 그러하다.

'#까진여자애들'과 자유

나는 글을 쓸 수 있을 만큼 똑똑한 소녀로 자라날 행운을 얻었다. 사회적으로 놀라울 만치 어색하게 굴었음에도 선생님들은 나를 사랑했다. 미디어가 못된 흑인 여자들로 틀 짓는 여성들의 친절은 내가 더 넓고 건강한 삶에 접근할 수 있게 해주었다. 나는 나중에 갱이 된 남자아이들과 성장기를 보냈지만, 누가 일반적으로 위험하고 누가 내게 특히 위험한지 구분하는 방법을 알려준 이들은 전부 여자였다. 당시 열 살이었던 우리는 둘을 구분할 수 있어야 했다. 우리가 아니면 우리를 구해주러 올 사람이 아무도 없었으니까.

우리 대부분은 모부나 후견인, 혹은 우리를 보호하기 위해 최선을 다한 이들이 있었다. 하지만 독립을 향한 첫 단추는 위험으로 가득한 더 넓은 세계에 나가는 것이었다. 그곳에서 우리는 가부장적인 교회 목사나 숙녀처럼 행동하기를 원하는 할아버지, 아니면 팔찌에서부터 멍청함까지 우리 같은 여자애들의 모든 것을 싫어하는 교사보다 더 많은 이들을 만났다. 우리는 경찰과 포식자를 비롯해 다른 모든 사회적 위험을 걱정해야 했고, 가난이 즐비한 세계를 탐험하는 법을 배웠다. 거리는 우리에게 말을 걸었다. 때로는 노골적인 초대장을 내밀었다.

코드 전환*을 할 수 없는 여자아이들, 즉 학교와 집 모두에서 분투하는 아이들에게는 언제나 거리가 있었다. 도망칠 수 있는

—— * 자신이 속한 집단의 문화적 양식과 지배집단의 양식 사이를 오가며 상황에 따라 다른 양식을 구사하는 것을 말한다.

여자아이들은 거리로 갔다. 그들은 집에서 안전하지 않았기 때문에, 거리를 으스대며 걷는 허풍쟁이들은 때로 그들을 덜 불안하게 만들어주었기 때문에. 그들은 길거리를 내면화했고, 그들이 집에서 마주하는 위험이 너무 크다는 사실을 알아차렸다. 미디어는 '집에 있어라, 숙녀답게 굴어라, 공포에 대해 침묵하라'는 금언에 저항하는 야생적이고 난폭한 소녀들을 비추었다. 그리고 그들이 난폭해졌다는 건 어느 정도 사실이다.

하지만 소녀와 어린 여성들은 폭력을 저지르기보다는 폭력의 피해자가 되기 쉽다. 그들이 다른 선택지를 갖지 못하고 폭력적으로 나온다는 사실은 그들이 무슨 일을 겪었는지, 그들에게 또 어떤 일이 일어날 수 있는지를 논의하는 과정에서 지워지고 만다.

그렇다, 그 나이대 소녀들은 때로 어떤 종류의 범죄에 공모하며, 적어도 그들이 내린 선택 중 몇 가지에 대해서는 궁극적인 책임을 진다. 그렇지만 이때 가부장제가 자원이 적은 집에 사는 소녀들에게 미치는 영향이 정확하게 비춰지지는 않는다. 어떤 소녀들은 인신매매를 당한다. 어떤 소녀들은 갱에 너무 깊이 연루된 나머지 그들 가족이 된다. 한 번도 안전한 적이 없었던 이들에게는 갱 문화의 과도한 남성성이 보호장치로 보일 수 있다. 그리고 그런 식으로 폭력에 꾸준히 노출되면, 폭력의 유형 간에 그어진 선이 매우 흐려질 수 있다. 피해자 내지 목격자로서 폭력에 노출된 소녀들에게 장기적인 감정적 영향은 심각한 결과를 안길 수 있다. 폭력적인 지역에서 자란 소녀들은 외

'#까진여자애들'과 자유

상후스트레스장애, 우울증, 불안, 약물 과용을 경험할 비율이 더 높다.

가부장제 체제에서 유색인 소녀들은 보호보다 학대, 폭력, 곤경, 박탈을 더 자주 경험한다. '위험에 처한' 소녀들에게 초점을 맞추는 프로그램은 직업적인 기술 교육이나 임신 예방에 집중할 뿐, 위험에 대처할 방법을 알려주지는 못한다. 우리는 이러한 프로그램이 임파워링을 가져오며 이른 임신이 나쁘다는 흐릿한 주장으로부터, 모든 공동체에서 소녀와 젊은 여성들의 치유 및 건강 증진을 지지하는 것으로 대화를 옮겨 와야 한다.

20세기 초 여성 참정권 운동과 노동운동은 백인 여성을 위한 평등에 진일보한 변화를 가져왔지만 특히 흑인 여성과 유색인 여성 전반에게 처벌받지 않은 성폭력은 꾸준한 위협이었고, 지금도 그러하다. 린치를 가하는 이들이 옹호하는 서사와 달리, 성폭력에서 가장 큰 위험을 감수하는 이들은 백인 여성이 아니다. 흑인 여성들은 노예제로부터 각성할 때 만들어진 공동체 규범뿐만 아니라 짐 크로 법에 의해 강요된 존중받을 자격, 그것의 모든 측면을 보이도록 요구받았다. 하지만 흑인 여성과 소녀들이 어떻게 옷을 입거나 행동하는지는 중요하지 않다. 백인 남성들은 그저 스포츠 삼아 그들에게 가해를 가할 수 있고, 실제로 자주 그러했기 때문에.

백인 여성과 달리 흑인 여성은 좁다란 법적 보호조차 받지 못한다. 소작농이자 24세였던 흑인 여성 레시 테일러Recy Taylor가 1944년 9월 3일 앨라배마 애비빌에서 6명의 백인 남성에게 폭행당하기 전까지 이러한 범죄에 대한 법적 처분은 국가적인 논의에 진입하지조차 못했다. 로자 파크스Rosa Parks*를 비롯한 민권운동가들은 레시 테일러를 위한 평등정의위원회를 만들었고, 정의를 구현하기 위한 몇 가지 조치를 취하고자 애썼다. 흑인 미디어에서 압도적으로 다루어졌던 이 사건은 피고인의 유죄 판결을 이끌어내지는 못했지만 유색인 여성이 도움을 얻기 위해 법에 의지할 수 있는 길을 열었다.

로자 파크스에서부터 레시 테일러를 위한 평등정의위원회, 일본 정부로 하여금 '위안부'라 불린 전시 성범죄 피해자들에게 배상하게끔 압박한 한국 페미니스트에 이르기까지, 유색인 여성들은 언제나 성범죄에 맞서 싸웠다. 좀 더 최근에는 '인사이트!' 와 '소녀를 위한 인권 프로젝트' 같은 단체들이 성폭력은 유색인 여성이 학교에서 감옥으로 이어지는 삶을 사는 데 핵심적인 요소임을 강조했다. 이들 단체가 성추행 및 성폭력의 타깃이 되는 가장 주변화된 이들에게 집중할 때, 이는 비단 주변화된 이들의 공동체뿐 아니라 모든 공동체에 이익이 된다.

레시 테일러를 위한 실질적인 정의는 구현되지 않았지만, 우리는 오클라호마에서의 대니얼 홀츠클라우Daniel Holtzclaw 평결과 당시 조직된 운동의 역사가 미친 영향을 살펴볼 수 있다. 홀

---

* 로자 파크스는 1955년 몽고메리 버스 보이콧에서 중심적인 역할을 한 것으로 잘 알려진 민권운동가다. 당시 흑인들은 버스 뒷좌석(앞좌석은 백인 좌석이었다)에 앉아야 했는데, 이러한 대중교통에서의 인종 분리 정책에 맞서 벌인 항의 행동이 몽고메리 버스 보이콧이었다.

'#까진여자애들'과 자유

츠클라우는 전前 경찰로, 12명의 흑인 여성에게 성폭력을 가해 징역 263년을 구형받았다. 운동을 조직한 이들은 이 사건이 미디어의 조명을 받게 했고, 경찰도 범죄를 축소하거나 은폐하려 들지 않고 제대로 다루었다. 가장 가시화된 피해자에 집중하는 것으로는 충분치 않다. 우리는 모든 차원에서 강간 문화에 도전할 수 있는 모든 기회를 활용해야 한다. 우리는 강간범이 저지르는 폭력에 도전해야 할 뿐만 아니라 피해자보다 강간범에게 특권을 부여하는 체제, 가장 취약한 이들에 대한 괴롭힘과 학대를 정상화하는 체제 자체에 균열을 가해야 한다.

당신은 언제고 주류 페미니스트 웹사이트에서 강간을 방지하는 문제가 피해자 비난하기로 바뀌는 모습을 볼 수 있다. 그런 사이트는 어떻게 낯선 이와 싸우는지, 무엇을 입거나 마시지 말아야 하는지, 어디를 가지 말아야 하는지 같은 팁으로 가득하다. 2013년 에밀리 요프Emily Yoffe는《슬레이트》에 '대학의 여성들: 그만 취하라'는 글을 기고했는데, 캠퍼스에서 술을 마시지 않는다면 여성들이 성폭력을 피할 수 있다는 내용이었다. 이런 글들은 때로 피해자로 하여금 자기 의지에 반해 증언하도록 몰아세우기도 한다. 2014년《슬레이트》에 실린 아만다 마르콧의 글, '검찰은 강간 피해자들을 붙잡아 그들 사건에 협조하게 만든다. 그들은 옳은 결정을 내렸다'는 대체로 좋은 의미를 담고 있다. 그러나 그들은 강간을 잠재적 피해자들이 당할지도 모를 폭력을 피하려는 기이한 춤의 스텝을 배우고 나면 예방할 수 있는 무언가로 만들어버린다. 따라서 강간에 대해 나올 수 있는 즉각적인 반응이란 '무엇을 입었는가?'에서 '왜 거기 갔는가?'로, '취했는가?'의 범위 사이에서의 몇 가지 질문일 수 있다. 이러한 질문에 대한 답은 아무 상관이 없다. 궁극적으로 피해자들은 단지 누군가가 그들을 골랐기 때문에 피해를 입는다.

어떻게 강간범이 되지 않을까를 고민하는 대신, 사람들에게 강간하지 말라고 가르치는 대신, 잠재적 강간범들에게 치료를 위한 분출구를 만들어주는 대신, 우리는 비장애인에 탁월한 반사 신경과 굉장한 행운을 갖춘 기민하고 건강한 사람을 강간하는 것을 막는, 신화적이기까지 한 방법들을 숱하게 마련한다. 이 방법들은 결코 장애를 고려하지 않는다. 싸우거나 도망칠(혹은 얼어붙을) 때 아드레날린 반응의 차이라거나, 심지어는 피해자들이 대체로 가해자와 면식이 있다는 사실도 무시한다.

앞서 언급한 것과 같은 글은 게재된 지 몇 시간 만에 내려가기 일쑤다. 그렇다면 이런 글이 계속 실리는 이유가 뭘까? 쉬운 대답은, 그런 글이 사람들을 편안하게 해주기 때문이다. 만약 당신이 작은 조언으로 누군가가 더 이상 상처 입지 않을 거라고 생각한다면, 위 방법에 따라 당신 자신을 지킬 수 있다고 여길 것이다. 성폭력을 종식시키기 위해 무엇이 필요한가 하는 현실을 직면하지 않고 마법 같은 생각에 잠길 수 있는 것이다. 그러나 어떤 범죄든 쉽고 간단한 해결책을 내놓을 수 있는 사람은 아무도 없고, 강간에 대해서는 더더욱 그러하다. 강간은 수많은 방법으로 일어날 수 있다. 피해자가 피해 사실을 알리는 과정에서 또다시 피해자가 되는 일이 발생하기도 하는 범죄가 바로 강간이다.

가부장제를 비난하기는 쉽다. 누가 강간을 했는지 지목하고, 그들이 벌을 받아야 한다고 말하는 것도 그러하다. 어려운 것은 임파워먼트라는 미명하에 유색인 여성들의 과도한 성애화에 기여함으로써 강간범을 피해자들에게 향하게 하는 여성들을 알아차리는 것이다. 이때 강간이 늘 강간범의 잘못이라는 지적은 옳고 정확하지만, 이는 강간 문화에 대한 불충분한 평가이기도 하다. 문화적 전유라거나 '의도치 않았다는' 기이한 블랙페이스 문제를 제외하고도, 이론적으로 '섹시한 포카혼타스'를 아동 강간의 잔여물로서의 페티시화가 아니라 임파워링을 가능케 하는 외모라고 생각하는 백인 페미니스트들의 문제가 있다. 성적으로 임파워링한다는 주장은 백인 여성의 순결성에 대한 신화, 다른 모든 여성을 성적으로 이용해도 된다는 신화에 뿌리박혀 있다.

문화를 페티시 코스튬으로 만들어 성적 자유를 쟁취하는 길에 임파워링이 설 자리는 없다. 누군가는 이것이 무해한 코스튬일 뿐이라고 말할 수도 있다. 성폭력으로부터 우리를 막아줄 의상은 존재하지 않는 반면, 흑인 여성을 강간 불가능한 존재로 위치 짓는 문화적 틀은 (앞선 주장과는 다르지만 비슷한 방식으로) 백인 아닌 여성들에게 위험하다. 이는 존중받을 자격의 정치가 아니다. 그들의 복장은 존중받아야 하는 문화적 원천을 조롱하는 데서 기원하기 때문이다. 이는 유색인 여성의 신체를 페티시화하는 인종주의적 수사에 기반하기 때문에 직접적으로 모욕적이다. 비슷한 예로 빅토리아 시크릿의 섹시 리틀 게이샤 란제리 캠페인을 들 수 있다. 이 캠페인 모델 대부분은 백인 여성이었다. 혹은 코아첼라 음악 축제처럼 인스타그램에서 유명한 축제에서 나체거나 나체에 가까운 백인 여성들이 가짜 전쟁 모자를 쓴 채 도발적인 설명을 단 사진을 올리는 것은 샤넬의 카우보이와 인디언을 테마로 한 패션쇼에서부터 향수 광고에 이르기까지 모든 것을 거울처럼 보여준다. 이런 이미지를 옹호하는 이들은 그들이 모방하는 국가를 기리고자 했다거나 실제적인 위해를 가하지 않았다고 말할 것이다. 하지만 토착민 강간 통계는 이 주장과 부합하지 않는다.

토착민 여성 3분의 1이 성폭력 피해를 입고, 이때 가해자는 십중팔구 백인 남성이다. 백인 남성은 토착민 여성만이 아니라 백인 여성에게 가장 많은 성폭력을 가하는 집단이며, 통계적으로 볼 때 성폭력을 가장 많이 저지르는 집단이다. 하지만 백인 남성의 관심은 너무도 자주 (어떤 백인 여성들이 공유할 수 있는) 백인 우월주의적 수사의 협소한 보호 범주 바깥에 사는 여성들에게 위험하지 않은 것처럼 틀 지어진다.

대상화는 무해하지 않다. 또한 이는 인종, 계급, 젠더, 성적 지향에 걸쳐서 이루어질 수 있다. 페티시화가 합의 가능한 범위를 넘어선 공동체를 겨냥할 때, 우리는 성적인 임파워링에 대한 서사가 어떻게 오히려 문제를 만들어낼 수 있는지 밝혀야 한다.

유색인 공동체가 이 같은 비인간적인 수사에 지워질 때, 강간 문화와 싸워야 하는 페미니스트의 임무는 뒤로 물러난다. 대신 유색인 여성들이 홀로 설명하고 싸워야 한다. 대상화와 페티시화를 이해하는 같은 페미니스트들은 자신들이 문제의 이유로 지목되는 순간 갑자기 그런 문제에 대한 자기 역할을 이해하지 못하기 때문이다. 또한 이렇게 '강력하고, 섹시하고, 이국적인' 코스튬을 입는 여성들은 자기 기분이 자신들이 승인한 강간 문화 속에서 살아가는 이들보다 중요하다고 여기게 된다.

강간 문화에 대해 이야기할 때, 우리는 위험에 처한 이들을 생각해야 한다. 페미니스트 집단 내에서 쓰이는 인종주의적 수사로 인해 실제로 위험에 처하는 것은 누구인가? 우리는 인종주의가 삶의 모든 경로에서 제 역할을 하고 있음을 안다(알아야 한다는 소리다). 여기에는 누군가가 피해 사실을 알릴 때만이 아니라 그럴 때 얼마나 두려움을 느껴야 하는지도 포함된다.

우리는 쉼터처럼 좀 더 안전한 공간이나 문화적으로 괜찮은 상담사, 심지어는 성노동자·트랜스 여성·많은 유색인 여성에게 추가적인 가해를 하지 않고 신고를 받을 수 있는 경찰 등과 같은 자원을 알지만, 강간을 신고하는 것이 성폭력을 중단시키리라는 주장을 여전히 볼 수 있다. 하지만 성폭력을 저지를 가능성이 가장 높은 이들이 또한 그 결과로부터 별 영향을 받지 않을 가능성이 가장 높다면, 우리는 피해자들에게 대체 어떤 도움을 주는가?

우리는 식민주의와 제국주의가 강간을 제노사이드의 도구로 사용했다는 사실을 알고 있다. 인종주의와 여성혐오가 교차해 만들어진 역학은 우리 문화를 계속 에워싸고 있다. 우리가 그에 맞서 싸울 때조차 그렇다. 우리는 유색인 여성들이 경찰 폭력의 피해자가 될 확률이 더 높다는 사실, 그들이 덜 지지되고 덜 보호된다는 사실을 안다. 피해자에게 경찰서에 가라고 할 때, 그러나 경찰이 저지르는 두 번째로 잦은 문제가 성폭력이라는 사실을 무시할 때, 우리는 어떻게 성폭력 피해자들이 더 안전하게 느끼도록 도울 수 있겠는가?

우리는 얼마나 많은 경찰이 실제로 성폭력을 저질렀는지 알지 못하지만, 2018년 10월 CNN이 내놓은 보고서를 통해 2005년에서 2013년 사이 경찰들이 최소 400건의 성폭력에 대해 기소됐음을 알게 됐다. 더욱이 같은 기간 동안 경찰들은 600건의 성추행 혐의로 고발되었다. 이 통계에서 빠진 것은 그들이 업무 중에 저지른 것인지, 가정 내에서 파트너와 있을 때 저지른 것인지, 아니면 모든 성추행이 보고된 것인지 여부다. 우리는 구체적인 정보를 얻을 수가 없다. 경찰 측에서 그런 정보를 제공하지 않기 때문이다. 신고가 정의를 실현하는 데로 이어지는 경우가 거의 없다는 슬픈 현실까지 가기도 전에, 이러한 통계 수치들은 피해자로 하여금 경찰서에 가는 것도 안전하지 않다고 느끼게 만든다.

강간은 폭력적인 행위다. 하지만 이는 인간 사회에서 주변부에 자리한 이들에게 가해지는 폭력의 마지막 단계 중 하나다. 다른 학대적인 관계와 마찬가지로 강간은 조종, 강요, 프로파간다로 시작된다. 모든 세대에 걸쳐 강간은 억압하고, 약하게 만들고, 통제하기 위해 사용되어왔다. 흑인 강간범이라는 신화적인 존재에 대한 공포는 시민전쟁 이후 흑인 공동체에 테러를 가하는 백인들을 정당화하는 데 사용되었고, 이후 현 행정부에서 보다 넓은 반이민 서사에 스며들었다. 대중 미디어는 계속해서 인종적 고정관념을 영속화한다. 이는 제국주의 프로파간다의 일부로서 특히 유색인 여성을 겨냥한다. 흑인 여성과 라틴계 여성을 난잡하게 그리고, 미국 원주민과 아시아 여성을 순종적으로 그리고, 다른 유색인 여성들을 열등하게 그리는 것은 이들에 대한 성적 학대를 정당화한다. 유색인 남성을 성적으로 문란하며 순진한 백인 여성을 먹잇감으로 여기는 이들로 묘사하는 것은 낯선 흑인에 의한 백인의 강간이라는 문화적 강박을 강화한다. 이때 같은 인종 집단 내 지인에 의한 강간이라는 더 흔한 예는 논의에서 지워져버린다.

인종주의는 정의를 구현할 수 없다. 아무리 정치인들과 백인 우월주의적 서사가 마치 인종주의가 여성을 보호하는 길인 것처럼 퍼뜨리고 다니더라도. 이같이 해로운 서사를 반복하지 않는 것은 여성을 대상으로 한 성폭력을 끝내는 데 필요한 단초 중 하나다. 더 넓은 범위의 책임을 면하기 위해 '진정한 페미니스트는 그렇게 생각하지 않는다'는 오류를 주장하는 편이 더 쉬울지도 모른다. 그러나 어떤 여성들의 성적·재생산 자율성에 대한 권리가 절하되어왔다는 역사적 사실은 성폭력으로부터 안전할 자유를 가진다는 게 어떤 의미인지 생각할 길을 열었다.

콜럼버스는 토착민 여성들을 가해하고도 처벌받지 않는 자기 능력을 즐겼고, 이러한 태도는 오늘날까지도 우리 문화에 영향을 미치고 있다. 노예였던 흑인 여성들이 백인 남성의 성적 요구를 거절할 권리가 없었다는 사실은, 흑인 여성에게는 보호해야 할 정절이 없기 때문에 강간당할 수도 없다는 관념을 창조했다. 백인 여성들은 백인 우월주의를 통해 정절을 지닌 유일한 여성으로 거듭났으나, 밧줄은 점점 더 목을 조여왔다. 어떤 옷을 입었는지, 술을 마셨는지 아닌지, 몸이 얼마나 성숙했는지 따위는 성폭력을 정당화하는 과정에서 중요한 요소가 되었다. 가장 주변화된 여성들을 논의하지 않는다면 어떤 여성이든 보호할 수 있는 기준을 세우지 못한다. 대신 존중받을 자격이 목표로 설정된 임의적인 골대가 세워져 모든 여성이 자기 행동을 검열해야 한다고 주지시킨다. 이는 자유가 아니다. 그저 절대로 안락하거나 안전할 수 없는 울타리의 정교한 버전일 뿐이다. 행동의 좁은 기준에 따라 기본적인 인권을 부여하는 체제는 잠재적인 피해자들로 하여금 서로를 물어뜯게 하며, 그들을 먹잇감으로 삼는 이들에게만 득이 된다.

어떤 몸은 공격받을 만하다는 체계에 기반한 강간 문화는 이너 시티에 있거나, 원주민 보호 구역에 있거나, 이주노동자이거나, 복역 중인 주변화된 여성들에 대한 잘못된 대우를 모른 척한다. 그들 몸은 이용 가능해 보이기 때문에 성폭력은 암묵적으로 규범화된다. 더 많은 특권을 가진 이들에게 미치는 영향을 공공연히 비난할 때조차 그러하다. 강간 문화는 진공 상태에서 생겨나는 것이 아니다. 사회적 규범에 의해 의식적으로, 무의식적으로 만들어진다. 그것은 모든 이에게 안전을 위해 존중받을 자격을 사야 한다고 말하고는, 그 자격으로부터 한 걸음만 떨어져도 강간을 당한 데 책임이 있다고 말한다. 그것은 가부장적 관념에서 지배적인 위치에 있는 자뿐 아니라 가부장제가 만들어낸 틀을 통해 강간 문화에 맞서 싸우고자 하는 이들에 의해서도 정상화되고 비준된다. 존중받을 자격의 정치, 피해자 비난하기, 페티시화는 흠결 많고 위험한 반응을 이끌어낼 뿐이다.

그웬돌린 브룩스Gwendolyn Brooks를 인용하자면, "우리는 서로의 추수물이다. 우리는 서로의 사업이다. 우리는 서로의 엄청난 규모이자 연대이다." 하지만 우리가 오직 어떤 이들만이 안전할 자격이 있다고 믿는다면, 몸에 대한 권리가 임의적인 규칙을 지켜야만 얻어진다고 믿는다면, 과연 우리는 서로를 동등하게 보고 있는 것일까? 인간으로는 보고 있는 것일까?

물론 문제는 '#까진여자애들'이라는 해시태그로 해결되지 않는다. 다른 몇 가지로도 해결되지 않는다. 하지만 해답을 찾는 첫 단계는 고쳐야 할 것이 있음을 인지하는 것이다. 우리는 이 대화를 계속해야 하고, 사회적인 통념에 맞서 싸우는 작업에 열려 있어야 한다. 문제는 흑인 공동체에, 시스젠더에, 이성애자들에게만 유일한 것이 아니다. 다른 모든 공동체에서도 내부적인 작업이 이루어져야 외부 문제와 싸울 수 있다. 너무 많은 이들을 건드리는 이 질병과도 같은 문제를 치유하기 위해 우리는 서로를 파트너로 보아야 한다. 하지만 이는 외부에 조력을 요청하는 메시지가 아니다. 흑인 여성이 제저벨이라는 관념을 영속시키는 인종화된 여성혐오를 다루라는 메시지다. 이 문제에 대한 어떤 해결책이든, 유색인 여성을 성적으로 이용할 수 있고 강간이 성립될 수 없는 존재로 틀 짓는 인종주의적이고 성차별주의적인 수사를 다뤄야 한다.

자유를 위해서는 모두가 치러야 할 대가가 있다. 강간 문화에 대항하는 방식이 주변화된 여성에게 가해지는 위해에 기반할 때, 자유는 얻어지지 않는다. 하지만 이때 이득을 얻는 이들은 백인 특권을 통해 일정한 보호 조치를 취할 수 있는 이들이다. 우리는 유색인 트랜스 여성이 폭력에 특히 취약하다는 사실을 안다. 우리는 토착민 여성이 안전을 위해 돌아갈 곳이 없다는 사실을 안다. 우리는 위험이 다름 아닌 우리 보호자로 정해진 이들로부터 온다는 사실을 안다. 그것이 경찰이든, 우리 공동체 내의 다른 남성이든 간에. 강간 문화는 전 세계적인 전염병과도 같고, 모두가 힘을 합쳐 싸우지 않고서는 꺾을 수 없을 것이다.

우리는 응급 상황에서조차 백인 방관자들이 흑인들을 덜 돕는다는 사실을 살펴야 한다. 우리는 '흑인 여성이 성폭력 위험에 처해 있을 때 백인 여성 방관자의 반응'과 같은 연구에서 왜 젊은 백인 여성들이 잠재적 피해자가 흑인일 때 그들을 덜 돕는다는 결과가 나오는지를 물어야 한다. 우리는 왜 백인 학부생들이 연구자에게 흑인에 대해서는 개인적인 책임감이 덜하기 때문에 흑인 여성을 덜 도울 것이라고 말하는지를 물어야 한다. 혹은, 왜 백인이 위험한 상황을 봤을 때에 비해 흑인 피해자들은 상황을 즐기는 것처럼 인식하는지를 물어야 한다.

비록 백인 여성들이 가진 특권이 그들을 성폭력으로부터 지켜주는 것은 아니어서 그들 역시 같은 위험에 처해 있음을 알지만, 인종주의와 성차별주의의 결합은 수많은 백인 여성들이 다른 공동체에 취한 행동이 어떤 결과를 불러왔는지 눈감게 했다. 유색인 여성들에게 씌워지는 과도하게 성애화된 서사에 기여하든, 그들 공동체가 직면한 위험을 무시하든, 아니면 그들을 평가 절하하든, 백인 여성들은 때로 자신이 가진 힘을 억압적인 방식으로 사용하면서도 그들 자신을 어떤 억압도 가할 수 없는 피해자로 상상하기를 멈추지 않는다.

위험에 처한 여성에게 연대하지 않을 때, 방관자의 개입은 해답이 될 수 없다. 백인 여성 방관자가 인종은 젠더보다 더 큰 힘을 가졌으니 흑인 여성의 문제가 자기 주목을 끌 만하지 않다고 생각한다면 우리는 진정으로 강간 문화에 맞서 싸우는 것이 아니다. 이 전쟁은 운동에 내면화된 **-주의**에 맞서 싸울 때까지 우리를 피해 다닐 것이다.

레나 던햄이 흑인이자 성폭력 피해자인 배우 오로라 페리노 Aurora Perrineau의 소송을 두고 입씨름을 벌였을 때(가해자가 자신의 친구였기 때문이다), 던햄이 인정하든 인정하지 않든 그 모든 것은 인종과 관련이 있다. 페리노는 머레이 밀러Murray Miller를 고소했다. 〈걸스〉 제작자인 밀러는 페리노에게 성폭력을 가했고, 던햄은 이 남성의 방어를 그대로 받아 "내부자의 앎"이라는 말을 인용함으로써 고소를 거짓으로 만들었다. 1년 뒤 던햄은 사과를 했다. 그렇지만 그는 '올바른', 정확히는 '백인' 피해자인 이들을 지지하는 듯한 언설을 반복했다. 사과 대부분은 그 자신에 초점을 두고 있었으며, 오로라 페리노에 대해 언급하는 부분에서조차 자기 이야기에 집중하고 있었다.

오로라에게: 당신은 이번 해 매일 내 머릿속, 가슴 깊은 곳에 자리해 있었어요. 사랑해요. 항상 그럴 거예요. 잘못된 걸 바로잡기 위해 계속 노력할 거예요. 그렇게 해서 당신은 나를 더 나은 여자로, 더 나은 페미니스트로 만들어주었어요. 다른 짐이 있는 와중에 그런 일을 해서는 안 됐지만 여기 우리가 있고 제가 있어요. 어떻게 앞으로 나아갈까요? 당신뿐 아니라 우리 모두, 허락과 변명 사이라는 회색 지대에서.

인정하기 고통스러웠지만, 나는 내가 자각 있다고 생각하는 동안 지배적인 남성 문법을 내면화하고 있었어요. 그것을 지키고, 보호하고, 방어해야만 했죠. 여전히 그렇게 해야 할 것 같아요. 기쁘게 하고, 정리하고, 장을 보고. 이제 내 일은 내 일부를 파내서 촛불이 타오를 수 있는 새로운 굴을 만드는 거예요. 촛불은 다음과 같은 단어들이 적힌 벽을 비춰요. 오로라, 나는 당신을 봅니다. 당신을 듣습니다. 당신을 믿습니다.

공적으로 인종주의를 드러내는 행위는 트럼프 시대에 더 과감해지고 더 잦아졌다. 그러나 이런 행위가 새로운 것이 아니라는 사실뿐만 아니라 실제적인 위해는 사적인 공간에서 일어난다는 사실을 기억하는 것이 중요하다. 왜 피해 사실을 알리지 않았느냐고 물을 때, 왜 유죄 판결 비율이 이렇게나 낮은지 물을 때, 강간 문화가 지속되는 것이 누구 책임이냐고 물을 때, 의기소침한 답변들은 서로 연결되어 있다. "그들이 벌을 받지 않을 것이기 때문에", "희생자를 보호하거나 가해자를 처벌하는 데 신

'#까진여자애들'과 자유

경을 쓰지 않기 때문에", "우리 모두" 등. 강간 문화는 집에서부터 학교, 교회에 이르는 공간에서 만들어지며, 그곳에서 가장 큰 해악을 끼친다.

비록 내가 유색인 여성의 몸을 둘러싼 대상화 문제와, 이를 다루는 데 실패한 주류 페미니즘에 널리 초점을 맞추기는 하지만 성폭력이 시스젠더 여성만의 문제라고 말할 생각은 없다. 시스젠더 여성이 높은 비율로 성폭력을 경험하는 동안, 트랜스젠더와 젠더 비순응자들 역시 커다란 위협에 직면한다. 캠퍼스에서 감옥에 이르기까지 안전한 공간은 없다. 피해자를 비난하는 수사는 공간을 피해의 원인으로 지목하지만, 강간범은 그들이 할 수 있다고 생각하는 어떤 환경에서든 가해를 저지르는 게 현실이다.

여성 군 입대를 금지하거나 화장실에 트랜스 여성이 들어오지 못하게 하는 것, 혹은 복역 중인 여성들이 성폭력 대상이 될 만하다고 주장하는 것은 강간 문화를 다른 각도에서 키우는 일일 뿐이다. 성판매자는 성폭력을 당할 수 없다거나 이들이 성폭력을 방지하기 위한 완화 밸브로서 존재한다는 언사는 이들의 몸을 이용 가능한 대상으로 바라보는 강간 문화가 소위 페미니스트 서사에 얼마나 깊이, 또 얼마나 의문 없이 뿌리내리고 있는가를 보여준다.

우리는 모든 성폭력 피해자가 피해를 입을 만하지 않았다는 사실, 그것을 초래하지도 않았다는 사실, 가해자가 아닌 피해자를 비난하는 문화에 책임이 없다는 사실을 기억해야 한다. 우리는 우리가 피해자를 비난하지 않을 책임을 지녔음을 이해해야 할 뿐 아니라 피부색, 젠더 표현, 나이에 기반한 잠재적 타깃들에 대해 과도한 성애화를 조성하는 문화적 밈에 저항해야 한다.

나는 어린 소녀를 키우고 있지는 않지만, 삶에서 많은 소녀들을 만났다. 어린 여성들의 섹슈얼리티, 강간 문화, 젠더에 대해 이야기하는 방식을 바꾸겠다는 소명의 일부로서 나는 내 아들들에게 동의에 대해 가르친다. 가해자가 되지 않도록 존중에 대해서, 기본적인 예의에 대해서 가르친다. 물론 이는 아주 작은 한 걸음일 뿐 문제에 대한 해결책이 될 수 없다. 하지만 이는 내가 개인적인 차원에서 개입할 수 있는 공간이기도 하다. 더 중요한 것은, 페미니즘은 전 세계를 가로질러 개별적인 공동체 내부에서의 변화를 도모해야 한다. 우리는 반강간 서사의 초점을 '어떻게 피해자가 강간을 막을 수 있는가'가 아니라 애초부터 사람들이 가해자가 되지 않게 가르치는 쪽으로 옮겨야 한다. 우리는 어떤 이들이 성폭력을 당할 만하다는 문화적 메시지가 퍼져나가는 데 우리가 공모하고 있다는 사실을 그만 묵인해야 한다.

페미니즘은 이러한 서사에 저항해야 한다. 그렇지 않으면 존중받을 자격이 구원해주리라는 메시지가 또 다른 세대에게 전해질 것이다. 이들은 가해자들이 자신이 저지른 짓에 대해 어떤 죗값도 치르지 않는 것을 보게 될 것이다. 문제는 피해자가 말하지 않아서, 혹은 어떤 피해자들이 보호할 만큼 가치 있지 않아서였던 적이 없다.

가부장제가

비처럼 내리네

IT'S RAINING
PATRIARCHY

하지만 유해한 남성성은 저소득 공동체에서만 문제 되는 것이 아니다. 저소득 공동체라고 해서 사회경제적 지위가 높은 공동체에 비해 동성애혐오나 편협함, 성폭력 등이 더 만연하지도 않다. 피부색이나 계급에 따라 안전한 것과 안전하지 않은 것을 명확히 구분할 수 있는 경계란 존재하지 않는다.

나는 전통적인 할아버지와 자랐다. 다섯 살 때 엄마가 (나중에 내 의붓아버지가 될) 남자와 데이트를 하기 시작한 뒤에는 할아버지만큼이나 전통적인 남자의 딸이 되었다. 그들은 문을 열어주고, 의자를 빼주고, 젠더에 대한 이야기가 나올 때면 목소리를 깔았다. 할아버지는 나쁜 사람이 아니었지만 1919년에 태어난 이가 할 법한 모든 걸 했다. 좋게 말하자면 선량한 성차별주의자였고, 나쁘게 말하자면 노골적인 여성혐오자였다. 비록 그가 살아 있을 때는 내게 이렇게 표현할 언어가 없었지만 말이다. 그렇지만 돌이켜보면, 할아버지는 여성이 할 수 있거나 해야 하는 일에 대해 말하면서도 내가 톰보이 같다는 데 좌절했다. 그는 강력한 젠더 규범을 받아들였고, 70년 동안 엄청난 사회적 변화와 씨름했고, 딸들과 손녀딸들이 자기 기대를 거부하는 모습을 보았다. 아버지는 조금 나았다. 그가 엄마를 만났을 때 나는 이미 (집안에서 자주 문젯거리가 되었던) 톰보이 행세를 하고 있었다. 이따금 그가 입을 열면 남편이 내 몸에 대한 결정권을 가져야 한다는 것에서부터 내가 무슨 일을 하며 먹고살아야 하는지에 대해서까지 어떤 주제에 대해서든 가부장적인 말이 튀어나오곤 했다. 그러고는 (아마 내 반응 때문이었겠지만) 한 발 물러서서 '현대 여성' 어쩌고 하는 소리를 했다. 대체로 그는 고개를 저으면서, 전통적인 서사라고는 하나도 없는 내 말을 듣고 있었다.

그는 나를 사랑했지만 나를 이해하지는 못했다. 나도 그를 이해하지 못하기는 마찬가지였다. 예를 들어서, 나는 그가 내 남편이 내 포궁 절제술에 대해 어떻게 생각하는지 물을 정도로 가부장제에 보이는 애착을 이해하지 못했다. 나는 그에게 수술이 내 몸에 대한 것이며, 남편은 거기에 의사를 표할 수 없다고 말했다. 그는 내가 교육을 받았고 직업을 가졌다는 사실을 이해했지만, 남편과 내가 전통적인 젠더 규범에서 많이 벗어나 있다는 사실을 받아들이지 못했다. 그의 태도는 가부장제 그 자체였다. 다른 사람에게서 이런 태도를 보았다면 갈등을 빚었겠지만, 나를 기른 남자이자 내가 사랑한 남자 앞에서 가부장제 규범들 사이를 항해하기란 복잡한 일이었다.

나는 페미니즘과 후드에 대해 편안하게 말할 수 있고 또 남성성과 그것의 유해한 영향에 대해 수많은 것을 이야기할 수 있지만, 아버지와 할 수 있었던 것은 빠르고 건조한 경계를 쌓는 일이었다. 공평하게 말하자면 우리는 이후 포궁 절제에 대해 이야기하지 않았고, 그는 내 몸에 대해 더 이상 아무 말도 하지 않았지만, 그는 내가 믿지 않는 입장을 고수했다. 그것은 나와 비슷한 공동체에 속한 여성들, 우리가 사랑하고 존중하는 이들이 (심지어 우리가 반대 의사를 밝힘에도) 성차별주의를 행하는 공동체에 속한 많은 여성들이 경험하는 진실이었다.

페미니스트들은 가부장제가 주변화된 공동체에 미치는 영향의 복잡한 측면에 대해 보다 현실적인 이해를 할 필요가 있다. 도시든 농촌이든 간에, 우리는 대다수 노동계급 공동체의 반쯤 분리된 문화가 가부장제 서사를 흡수하는 데 대단한 역할을 한다는 것을 알고 있다. 이런 공동체들은 사회적·문화적으로 균질적이며, 거주자들 대부분은 존중받을 자격에 대해 극도로 신경을 쓴다. 백인 가부장제의 메시지에서 존중이란 법, 종교, 사회적으로 보수적인 이들에게 한정되어 있기 때문이다.

거주자들 대부분은 보수적인 가치를 옹호하며 이이들에게 더 나은 삶을 주고자 하는 열망을 가지고 있다. 어린 거주자들은 모부 혹은 보호자의 가치관을 공유하는 경향이 있다. 그들은 열심히 일하고, 어떠한 폭력이나 범죄에 연루되기를 피하며, 마약을 절대로 하지 않거나 백인 노동계급이나 백인 중산층에 비해 훨씬 덜 복용한다. 그럼에도 불구하고 이들은 체포되거나 투옥되는 비율이 높다. 심지어는 평범하기 짝이 없는 경범죄를 저지른 경우에도 그러하다.

어떤 공동체든 공동체가 공유하는 가치 중 일부에 반기를 드는 소수자 젊은이 집단이 있다. 이들은 때로 불법적인 행위에 가담하기도 한다. 어떤 이들은 학교에서 쫓겨나거나 만성적 실업 상태가 되는 한편, 어떤 이들은 자발적으로 자퇴를 하거나 고졸 이상의 학력을 쌓지 않기도 한다. 이들은 고임금 일자리를 얻기에는 기술이나 자격이 부족하고, 그렇다고 수입을 보충할 길 없이 저임금 일자리만으로 근근이 먹고살 수도 없다. 이들은 빈곤선 근처를 맴돌며 살아가지만 일반적으로 지하 경제를 통해 그보다는 좀 더 나은 생계 수준을 유지한다.

어디서도 존중받을 수 없기 때문에 이들 남성은 여성의 순종에 가치를 부여한다. 더 넓은 세계에서 받을 수 없는 보상에 대한 벌충인 셈이다. 이러한 관습들은 페미니즘에 직접적으로 모순되는 것처럼 보인다. 여성이 남성의 식사를 준비해 식탁 위에 차리는 것과 같은 행동은 공동체 내 주류적이고도 핵심적인 가치, 규범, 관습의 일부를 형성한다. 이러한 공동체 바깥에서, 자신에게 중요한 타인에게 식사를 준비하고 차리는 여성에 대한 관념은 그가 남성과 동등한 파트너가 아니라는 표지가 된다. 어떤 관습이든 해롭게 보일 수 있지만, 이는 비단 공동체만이 아니라 관계 자체에 존재하는 다양한 실천 가운데 하나다. 내 남편은 내 저녁을 차려주는 경우가 많지만(그가 나보다 요리를 더 자주 하기 때문이다), 나는 아이들의 식사를 차려주는 경우가 많다. 그것이 우리에게 맞는 방법이다. 이런 행위가 우리 공동체 내부에서 격렬하게 토론된다 해도 애정과 존중을 담은 표현이 있다면 놀라우리만치 가치 있을 수 있다. 남성의 식사를 차려주는 등의 행위가 존재하는 것은 상당 부분 흑인 남성이 존중을 경험할 수 있는 공간이 가정밖에 없기 때문이다. 심지어 2019년인 지금까지도, 외부 세계는 흑인들을 존중하는 데 자주 실패한다.

지나치게 공격적으로 보일 수 있는 과도한 남성성은 존중에 대한 단언이자 방어의 형태로 나타난다. 남성이 되는 것의 의미나 공동체에서 리더 되기에 대한 무수한 서사는, 존중이 그저 얻어지는 대신 꾸준히 요구해야 하는 곳에서 만들어진다. 그것이 목소리를 높이는 것을 의미하든 아니면 폭력에 의지하는 것을 의미하든, 존재할 권리를 부정하는 세계에서 자기 자신을 위한 공간을 만들어내는 것은 중요하다. 갱 문화는 유해한 남성성을 만들어내는데, 이는 더 넓은 세계에서의 자기 방어 기제의 꼬인 방법론과도 같다. 명성에 대한 열망은 저임금 공동체에서 필요로 하는 것에 거스르는 것처럼 보이지만, 운동화에서 후드 티까지 모든 것에 대한 애착에는 존중받을 자격의 정치에 대한 저항이 있다. 수트나 타이, 드레스는 우리 선조들을 민권운동 이전 혹은 민권운동 동안에 폭력으로부터 지켜주지 못했으며, 오늘날 이너 시티 거주자들을 지켜주지도 못한다. 사람들이 얼마나 자주 인종주의의 피해자들을 옷차림으로 비난하든 간에 말이다. 개인주의, 물질주의, '전통적인' 성역할은 문화 내 규범이라는 렌즈에 걸러진다.

　과도한 남성성의 중심을 형성하는 힘 반대편에는 흑인 페미니즘, 공동체 외부에서 백인 우월주의적인 가부장제와 싸우는 일이 흑인 공동체 내의 유해한 남성성과 싸우는 일과 다르다는 사실을 인식한 흑인 페미니즘이 있다. 인종주의에 악영향을 받은 남성들이 성공하는 모습을 보고 싶다는 열망이 존재하지만, 이때 흑인 여성을 대가로 치르지는 않는다. 이는 안전과 건강을 우선시하면서 가부장제가 가했거나 가할 수 있는 위해를 무시하지도 않는, 사려 깊고도 균형 잡힌 행위를 의미한다.

이러한 문화는 엄청나게 유해할 수 있지만, 특히 존중에 대한 요구를 감정적·물리적 폭력을 활용해 강제할 때 더욱 그러하지만, 많은 경우 이는 평등이 아닌 등가를 추구하는 상징적인 가치의 뒤집힌 이미지로, 마치 유령의 집에서 볼 수 있는 거울 이미지와도 같다. 유해한 남성성은 억압이 만든 질병에 대한 약과도 같다. 어떤 사람들을 이용 가능한 존재로 위치시키는 넓은 사회적 서사에 익숙해질 때 이를 더 작은 공동체 내부에서 반복하고자 하는 본능이 있고, 그런 본능이 너무나 정상화되었을 때 다른 사회적 질서를 상상하기란 어려운 일이다. 유색인 공동체는 백인 가부장제 서사에 영향을 받았다. 백인 가부장제 문화는 미디어를 통해 바람직한 문화로 재현된다. 유색인 공동체 내부의 가부장적 역학 가운데 많은 부분은 자생한 것이며, 식민주의 및 제국주의의 제도화된 폭력에 대한 반작용에 기원한 문화적 응답으로부터 파생된 것이다. 이는 중산층 여성이 가정부를 고용할 만큼 소득이 높은 배우자를 두고서 일과 가정의 균형을 이루는 1950년대 짐 크로 법 시대의 도나 리드Donna Reed식 판타지가 아니다.

흑인 및 갈색 피부를 가진 이들의 과도한 남성성에서 유해한 요소들은 일정 부분 저임금의 영향을 받은 것이다. 이때 가계 소득을 보충할 필요가 없는 여성의 선택권은 결코 토론거리가 된 적이 없었다. 지나치게 공격적인 공권력에 보일 수 있는 유일한 반응은 저항이었다. 하지만 저항은 죽음에 이를 수 있다는 예측에 뿌리를 두고 있었다. 이 문화에서는 많은 경우 여성이 가장 노릇을 하지만, 그들이 가장이 되기 위해 싸워서가 아니라 그들 삶에서 관계 맺은 남성들이 별 이유 없이 투옥되거나 살해당했기 때문이다. 백인 우월주의가 유색인 공동체 내부에 미친 영향의 결과는 무척이나 가혹했다. 마약과의 전쟁이 시작됐을 때는 더더욱. 집단 투옥은 너무나 많은 공동체에 영향을 주었다―가족을 둘러싼 전통적인 관습이 더 이상 존재할 수 없게 하는 방식으로. 남겨진 남성들에게, 존중을 받는다는 것은 가정에서의 일을 의미했다. 바깥에서는 그럴 만한 어떤 기회도 없었기 때문이다.

저소득 공동체에서 범죄의 역할은 게으름이나 가족 부양에 대한 거부로 나타나거나 아니면 얼마나 많은 남성 정체성이 부양자와 보호자를 중심에 두고 만들어지는지를 무시하는 서사 속에서 다루어진다. 일을 구할 수 없을 때, 범죄에 의존하는 것 말곤 다른 대안이 없는 함정이 점점 더 분명해질 때, 보호자나 부양자 역할을 하기란 어렵다. 만약 어떤 이가 복역하느라 가정 및 공동체에서 몇 년간 공백이었다면, 그가 돌아왔을 때 건강한 관계를 맺을 기술은 없다고 해도 무방하다. 심지어 그는 가족은 커녕 스스로를 돌볼 직업을 갖기도 어렵다.

마약과의 전쟁 이후 만들어진 가부장제 기준은 조모부나 모부 세대가 경험했던 것과는 많은 측면에서 다르다. 많은 이들이 감옥살이를 하느라 공동체에서 사라지고, 복역 기간이 수개월이 아닌 수십 년에 걸쳐 이어지는 동안 가족들은 스스로를 재구조화해야 했다. 고립되어 살아가는 전통적인 핵가족식 생활보다는 세대에 걸쳐져 있고 상호 의존적인 생활에 관련된 새로운 기준들이 만들어졌다. 물가 상승률은 높아지는데 흑인의 부는 커지지 않는 상황에서, 모두가 일을 할 필요가 있었다.

새로운 기준은 흑인 여성들이 일을 하는 것이 규범이라는 관념을 만들어냈지만 많은 남성들이 복역 중이었기 때문에 이성애 여성들은 그들 파트너를 위해, 가장 가부장적인 기준(즉 남성들에게 가장 중요하다고 여겨지는 기준)에 맞추기 위한 경쟁을 해야 한다고 느꼈다—일을 하고, 모든 가사를 하고, 순종적인 태도를 보이는 등 이들에게 기대되는 일의 목록이란 여성이 2명은 있어야 합리적으로 처리할 수 있을까 말까 한 것보다도 더 많았다. 비록 '픽 미pick me' 문화, 즉 어떤 여성들이 의도적인 기준에 맞추고자 하는 현상은 트위터나 다른 소셜미디어에서 명백하게 드러난다. 그리고 이는 남성이 부족한 현상으로부터 직접적으로 파생된 결과다. 남성 부족에 대해 말하려면 노예제도중, 그리고 이후 유색인 남성을 삭제했던 역사까지 거슬러 올라가야 한다.

다른 여성들은 다른 이들을 필요로 한다는 관념을 거부했고, 이는 당연하게도 공동체 내외부의 전통적인 가정 생활을 거부하는 것처럼 보인다. 하지만 독신이 되거나 독신모가 되는 것은 공동체 내부에서 여성이 되는 데 실패한다는 뜻이 아니다. 그들

가부장제가 비처럼 내리네

의 선택은 백인 우월주의라는 외부 압력에 대한 반응이자 생존에 필수적인 방식으로 만들어진 형식의 페미니즘이다. 흑인 여성들에게 기대되는 보다 새로운 기준은 그들이 전통적인 성 역할을 지키고, 일을 마친 뒤 아무리 피곤해도 남자들에게 밥상을 차려주는 등 돌봄을 제공하는 것이다. 이는 억압으로 인해 상실된 남성성의 회복을 의도하는 것이다. 하지만 이런 기준은 성차별주의의 역사적인 짐을 모두 지고 있을 뿐 아니라 오늘날의 사건들이 여성들에게 미치는 영향을 무시하는 작태다. 범죄자로 지목될 위험이 있는 모든 흑인과 갈색 피부를 가진 젊은이들에 더하여, 주변화된 이들은 존중이 결여된 방식으로 대우되며 비인간화를 경험한다. 공동체 내부에서 이러한 문제를 다루고 바로잡을 수 있는 공간은 한정되어 있다. 외부로부터의 압력이 내부의 압력을 높임에 따라 흑인 여성들은 친밀한 파트너를 통한 폭력을 가장 많이 경험하며, 낮은 결혼율부터 높은 범죄율까지 모든 것에 대해 비난을 받는다.

새로운 흑인 가부장제는 공동체를 치유하는 데 도움이 되지 않는다. 소년들은 존중받고 싶은 마음에 우스꽝스럽기 짝이 없는 충돌로 죽음을 맞이하거나 사람을 죽인다. 살인율은 유색인 공동체에서 많이 줄어들었지만 총기 발사율은 여전히 끔찍한 수준이다. 특히 십대들이 이 문제에서 심각한 수준의 위험을 마주하고 있다.

과도한 남성성과 유해한 남성성에 문제를 제기하는 것은 총기 폭력을 종식시키는 데 핵심적이다. 그러나 분명히 이는 유색인 공동체 내부의 위기만은 아니다. 주변화된 여성들과 소녀들이 경험하는 폭력과 트라우마에 영향을 끼치는 다른 형태를 질문하지 않고 가부장제의 한 면에만 집중하는 명백한 실수일 수 있다.

소녀와 소년들은 인종주의 가부장제 개념에 노출됨으로써 유발된 트라우마를 제각기 다른 방식으로 처리한다. 하지만 내부의 문화적 기대는 자주 젠더화되어 그들에게 남아 있는 유일한 공간에서도 자신이 제대로 들어맞지 않는 엄격히 정의된 선에서 유리되어 있다고 느끼게 한다.

유색인 소녀, 특히 흑인과 라틴계 소녀들은 신체에 대한 과도한 성적 대상화의 문제만을 겪는 것이 아니라 이들이 실패할 운명이라는 가정과 그들이 소녀기를 희생하여 감정적이고 사회적인 노동을 해내리라는 기대를 받는다. 성인화Adultification(유색인 아동들이 자기 나이보다 더 나이 든 취급을 받는 인종주의적인 관습)는 특히나 흑인 소녀들에게서 순진성의 가능성을 박탈한다. 이는 많은 측면에서 드러난다. 가장 이상한 사례는 〈헝거게임〉의 백인 팬들이 루라는 캐릭터가 죽었을 때 보인 반응이었다. 아만들라 스텐버그Amandla Stenberg가 연기한 이 캐릭터의 죽음에 대해서, 책을 읽으면서는 깊은 슬픔을 느꼈던 팬들은 스크린 속 명백히 흑인 소녀로 보이는 루의 죽음 앞에서는 어떤 것도 느끼지 못했다고 말했다. 혹은 그의 죽음은 루가 흑인 소녀로 등장했기 때문에 덜 의미 있었다고 했다.

팬들은 "루가 흑인이어서 순진한 백인 소녀가 아니라 흐름을

깼다", "왜 루가 흑인이어야 하지? 솔직히 영화를 망친 것 같다"는 트윗을 올렸다. 하지만 이 캐릭터는 책에서도 어두운 갈색 피부를 가졌다고 설명되어 있었다. 가상의 흑인 소녀마저도 인종주의에서 자유로울 수 없었던 것이다.

성인화의 존재와 결과는 모든 유색인 공동체에 영향을 미치지만, 이 현상에 대해서 특히 흑인 공동체를 중심으로 진행된 연구가 있다. 2017년 조지타운 빈곤 및 불평등 법 센터의 '방해 받은 소녀기: 흑인 소녀의 삭제된 아동기' 연구에 참여한 325명의 성인은 흑인 소녀가 백인 소녀보다 더 나이 들어 보인다고 느낀다고 답했으며, 흑인 소녀가 백인 소녀보다 보살핌을, 보호를, 지지를, 위안을 덜 필요로 한다고 답했다. 다양한 배경을 지닌 이들 응답자(75퍼센트는 백인, 62퍼센트는 여성)는 흑인 소녀가 더 독립적이고 더 성숙하다고 보았다. 그리고 그들은 흑인 소녀들이 성인들의 대화 주제나 성관계에 대해 더 잘 안다고 가정했다.

응답자들은 왜 그들이 그렇게 느꼈는지 의식하지 못하는 것 같다. 무의식적인 편향은 우리를 둘러싼 세계에서 전달되는 메시지로부터 커다란 영향을 받기 마련이다. 외부 관점에서 보자면, 그들의 태도가 더 넓은 문화적 메시지를 반영하는 것처럼 보인다. 루의 캐릭터에 화를 내며 반응했던 이들이 그러했듯이, 그들은 순진한 흑인 소녀를 본 적이 없기에 왜 흑인 소녀가 순진하다고 느끼지 않았는지 묻지 않는다. 하지만 이전 연구들은 이것이 바로 흑인 아이들에게 행해졌던 비인간화의 흔한 형태임을 보여준다. 그것이 그들의 경험에 대해 부정적인 효과를 유발하면서, 권위를 가진 이들은 흑인 아동을 보호하고, 기르고, 목표를 이루게 하는 데 관심을 두지 않았다.

무죄가 결여된 서사란 흑인 여성들(또한 백인으로 보이지 않는 갈색 피부를 가진 소녀들)과 그들의 이웃에게도 적용될 수 있다. 우리는 공동체 내부에서도 유색인 소녀들이 늘 안전하지 않다는 사실을 알고 있다. 가부장제는 그들을 먹잇감으로 삼으면서 그러한 메시지를 사방에 뿌려댄다. 그러면 이 소녀들은 그들의 트라우마가 무시되거나 최소화되는 현장을 목격한다. 체제는 그들의 존중받을 자격을 운운하며 보호를 말하는 한편 안전을 희생하게 만든다. 누군가가 성추행 혹은 성폭력을 했기 때문에 어떤 소녀가 삶을 '망치고' 있다는 대화를 들어보라. 스포츠 스타, 경찰, 유명인, 교사들 가운데 가해자가 누구인지는 중요하지 않다. 그는 사회가 보호할 만하지 않다고 보는 소녀들을 먹잇감으로 삼는다. 여기에는 그 남자가 그들에게 가하는 위해에 대한 논의는 최소한이고 그 남자의 잠재력과 미래를 보호하는 데 초점이 가 있다. 그러는 동안 소녀들의 잠재력이나 미래는 무시된다.

유색인 여성, 특히나 흑인 소녀들은 존재의 지워짐과 더 높은 기대에 부딪힌다. 그들이 학교에서 감옥으로 이어지는 파이프라인에 흡수되거나 포식자에게 사로잡히지 않고 다양한 종류의 스트레스 요인에 굴복하지 않으면서 또래들과 어울리기 위해 분투하는 모습은 경제적 불안정에 시달리는 가정에서 흔히 볼 수 있다.

이러한 공간에서의 코드 전환은 모두가 구사할 수 있거나 얻을 수 없는 핵심적인 기술이다. 이러한 기술을 적절하게 익히지 못한 여성들은 동료들에게 부당한 대우를 받을 뿐 아니라 그들이 마주하는 체계에서도 나쁜 대우를 받는다. 가부장제의 '착한 소녀'라는 주물 틀에 들어맞는 소녀, 성가신 스스로의 흥미도 드러내지 않고 목표와 관심사도 보이지 않지만 여전히 기꺼이 지도를 받을 의사를 보이는 소녀는 교사, 고용주, 또한 삶에서 긍정적인 변화를 불러올 힘을 가진 다른 사람들에게서 더 많은 자원을 얻게 된다. 반대로 더럽고, 시끄럽고, 자기 자신에게 진실되고 자신의 출신을 밝히는 소녀는, '착한 소녀'와 유리되면 될수록 같은 자원의 수혜를 입지 못한다.

후드에 사는 소녀들은 삶에서 절반을 얻기 위해 2배로 노력하는 동안 수용될 수 있으리라고 간주된 자신의 일부만을 드러내는 법을 배워야 한다. 코드 전환에 대한 미디어 재현은 목소리 톤을 바꾸거나 헤어스타일, 화장, 몸짓을 바꾸는 외부적인 변화만을 중심에 두지만 사실상의 코드 전환은 그보다 더 심층적이다. 후드의 소녀들은 스트레스 요인을 다루고, 트라우마를 묻고, 그러면서도 사람답게 살 수 있는 공간을 만들어내야 한다. 그들의 노력은 게토에서의 습관이라거나 멍청한 것이라고 병리화되는 일이 잦다. 이렇게 병리화하는 이들은 주변화된 소녀들을 돕고 싶다고 말하면서도 다른 무엇보다 존중받을 자격에 목을 맨다. 중산층이 아닌 소녀들이 화려한 헤어스타일을 하고, 진열대에 놓인 예쁜 물건들을 찾고, 심지어 '적절한' 것에서 조금이라도 벗어난 행동을 한다면, 그들은 그들 자신이 여전히 길 찾는 법을 익히고 있는 시스템의 잘못된 끝에 다다르게 된다.

후드에 대한 페미니스트 서사를 듣는 일은, 후드가 단지 탈출해야 하는 장소일 뿐이며 그곳에 계속 살아가는 여성과 소녀들은 자기 목소리를 내지 못하고 그들 자신을 대변해줄 타인이 필요한 상황임을 듣는 것이다. 길거리 성희롱 반대 조직인 '홀라백!'의 2014년 비디오 캠페인에는 뉴욕을 걷는 한 백인 여성의 모습이 담겨 있다. 그가 후드로 걸어 들어가면, 그곳은 남성들이 그를 성희롱하는 장소로 묘사됐다. 이 캠페인은 백인 남성들로부터 비슷한 성희롱을 겪는 여성들은 물론, 후드에서나 다른 곳에서나 백인 여성에 비해 훨씬 더 많은 폭력에 노출되는 유색인 여성들에 대해서도 언급하지 않았다.

길거리 성희롱이 여성들이 (자가용 같은 사적 수단을 이용해 바깥 세계를 차단할 수 있는 것과 달리) 거리를 걷거나 대중교통을 이용하는 장소에서 일어날 가능성이 높은 것은 사실이다. 하지만 이 말은 후드가 성희롱이 일어나는 유일한 장소라는 뜻이 아니다. 그곳에 살아가는 여성들이 그들을 위한 백인 구세주를 필요로 한다는 뜻도 아니다.

'홀라백!' 비디오 캠페인이 보여주는 서사는 가부장제가 세계로 하여금 주변화된 여성들(이들은 현실에 대한 가장 통렬한 비판과 가장 정확한 분석을 할 수 있는 존재다)을 무시하도록 가르친다는 복잡한 문제를 지나치게 단순화한다. 많은 면에서 세계는 이전의 패턴으로 회귀하는 것이 아니다. 단지 어떤 공동체들이 항상 직면해온 순환을 확장하는 것이다. 가부장제는 죽지 않았고, 모든 곳에 똑같이 나타나지도 않는다. 계급과 인종이 미치는 영향을 다루지 않고 해결책을 요구하는 것은 진짜 문제를 회피한다. 우리는 모든 공동체에 스며든 편견에 의해 가속화된 소득 불평등이라는 악독한 혼란을 경험하고 있다.

하지만 집중적인 빈곤 지역에서 자라난 소녀들, 보호라는 미명하에 폭력적으로 압박하고 인종에 따라 우선순위를 매기는 경찰 문화에 의해 만들어지고 지탱되는 억압을 살아내는 이들이 초점을 두는 것은 생존이다. 그들은 그들 자신만이 아니라 공동체를 구하기 위해 싸운다. 그들이 소중하게 간직하고 있는 그들 문화의 일부를 보존하기 위해서다. 그들에게 협소한 여성성을 적용하는 흠 많은 근본주의는 제외하고 말이다. 그들은 존중받을 자격이 자신들을 구해줄 수 없음을 이미 알고 있다. 그것은 누구도 구할 수 없기 때문이다. 이제 그들은 내적인 트라우마를 대하는 법과, 자신들을 무시하고 경멸한 세상에 맞서는 법을 알아내고 있다. 그들은 이를 이해하는 사람들로부터 격려를 얻어야 한다. 꼭 후드 밖에서 찾을 필요는 없어도, 가난과 억압이 만들어낸 트라우마의 순환고리 바깥에서 찾아야 한다. 후드는 여전히 집이지만, 그들은 매일 그들이 살아가는 골치 아픈 거리 너머를 보아야 하고 또 스스로를 가치 있는 존재로 보아야 한다.

이러한 공동체에서 젊은 여성과 소녀들을 위한 좋은 프로그램을 찾거나 만드는 일이 늘 쉽지만은 않지만, 이 여성들의 회복력은 때로 경이로울 지경이다. 그들은 자기 스스로, 혹은 (가능할 때면) 모부의 도움을 받아 길을 만들어낸다. 이웃에 있는 노동자 계층 어머니들에게 묻는다면 많은 이들은 소녀들이 위험에 처해 있다고 답할 것이다. 그들에게는 자원이 거의 없다. 서둘러 확대된 프로그램들은 소녀들의 자해부터 자살까지 다양한 주제를 다루고 있지만, 그들이 실제로 필요로 하는 것에 충분히 초점을 맞추고 있지는 않다. 건강한 관계에 대한 강의들은 거리와 갱에서의 관계만이 아니라 학대적인 파트너를 걸러내는 방법과 자존감을 향상시키는 방법을 다루면서도 소녀들이 원하거나 필요로 하는 것을 중심에 놓지 않는다. 그들을 자기 삶에 대한 결정을 내릴 수 있는 주체로 보는 것이 아니라 그저 그들 주변에서 일어나는 일에 반응할 수 있는 존재로만 보기 때문이다.

내가 소녀들에게 초점을 맞춘다고 해서 유해한 남성성이 가하는 위해로부터 더 자유롭다고 볼 수 없는 성소수자 청소년을 배제하는 것이 아니다. 이러한 위해는 시스젠더 이성애 중심적인 공동체 외부에 살아가는 성소수자 청소년들을 커다란 위험에 빠뜨릴 수 있다. 말 그대로, 유해한 남성성은 그들을 죽이고 있다. 주변화된 공동체 내외부의 자격주의, 불관용, 동성애혐오, 공격, 성폭력은 가부장제 체제가 만들어낸 반사회적 행위들이다. 가부장제 체계가 모두를 억압하고, 테러를 가하고, 학대했다는 데에는 의심할 여지가 없다. 모두에게 유익한 사회를 향해 가는 길의 일부로서, 주변화된 공동체들은 이미 일어난 위해를 되돌리기 위해 내부적인 노력을 더욱 기울여야 한다. 하지만 유해한 남성성은 저소득 공동체에서만 문제 되는 것이 아니다. 저소득 공동체라고 해서 사회경제적 지위가 높은 공동체에 비해 동성애혐오나 편협함, 성폭력 등이 더 만연하지도 않다. 피부색이나 계급에 따라 안전한 것과 안전하지 않은 것을 명확히 구분할 수 있는 경계란 존재하지 않는다.

남성성에 대한 유해한 서사는 성폭력, 여성혐오, 동성애혐오 사이의 경계를 흐릿하게 만든다. 강하고 용감해지고 싶다는 좀 더 유익한 열망들과 더불어 편견에 찬 태도에 보상을 주면서 동시에 더 긍정적인 태도를 절하하는 체계를 만든다. 식민주의 가부장제의 유산은 많은 공동체가 젠더에 대한 그들 문화의 전통적인 태도의 장점을 회복하기 위해 노력한다는 것을 의미했다. 식민지 시대 이전 지식의 부재는 젠더 스펙트럼이 규범에 맞지 않는 이들에게 규범을 강요하는 문화만큼 해롭다는 점을 인식하게 한다.

우리 사회를 채우고 있는 가부장제 구조의 '보호주의적' 서사 아래에서 유해한 남성성이 드러날 여지는 언제나 있다. 그리고 성차별주의, 인종주의, 동성애혐오의 근본적인 문제는 우리가 좀 더 긍정적인 남성적 행위로 받아들이는 것과 깊이 연관되어 있다. 유독한 남성성을 조장하는 발언들은 너무도 자주 위험한 사고방식에 가치를 부여하는 언어를 뒤집어쓰고 있다. 남성과 관계를 맺는 이들은 고분고분하게 굴어야 한다는 말을 너무 자주 듣고, 어떤 일이 있어도 남성의 비위를 맞추기를, 바람을 피우든 노골적인 학대를 일삼든 붉은 깃발이 나부끼더라도 인내하고 이해하기를 요구받는다. 물론 한 공동체가 가부장적 구조를 해체할 방법뿐만 아니라 그것을 대체할 방법을 모색하기란 어렵다. 하지만 이러한 문제 제기는 어려울지라도 필요한 일이다. 가부장제를 대체하는 것은 여성에 대한 평가절하에 뿌리를 둔 동성애혐오와 트랜스혐오에 더 쉽게 맞서게 해줌으로써 모두에게 이득이 될 것이다. 우리는 평등을 위해 안팎으로 노력해야 한다.

궁극적으로 주변화된 공동체 내부에서만 일어날 수 있는 한 가지 장기적이고도 근본적인 변화가 있다. 바로 가부장제 서사에 도전하는 대신 이를 반복하고자 하는 구조의 수가 감소하는 것이다. 존중받을 자격에 집착하는 권위적인 인물들의 장광설을 늘어놓는 대신(이런 이야기들은 주로 빈곤한 여성들에게 모든 죄악을 덧씌울 준비가 되어 있다) 후드 페미니스트들은 빈곤부터 아동 학대에 이르는 문제를 해결하는 것보다 성 역할을 유지하는 데 관심 있는 사람들이 저지르는 해악에 대해 이야기할 수 있다. 페미니즘은 주변화된 공동체가 교육적 실패와 비행에 대한 반응 이상의 것을 이야기할 수 있는 여지를 열어야 하며, 유색인 아이들이 잘 자랄 수 있는 공간을 만들기 위해 무엇을 할 수 있는지 이야기할 수 있어야 한다. 우리는 삶, 특히 소년들의 삶에 가부장제가 미치는 영향을 차단해야 할 필요가 있다. 소년들은 사랑과 존중을 얻기 위해 갱단 가입이라는 결말로 향하는 경우가 잦기 때문이다. 우리는 여성과 소녀들이 (남성과 소년들이 갖는) 기회를 동등하게 갖고 폭력으로부터 자유로운 평등한 사회를 지향해야 한다.

백인 페미니스트 서사와는 달리 이슬람 내부, 흑인 교회, 다른 공동체 내에 페미니즘이 없는 것이 아니다. 공동체 내부의 여성들은 어렵고도 필요한 일을 하고 있다. 그들은 백인 구원자를 필요로 하지 않는다. 그들은 그들의 페미니즘이 다른 누구의 것처럼 보이기 위해 구조화할 필요도 없다. 그들은 공동체 내부에서 작업을 하는 동안 백인 우월주의 가부장제와 지속적으로 싸울 필요가 없을 뿐이다.

우리는 유해한 젊은 남성들의 미래를 지키기 위해서, 혹은 그것을 목적으로 한 제도를 보존하기 위해서 소녀들과 여성들의 미래를 희생할 수 없다. 우리는 페미니즘이 우리 공동체를 분열하는 양 할 수도 없다. 우리 공동체를 분열하는 것은 가부장제다. 언제나 그랬다. 그러나 가부장제는 히드라보다 더 많은 머리를 가지고 있어서 모든 방면에서 공격을 게을리하지 않아야 한다.

주류 백인 페미니즘이 무언가를 하고 싶고 돕고 싶다면, 뒤로 물러나 초대되기를 기다려야 한다. 어떤 초대도 받지 못한다면? 뭐, 백인 가부장제와 싸울 수 있지 않은가. 감옥산업단지와 싸우거나, 사회 문제에 대한 해결책으로서 복역을 옹호하는 이들과 싸울 수도 있다. 주변화된 공동체가 경험하는 위해를 줄일 수 있는 여지는 내부자가 할 수 있고 해야 하는 내부적인 작업을 침해하지 않고도 존재한다. 그리고 그러한 여지는 바깥에서 만들어질 수 있을 것이다.

어떻게 흑인 여성에 대해

HOW TO WRITE ABOUT BLACK WOMEN

쓸 것인가

우리는 우리 자신의 싸움을 해야 하고, 우리를 낱낱이 들여다보는 절차를 감당해야 하고, 중요한 문제 하나를 없애는 것이 모든 문제를 해결해주리라는 기대를 버려야 한다. 흑인이자 페미니스트가 된다는 것은 상호 배제적이지 않다. '우리'라고 말할 때 나는 흑인 공동체 전체와 특히 흑인 페미니스트들을 일컫는 것이다.

▶▶

우선, 자격을 명시하라. 여성인 것은 괜찮지만 흑인 여성이어서는 안 된다. 그들이 살아온 경험은 중요하지 않고 한낱 일화일 뿐이니 기각해도 된다. 당신이 인종주의자나 성차별주의가 아님을, 그들이 겪는 곤경에 관심을 두고 있음을 명확히 하라. 어떤 곤경? 흠, 하나 골라보라. 여러 개를 골라도 된다. 결혼, 아동, 둘 중 하나의 부재, 너무 많은 교육 혹은 충분치 않은 교육, 복지, 어떤 것이든 팔릴 만한 걸 골라라. 중요한 건 그들의 문제 많은 성정을 강조하는 것이다. 그게 무엇이든 간에 그들이 다른 여성과 같지 않음을 확실히 해야 할 것이다. 그들은 사회 전체에 영향을 미치는 방식으로 수행하는 데 실패했다. 당신이 어떻게 혹은 왜 그들의 사적 삶이 공공재가 되었는지 설명할 수 없을지라도 그렇다. 또한 문제가 문제임을 보여주는 연구 아이디어에 강력히 의존하라. 연구가 정확히 언제 이루어졌는지, 누가 이 연구를 진행했는지는 절대 언급하지 마라. 너무 많은 맥락은 대화를 괜히 복잡하게 만들 것이며, 그런 성가신 사실들은 당신이 궁극적인 목적을 이루는 데 부합하지 않을 수 있다.

가능한 한 고정관념을 활용하라. 특히 매미, 제저벨, 사파이어 Sapphire* 같은 수사를 쓰라. 흑인 여성을 섹슈얼리티는 부풀려져 있고 인간성은 소거된 존재로 묘사하라. 어찌 됐든 그들은 타자다. 그들 피부는 먹잇감이다. 그들 허벅지 사이는 신비하며, 그들은 단 한 번도 순결했던 적이 없다. 처녀성이나 순수성을 언급할 필요도 없다. 흑인 여아에 대해서 이야기할 때는 무조건 섹슈얼리티를 언급하라. 흑인 엄마들에 대해서는 그들이 지도 편달을, 재정적 지원을, 구원을 필요로 한다고 말하라. 어떤 구원? 글쎄, 그들이 일을 하지 못해서 복지에 의존하는지 아니면 일을 너무 많이 해서 아이들에게 소홀한지에 달렸을 것이다. 그들은 일과 가정 사이에서 균형을 잡을 수 없다. 그들은 (다시 말하자면) 타자이므로 그런 것이 가능하지 않다. 그들은 남자를 기죽이기 때문에 어떤 관계도 맺을 수 없다. 혹은 그들은 날 때부터 섹슈얼리티에 대해 속속들이 알기 때문에 '남자가 되는 데' 핵심적인 역할을 한다. 그들은 강간이 성립될 수 없는 존재다. 그들은 어떤 아이든(그들 자신의 아이는 아니다) 키울 수 있다는 믿음을 받고, 무성적인 존재가 될 때까지 성적으로 이용 가능한 대상이다.

그들은 체제—남성이든 여성이든 모든 유색인을 위한 자리

---

* 특정한 유형의 흑인 여성을 경멸적으로 가리키는 말로, 사파이어라 지칭된 흑인 여성은 공격적이고 무례하고 시끄럽고 폭력적인 사람으로 묘사되었다.

는 있지만 흑인을 위한 자리는 없는 체제를 뒷받침하기 위해 존재한다. 그들의 요구, 희망, 꿈, 관심사에 대해서는 언급할 필요가 없다. 그들에게는 그런 것이 없다. 간혹 감정을 가진 진짜 사람인 것처럼 말할 때가 있기는 하지만 말이다. 그들은 목소리가 너무 크고, 너무 교육받지 못했고, 너무 공격적이다. 그들은 언제나 무언가에 대해 화가 나 있지만, 그들의 감정은 진짜가 아니니 중요하지 않다. 그들의 비이성적인 행위에 당신이 얼마나 이성적으로 대처하고 있는지를 반드시 명시하라. 그들로부터 안전한 거리를 확보한 채 연구했다고, 또 가장 친한 친구들 가운데 흑인 여성이 있다고도 말하라. 친한 친구라고 해봤자 이름 말곤 아무것도 몰라도 된다. 그들은 당신이 연구 주제에 대한 이해가 있고, 인종주의자도 성차별주의자도 아니라는 사실을 증명해주기만 하면 된다.

그들을 다른 인종 여성과 대조하라. 다른 여성들은 진짜 여성이고, 흑인 여성들은 그저 흑인임을 강조하라. 그들의 종교적 신념, 교육 수준, 소득 수준, 가족 간 역학관계에 대해 두루뭉술하게 이야기하라. 그렇게 해도 전부 진실이 될 것이다. 당신이 그렇게 말했으니까, 다른 진짜 흑인 여성이 아닌 바로 당신이 흑인 여성에 대한 전문가니까. 만약 그들이 당신의 말을 불쾌하게 여긴다면, 그들에게 당신의 이력을 상기시켜주고 그들이 덜 감정적인 상태가 될 때까지 대화에 참여하기를 거부하라. 그들 말투가 경험의 진실성을 의심하게 만든다고 지적하라. 어쨌거나 그들은 흑인 여성일 뿐 아무것도 모르고, 아무것도 가지고 있지 않고, (당신이 그들에 대해 말하는 것 빼고는) 아무 가치가 없다.

　노예제 이후 가난한 흑인 노동계급의 '나쁜' 속성을 개량하여 '인종을 끌어올리자'며 시작된 내부 철학은 이제 흑인 미국 여성으로 하여금 갖추기를 기대하는 속성들로 변화했다. 적절성은 미디어, 노동환경, 학계에서 주요한 철학이 되었다. 특히 나이 든 흑인 여성에게는 더욱 중요한 요소다. 흑인, 그중에서도 흑인 여성의 행동을 단속하는 것은 주로 사회적 기대. 단속할 때만 불려 나오는 이들은 대개 게이트키퍼gatekeeper*에 의해 승인을 받은 이들에게만 기회를 주고자 하는 사회에서 무시를 받는다.

　존중받을 자격은 전통적인 남성성 관념을 해치지 않는 선에서 젠더와 섹슈얼리티를 수행하는 데 달려 있다. 사회적이고 경제적인 지위를 유지하기 위해 흑인 여성들은 자신의 정체성과 성적 평판을 성녀와 창녀가 뒤섞인 구성물 속에 끼워 맞추기 위해 노력한다. 순진한 이미지를 만들어내고자 하는 흑인 여성들은 더 많은 연민, 더 나은 기회를 얻을지도 모르겠지만, 그들이 그런 이미지를 고수할 능력은 미약하기 그지없다.

　존중받을 자격의 정치란 구조적 불평등의 뿌리를 내리고 행위의 적절성과 부적절성을 구별짓는 통제 집단이 만들어낸 것

---

* 사전적으로는 문지기, 정문 수위 등을 뜻하나 여기서는 기회로 가는 문을 열어주는 이, 혹은 무언가에 접근할 권리가 있는지 없는지 판단하는 이를 의미한다.

이다. 존중받을 자격을 결정하는 이들은 지배적인 서사를 사용하지만, 무엇이 존중할 만한가라는 생각이 어디서 왔는지는 크게 신경 쓰지 않는다. 그것이 내재적인 가치라고는 없고 그저 복사해서 붙여 넣은 것에 불과하다는 데에도 신경 쓰지 않는다. 존중받을 자격의 구조는 자율성이 아니라 승인을 요구하며, 지배적인 규범에 기대 주변화된 공동체 내부에 특권의 위계를 만들어낸다.

미국 흑인 사회 내에서 불평등이 커지고 경제적 유동성이 감소하는 동안, 존중받을 자격의 정치의 현대적인 버전은 흑인여성혐오를 수용했다. **미소지누아**misogynoir, 즉 흑인여성혐오라는 단어는 흑인 페미니스트 교수인 모야 베일리Moya Bailey에 의해 만들어졌다. 그는 미국 시각문화 및 대중문화에서 흑인 여성의 인종과 젠더를 향해 일어나는 특정한 여성혐오를 묘사하기 위해 이 용어를 쓴다. 자기 돌봄과 자기 교정이란 빈곤한 흑인 여성이 후드에서 탈출하기 위한 전략으로 틀 지어지고, 심지어 그들이 바라는 직업에 최소한이라도 접근하기 위해서는 존중받을 자격을 갖추기가 핵심적인 부분이 되었다. 이러한 방식으로, 존중받을 자격은 공동체가 번영하기 위해 필요한 기회의 장을 열어주는 동시에 한계를 짓는다.

우리는 '올라가는 만큼 끌어올려라'와 같이 성공한 흑인들에게 뒤에 있는 이들을 도울 의무가 있다는 메시지를 담은 시민전쟁 이후의 개념에 깊이 매여 있어 바깥 세계에 우리를 어떻게 드러내고 있는지 몰랐다. 백인으로 이루어진 미국에 흑인이 온전한 시민이 될 자격이 있음을 입증하기 위해 노력하는 일이 궁극적으로는 지는 입장이라는 것을 깨닫지 못한 것이다. 우리 권리를 흑인 공동체 전체에 묶어놓기 위한 체계는 동등은 물론 평등에는 더더욱 관심이 없었다. 오늘날 존중받을 자격의 정치는 한 걸음 더 나아가, 흑인들이 자신이 가치 있다는 것을 드러내기 위해 자력 구제라는 심상을 만들어내 요구했다.

존중받을 자격의 이데올로기에 내재되어 있다시피, 게이트키퍼가 되는 것은 누구를 위한 자유의 길도 아니었다(반흑인주의의 영향을 직면하는 데 실패한 진보 전략 대다수처럼 말이다). 그것은 그저 백인 미국의 시선에 의해 만들어진 것이다. 하지만 어떤 흑인 미국인들은 성공을 거머쥐었고, 따라서 그들은 과도하게 가시화되어 미디어, 비즈니스, 정치, 학계에서의 주류 엘리트로 비치곤 했다. 존중받을 자격의 정치는 주류의 공식적인 경계 내부로 수용될 수 있도록 받아들여지는 기준에 영향을 미쳤다. 존중받을 자격에 초점을 둔 게이트키퍼들은 가장 가난한 흑인 공동체에서 무엇을 해야 하고 하지 않아야 하는지 결정짓는 의견을 누가 만들어내는지를 틀 짓고 있다.

존중받을 자격의 정치는 주변화된 이들이 주류 문화에서 존중받기 위해 따라야 할 사실상의 규칙이 되었다. 하지만 이러한 규칙은 백인 우월주의가 세운 낡은 이상을 반영한다. 소득이 낮은 지역, 즉 게토나 후드 같은 곳에서 흑인들이 만들어낸 문화에 대한 묘사는 그들의 성공에 대한 진정한 관심과는 거의 관련이 없고, 가장 적은 자원을 가진 사람들의 진보를 임의로 방해하는

어떻게 흑인 여성에 대해 쓸 것인가

일련의 곤경과 장애물을 만들어내는 것과 모든 관련이 있다.

존중받을 자격은 재정적으로, 감정적으로 비싼 값을 치러야 한다. 코드 전환과 같은 문제에서도 당신이 스스로를 어떻게 표현하는지에 대한 근본적인 변화를 요구한다. 하지만 그 순간 변화하는 것은 구체적인 발화 패턴만이 아니다. 몸짓, 옷, 헤어스타일을 끊임없이 재구조화해서 위협적이지 않고, 열성적이고, 어떻게든 더 넓은 세계에 들어갈 준비가 된 것처럼 보여야 한다. 많은 경우 존중받을 자격의 정치는 동화와 수용을 필수적으로 요구한다. 우리는 존중받을 자격이 어떤 것도 보장해주지 않는다는 사실을 안다. 이러한 요구는 흑인 여성들이 그들 외모를, 발화를, 섹슈얼리티를 감시하게끔 만든다. '나빠 보이는' 어떤 행동도 하지 않는, 정숙한 흑인 여성이 되라는 문화적 압박이 있다. 우리는 끊임없이 우리 행동을 교정함으로써 타인들이 우리에게 부여한 인종적이고, 계급적이고, 성차별적인 고정관념을 피하기를 요구받는다.

하지만 우리가 서로에게, 우리 자신에게 이런 압박을 가하는 것은 인종주의를 멈추는 데 어떤 영향도 주지 못한다. 물론 우리에게 좀 더 통제력이 있다고 느끼게 해주기는 하겠지만, 인종주의를 해체하는 것은 우리가 이룰 수 있는 일이 아니다. 하지만 흑인 여성들이 인종주의를 통해 세워진 기준을 내면화하고 스스로에게 억압적인 기준을 가지게 되면, 우리는 공동체 내부에 존재하는 분열을 자가 복제하는 셈이다. 우리는 문제가 링 귀걸이를 하고 망사 스타킹을 입은 소녀들에게서 오는 척하고, 아프리카계 미국인식 영어보다 표준 영어를 숭상하는 시류에 편승한다. 그것이 조롱당하면 결국 화를 내고 말겠지만, 다른 모든 사람이 자유롭게 구사하는 표준 억양을 쓰고 싶어한다.

우리 공동체 내부에는 계급주의가 존재한다. 코드 전환을 할 수 없을 때에는 지능과 재능에 기댄다. 우리는 미시적인 차원에서 억압을 강조하고 문화에서도 이를 언급하나, 유명해지는 극소수가 아니면 그것을 만들고 기여하는 이들을 보호하기는 거부한다.

존중받을 자격의 정치에서 핵심은 역사와 지금 존재하는 사건을 피하는 쉬운 방식이다. 만약 우리가 흑인됨이 여러 형태로 나타난다는 것을 인정한다면, 우리 문화가 영광스럽고 가치 있음을 인정한다면, 우리는 또한 피부색이 중요하지 않고 우리 계급 및 문화가 존중되는 신화적인 공간에 결코 도달할 수 없다는 사실을 직면해야 한다. 우리는 역사의 영향을 줄이는 길을, 그저 그런 영향이 존재하지 않는 길을 원한다.

우리는 민권운동 동안 입은 수트, 타이, 드레스를 언급할 뿐 그들이 맞았고, 체포됐고, 린치를 당했다는 사실은 무시한다. 우리는 후드에서 나고 자란 이들이 유명인이 되기 전까지는 출신지를 은닉한다. 우리는 맞서 싸우는 용맹한 흑인 소녀라는 개념을 좋아하지만, 그가 그렇게 하자마자 그 행위에 대해 벌을 내린다.

우리는 흑인 억양을 좋아하지만 흑인 여성에 대해서는 아니다. 주의하라, 흑인처럼 들리는 데에는 아무것도 잘못된 게 없다.

백인됨을 정상으로 만들고, '블래센트blaccent'*를 구사하는 흑인 소녀를 덜 지적이고 덜 가치 있는 존재로 바라보는 존중받을 자격의 정치가 있을 뿐이다. 코드 전환을 할 수 있는 이들은 우리에게 가장 좋은 '백인 소녀' 목소리로 전화 거는 법을 가르친다. 하지만 발화 패턴을 따라 할 수 없거나 유지할 수 없는 이들에게 억양은 기회의 상실을 의미한다.

우리는 영어를 하지 못하는 이들을 대할 때와 마찬가지로, 아프리카계 미국인 특유의 영어를 하는 이들을 미국 중심적인 방식으로 대한다. 그들이 TV에 국가 폭력으로부터 피해를 입은 이들로 나올 때, 우리는 그들을 평가한다. 우리는 일상적인 언어가 주변화된 공동체의 은어에 점점 더 많은 영향을 받는 데 대해 비통해한다. 어떤 언어든 인간의 구성물이니 어느 하나가 다른 하나보다 더 낮지 않다는 사실을 알면서도.

우리가 존중받을 자격의 정치를 주류 공론장에 가져갈 때, 이를 통해 저지당하는 것은 단지 흑인 여성만이 아니라(물론 그들이 가장 많은 영향을 받기는 한다) 다른 공동체 여성에게도 그러하다. 누가 백인됨에 가장 가까운가라는 질문이 끼어들면 더 복잡해진다. 인종혐오, 이슬람혐오 등은 존중받을 자격의 정치와 복잡하게 얽혀 히스패닉 억양으로 말하는 이에서부터 히잡을 착용한 이, 유색인 동료들과 시간을 보내는 이에 이르기까지

---

* black과 accent의 합성어로, 흑인 특히 이너 시티 청년들이 사용하는 말투나 톤을 가리킨다.

모든 이를 거의 모든 행위로부터 처벌한다. 페미니스트 진영 안에서도 누구의 말이 들릴 것인지, 누가 주체성과 자율성을 가질 것인지 하는 가능성은 존중받을 자격이라는 렌즈에 영향을 받는다.

주류 페미니즘이 백인의 안위를 중심에 둔 '톤'으로 말하지 않는 이들을 무시하도록 한 것이 바로 존중받을 자격에 기초한다. 존중받을 자격의 톤 폴리싱tone policing*은 평등을 위한 투쟁이 억압받는 이들의 책임이 되게 했다. 특권과 힘을 가진 이들이 듣고 배워야 할 책임을 경감한 것이다. 이는 주변화된 이들로 하여금 부당한 일에 얌전히 대응하게 만들거나, 그들 감정이 자원에 접근하는 데 장애물이 될 위험을 감수하게 만듦으로써 특권을 보호한다. 심지어는 페미니즘 이슈에 대한 의견 표현까지도 특권에 도달하기 위한 연습이 되었다. 비판하거나, 분노나 공포를 표현하거나, 도움을 요청하는 것이 제 앞길을 마련하는 길이 되었다. 예의 바름 혹은 감정을 억누르는 것에 대한 백인 중심적인 기대가 유색인 여성들의 정당한 분노나 슬픔에 투영되어 있다는 말이다. 존중받을 자격은 감정적으로 중립적인 예의 바르고도 절제된 형태, 어떠한 정상적인 인간 감정과 동떨어진 형태를 요구한다.

존중받을 자격을 갖추기 위해 요구되는 감정노동은 누구의

---

* 분노를 담은 어조를 문제시하면서 진술의 타당성을 떨어뜨리고자 하는 행위를 말한다.

심기도 건드리지 않고 또 자신에게 위해를 가했을지도 모르는 이들의 안락함을 건드릴 만큼 화를 내지도 않는 방식으로 이루어진다. 이 노동이 문제적인 건 비인간화를 꾀하기 때문이다. 존중받을 자격은 그저 참고 견디는 것이 아니다. 자기 피부 속에 자기 자신을 묻어버려서 방벽을 세우는 것이다. 배고픔, 추위, 두려움 같은 감각이 어떤 것이었는지 기억을 지워버리고, 남은 것이라고는 소용돌이치는 분노를 감춘 잔잔한 표면뿐인 상태가 될 때까지 말이다. 우리는 스트레스와 병에 대해 이야기하곤 하지만 존중받을 자격을 갖추는 스트레스는 비할 바 없다. 이는 비명이 핏줄을 따라 흐를 때까지, 고혈압이 생겨나고 기대수명이 낮아질 때까지 말을 삼키고 또 삼키는 일이다. 주위를 둘러보면 존중이나 승인, 혹은 다른 쪽에서 당신을 기다리고 있을 것이라 생각했던 안락도 얻지 못했음을 알 수 있다. 당신은 당신과 당신 문화가 서 있는 쪽, 즉 덜 존중받는 쪽을 대변하는 시끄럽고 더럽고 감정적인 공간들로부터 멀어졌지만, 어떤 대가를 치렀는가?

주변화된 공동체가 가질 수 있는 더 새롭고 덜 문제적인 미래를 그리는 일은 백인 우월주의의 모든 면을 버리는 과제와 결부된다. 이는 흑인됨을 모든 형태로 포용하고, 이를 둘러싼 고전적인 서사의 뿌리를 뽑아내는 것이다. 우리 각자가 책임을 지기 위해 필요한 경청을, 학습을 하는 일이다. 우리는 존중받을 자격의 유해한 위계를 버려야 하고, 현상 유지를 그만두어야 한다. 우리는 우리가 이 구조에 개입되어 있다는 사실이 문제이며, 우리가 이 사실 혹은 과거에 대해 알고 있다는 것만으로는 문제가 해결되지 않음을 알아야 한다. 우리는 이제 기준과 기대를 기꺼이 바꿀 필요가 있다. 페미니스트로서 우리는 비판적이고 급진적인 조치를 취해 가장 빈곤한 공동체의 여성들이 무엇을 원하고 필요로 하는지 들어야 한다. 그들이 무지하다는 서사를 투사하기를 그만둬야 한다. 우리는 이제까지 배워온 유해한 서사들로부터 벗어나야 하고, 백인 우월주의에 대한 응답으로서 만들었던 것들을 잊어야 한다.

저소득층 여성의 노동(육체적이든 감정적이든)은 자주 모욕당하며 평가절하된다. 우리는 그들이 분투하는 모습을 계속 보면서도 그것이 마치 자발적인 것처럼 굴며, 반흑인주의와 가부장제에 기댄 힘 있는 극소수에 의해 만들어진 체제의 결과가 아닌 것처럼 말한다. 유색인으로서 우리는 이 구조에서 경쟁할 수 있도록 우리 중 일부를 일상적으로 무시하곤, 다른 사람들 속에서 있는 그들을 보면 경멸한다. 한편에서 우리는 쿨한 흑인을 숭배하고, 사랑하고, 그 영향을 기꺼이 받아들인다. 다른 한편에서 사회적·정치적으로 의식 있는 이들은 쿨한 이미지를 만들어내는 이들이 사회학 교수만큼 아는 것이 많지 않다는 데 실망하거나, 억압적인 기제에 대해 교육받지 못했다는 데 낙담한다. 그러면서도 계급주의를 통해 지속되는 억압은 무시한다. 나는 시민들의 지식 수준이 낮아져야 한다고 말하는 것이 아니다. 혹은 쿨한 흑인이라는 이미지를 만들어내려는 이들을 감싸려는 것도 아니다. 각성하는 데 필요한 학습 곡선이 모두에게 부족하다는 것은 잘못된 가정임을 지적하려는 것이다. 쿨한 흑인 이미지를 만들어내는 가장 잘 알려진 몇몇 이들은 대중의 눈에 드러나는 한편으로 지식에 대한 접근성을 획득한다.

동성애혐오와 트랜스혐오가 힙합 아티스트, 컨트리 뮤지션, 혹은 다른 대중 매체를 통해 등장할 때 우리는 성소수자가 마주하는 위험이 단지 특권으로부터 소외된 이들 가운데에만 존재하는 양 구는 경향이 있다. 우리는 또한 후드에서 자랐든 힐즈에서 자랐든, 시스젠더나 이성애자가 아닌 사람들에게 존재를 노출하는 것이 제한된 이들로부터 실제적인 위험이 온다고 주장하곤 한다. 하지만 솔직하게 말하자면, 현상 유지에 가장 집착하는 이들은 가장 커다란 보상을 거머쥐는 쪽이다. 후드에는 편견이 없다는 것이 아니다. 많은 편견이 제도로부터 와 결국 미디어로 전파된다. 교회, 정치인, 심지어는 교육 제도까지도 증오를 가르치고 정상화한다. 결국 노래 가사에 등장하거나, 새로이 떠오른 16세 유명인사가 인터뷰에서 앵무새처럼 되풀이하기 전까지. 그렇게 후드는 더 넓은 세계를 반영한다. 우리는 결코 우연히 편견을 갖게 되는 것이 아니다. 편견은 우리가 경외하도록 배우는 문화 제도에 의해 만들어지고 유지된다.

우리는 다수를 희생해 극소수에게 특권을 주는 게이트키핑 체제를 계속 두어서는 안 된다. 우리는 백인됨을 기본으로 삼는 논리를 받아들였고, 우리에게 요구되는 전통적인 행위가 우리 자신과는 아무 상관이 없고 오직 우리를 통제하는 것과 관련이 있다는 사실을 잊어버렸다. 페미니즘은 최전선에 있는 이들의 목소리를 듣는 법을 배울 필요가 있다. 게이트키퍼들이 모든 것을 아는 건 아니라는 사실, 특히 그들에게 그들 자신이 대변한다고 주장하는 이들의 삶 경험이 결여되어 있다는 사실을 받아들일 필요가 있다. 우리는 우리 자신을 엄혹히 바라보고, 왜 우리에게 아무것도 가져다주지 않을 행위들에 의문을 제기하는 대신 가치 있게 평가하는지 물어야 한다.

우리는 존중받을 자격의 정치를 버려야 한다. 백인됨은 우리를 절대 승인하지 않을 구성물임을 이해해야 한다. 백인 우월주의의 승인은 우리나 우리 공동체가 추구해서는 안 될 어떤 것으로 보아야 한다. 우리는 특권을 덜 가진 이들의 자율성을 온전히 포용해야 하고, 평등이란 기회에 도달하는 접근성을 용이하게 하는 것이지 그들이 어떤 기회를 가질 자격이 있는지 결정하는 것이 아님을 이해해야 한다. 우리는 외양보다는 해결책에 더 매진해야 한다.

우리는 흑인됨에 대해서, 빈곤에 대해서, 자원에 대한 접근 가능성과 기회가 거의 교차하지 않는 공간에서 살아가는 여성들에 대해서 말하는 방식을 바꾸어야 한다. 우리는 그곳에서 빠져나올 수 있었던 이들만이 아니라 여전히 그곳에 있는 소녀들과 여성들에 대해서 들을 준비가 되어 있어야 한다. 우리는 존중받을 자격이 (후드나 게토가 아닌) 백인 우월주의가 우리에게 부여한 유독한 토양임을 기억해야 한다. 우리는 우리 안위를 따지기 전에 최소한을 가진 이들의 요구와 관심을 살펴야 한다. 우리는 백인됨에 의해 거부당할 때 오는 영향을 두려워하도록, 백인

어떻게 흑인 여성에 대해 쓸 것인가

중심적인 기준을 포용하도록 학습받았지만 그것이 우리 자신이나 우리 공동체의 안녕에 미치는 영향에 대해서는 별로 생각하지 않았다. 우리는 이런 길들이기를 무너뜨려야 한다. 우리는 왜 우리가 스스로를 보호하는 것보다도 백인 우월주의 가부장제에서 우리가 어떻게 보이는지를 더 신경 쓰는지 물어야 한다.

후드는 나의 집이고, 언제나 그럴 것이다. 하지만 나는 코드 전환을 할 수 있고 또 중산층 매너를 보고 따라 할 수 있는 내 특권이 자원에 접근할 수 있게 해주었음을 잘 알고 있다. 단지 내가 강하게 반대하는 관점을 비판할 때 내 나름대로의 편향을 갖고 있다는 사실을 인정하는 정도가 아니다. 하지만 나는 항상 거울 속 나를 바라볼 수 있기를 바라고, 지금 내가 있는 곳에 다다를 수 있게 해준 희생을 폄하하지 않았다는 사실을 알 수 있기를 바란다. 나는 존중받을 자격의 서사가 우리 운동에, 공동체에, 정신에 야기한 위해가 어느 정도인지 안다.

백인 우월주의 가부장제가 해체되어야 한다는 데는 의심의 여지가 없지만, 우리는 흑인 공동체 내부의 계급주의는 주된 문제가 아닌 척할 수도 없다. 우리는 게이트키퍼가 된다는 것이 의미하는 바를 해체해야 하고, 편견이 우리 서사에 준 영향을 마주하는 대신 편견을 기꺼이 용인한다는 것이 무슨 의미인지를 살펴야 한다. 우리는 우리 자신의 싸움을 해야 하고, 우리를 낱낱이 들여다보는 절차를 감당해야 하고, 중요한 문제 하나를 없애는 것이 모든 문제를 해결해주리라는 기대를 버려야 한다. 흑인이자 페미니스트가 된다는 것은 상호 배제적이지 않다. '우리'라고 말할 때 나는 흑인 공동체 전체와 특히 흑인 페미니스트들을 일컫는 것이다. 때로 우리는 모든 사람에게 이득이 될 수 있는 자원에 가장 잘 접근할 수 있기 때문이다.

과거의 트라우마는 우리가 대응하는 방식을 직조하는 씨실과 날실이다. 우리는 우리를 받아들여달라고 말하기 위해 우리 자신을 바꾸는 방식에, 혹은 완벽하게 준비된 답안에 기대지 않는 새로운 방식을 찾아야 한다. 나는 우리가, 우리 자신을 지우는 것으로부터 자유가 오는 양 구는 대신 차이를 포용하는 곳으로 갈 수 있음을 안다.

...치곤 예쁨

아름다움의 기준이 피상적이며 중요하지 않다고 말하기는
쉽다. 당신 피부색이 누군가의 미적 기준의 꼭대기에
안착해 있다면 말이다. 하지만 다른 많은 것과 마찬가지로
아름다움은 정치적인 것이다. 백인됨에 맞지 않는 몸을
아름답다고 포용하는 것은 저항 행위이다. 식민주의와
제국주의가 없애고자 하는 문화와 공동체를 살게 하는
방식이다.

▶▶

나는 사실상 내 생물학적 아버지가 누구인지 알지 못하지만, 추측건대 (노예제를 겪은 조상을 둔 흑인 미국인들이 그러하듯이) 아버지의 가계도 어딘가에는 백인이 있었던 것 같다. 모계에는 확실하게 백인과 토착민 조상이 있었다. 당신이 내 할머니 쪽인지(대체로 비밀에 싸여 있다) 할아버지 쪽인지(안녕 유전자 강박자들, 덕분에 수많은 기록이 남아 있다)에 따라 다른 조상의 수도 달라진다. 우리는 아일랜드 쪽 조상을 둔 흑인으로, 주근깨가 이를 설명해준다. 가끔 빨간 머리를 가진 이들도 있지만 우리 중 누구도 흑인 아닌 다른 존재로 보이지는 않는다. 그러니 우리 가족 내에서 피부색이나 머릿결로 순위를 매겼다는 건 조금 이상한 일 정도가 아니었다. 특히 내가 예티족 후예라서 더 그렇다. 나는 키가 크고 어깨가 넓다. 세리나 윌리엄스Serena Williams에서 돈과 운동신경을 빼고 좀 더 근육질인 모습을 상상해보라. 사촌들은 키가 작고, 뼈대가 얇고, 아담한 여성에게 기대하는 좁은 어깨를 가지고 있다. 우리의 공통점은 굴곡뿐이다. 그들은 항상 딱 맞는 몸매를 가지고 있었지만 나는 만성적인 저체중이었다가 웨이트 트레이닝을 통해 드디어 맞는 몸매를 갖게 되었다.

내가 그다지 노랗지 않아 어색한 애에서 흑인치고 예쁜 애가 되면서, 나는 내가 속한 공동체 내의 미적 기준에서만 소외된 것이 아니라는 사실을 알게 됐다. 내 피부는 갈색이다. 어떤 사람들은 중간 톤이라고 하는 그런 색이다. 따라서 나는 피부색에 관련된 어떠한 논쟁에서든 변두리로 밀려나 있었다. 하지만 나는 넓적한 코, 두툼한 입술, 큰 엉덩이를 가지고 있었다. 백인 중심적인 미의 기준에서도 나는 누가 말하는가에 따라 경외시되거나 욕 먹기를 피할 수 없었다는 뜻이다. 백인 남자애들에 대한 형편없는 취향을 갖고 있던 십대 시절에, 나는 "넌 흑인치고 예쁘다"고 말하는 남자들과 데이트를 했다. 그때 나는 영악하지 못하고 무지했다. 그런 기묘한 칭찬일지라도 아무런 칭찬이 없는 것보다는 나은 것 같았다. 나는 바보였다. 자존감이 낮은 바보.

나는 놀라우리만치 어색하게 생긴 애였다. 만약 당신이 적당히 너그럽고 제법 시적이라면 죽음의 기운이 나를 감싸고 있다고 말했을 것이다. 비율은 내 편이 아니었다. 열두 살이 되기 전까지 나는 키가 크지 않았다. 귀엽지도 않았고, 모계 친척들에 비해 약간 밝은 피부를 가졌을 뿐이었다. 내게는 '좋은 머리카락'이 없었다. 하지만 엄마 쪽 사람들보다 피부색이 밝았고, 그들이 관심을 갖는 한 그것은 이상하게 생긴 애가 가진 하나의 혜택이었다. 이모는 내 머리 문제를 해결해주겠다고 나를 욕실로 데려가서는 내 머리카락에 잿물 성분이 든 릴랙서[컬한 머리를 펴는 용액]를 발랐다. 내가 세 살 때 일이었다. 이내 나는 울음을 터뜨렸고, 피를 흘렸고, 화상을 입었다. 이것은 내가 가진 가장 오래된 기억 중 하나로, 당시 내가 무슨 일이 일어났는지 온전히 이해했다고 말하기는 어렵다.

파마 때문에 화상을 입기 전부터도, 남아 있는 사진들을 보면 가족들은 내 머리를 길들이기 위해 늘 무언가를 했다는 사실을 분명히 알 수 있다. 아프로 머리를 하고 달리는 아기의 사진 같은 건 없기 때문에. 나는 언제부터 내 머리카락이 나는 대로 자라게 두었는지 기억할 수 없다. 잿물 사건이 있은 지 몇 년 후에 할머니는 2주마다 칼같이 나를 미용실에 데려갔다. 그는 좋은 의도로 그렇게 했겠지만 피부색과 머리에 대해 내면화된 문제들을 갖고 있었다. 이 말은 내가 열일곱 살이 될 때까지 자연스러운 머리로 살지 못했다는 의미다. 그때까지 나는 잿물 성분이 없는 릴랙서를 바르고, 매일같이 고데기를 하고, 끝내 머리가 상할 때까지 쥐어뜯곤 했다. 그런 뒤에야 나는 '자연스러운 것은 충분히 좋지 못하다'는 미적 관점에 반기를 들기 시작했다.

자연스러운 머리를 처음 한 건 1994년쯤이다. 나는 대체 내 머리를 어떻게 관리해야 하는지 몰랐다. 유튜브 구루들이나 내 머리카락에 적합한 제품들이 쏟아져 나오기 한참 전이었다. 나는 기존 제품들을 사용했지만 내가 머리를 가지고 뭘 하는지는 몰랐다. 결국에는 헤어스타일을 바꾸라는 가족들의 압박에 굴복해 릴랙서를 1년쯤 더 발랐다. 내 머리를 온전히 가진다는 것은 매년 릴랙서를 바르는 횟수를 최소화할 수 있다는 뜻이었다. 이후 13년간 내 머리는 걷잡을 수 없이 자라났고, 그러면서 나는 내 머리가 빨리 자란다는 사실을 이해하게 됐다. 변화하는 머릿결에 따라 바뀌는 스타일은 내가 도저히 하고 싶지 않은 수준의 손질을 요구했다. 2005년 막내아들을 임신했을 때 나는 내 머리에 질려버렸다. 미용실에 앉아 머리를 말든 펴든 어쨌든 무언가를 해야 한다는 데 진저리가 난 나머지 머리를 밀어버렸다. 머리카락을 전부 쳐내는 동안 남편이 걸어 들어왔고, 그는 5개월 된 임산부인 자기 아내가 가위를 든 채 사실상 면도 단계로 접어드는 모습을 보았다.

삭발 이후(처음의 충격 이후) 나는 머리카락을 어떻게 다뤄야 하는지 배우기 시작했다. 그리고 머리가 다시 자라기까지 오랜 시간 동안, 나는 자연스러워 보이는 것에 완전히 매료되지는 않았다. 나는 몇 달 동안 스스로를 불행해 보이게끔 만들었다고 굳게 생각했다. 나는 내가 자라난 환경 때문에 자연스러운 머리가 지저분해 보인다고 생각하는 흑인 여자들 중 1명이었다. 나는 성장하면서 잘 유지된 자연스러운 헤어스타일이 친구들이나 이웃들에게 어떻게 비치는지에 주의를 기울이기 시작했다. 시간이 지나자 구불구불한 파마머리나 부풀린 머리를 하고 싶었지만, 나는 도저히 내 머리를 어떻게 다루어야 할지 몰랐다. 전혀 몰랐다.

나는 머리를 펴고, 땋고, 릴랙서를 바르는 미용실에 다니면서 자라났기 때문에 머리카락과 별로 깊은 관계를 맺지 않았다. 나는 머리를 감고, 드라이를 하고, 고데기로 펼 수 있었다. 그러나 관리를 한다? 그건 다른 문제였다. 머리가 충분히 자라 스타일링을 하고 싶어졌을 때, 나는 유튜브 채널 '친구 추천'의 마술에 기댔다. 그리고 더 많이 배울수록 자연스러운 머리가 갖고 싶어졌다. 갑자기 내 머리가 어떤 고통과도 연관되지 않았기 때문이다. 여러분 중 누군가는 이렇게 생각할지도 모르겠다. '흑인 여자들은 아프다면서 대체 왜 그런 짓을 하고 난리인 거야?' 여기에는 취향에서부터 직모가 아니면 고용될 수 없는 문제, 내면화된 인종주의에 이르기까지 기다란 답변 목록이 존재한다.

머리를 감고 꼴 때마다 나는 투덜거렸다. 자연스러운 머리로도 록스locs*를 할 수 있었지만 그건 일종의 자기 관리처럼 느껴졌다. 내게는 머리를 푸는 것보다 땋는 게 더 쉬웠는데, 땋은 머리를 푸는 일이 거의 근육 운동에 가까워서였다. 하지만 자연모 공동체 내부에는 텍스처리즘texturism 즉 특정한 머릿결을 다른 것보다 가치 있게 평가하는 주의가 만연하다. 이는 많은 면에서 같은 컬러리즘colorism의 결과물로서 우리 가족이 나를 적당히 매력적이라고 생각하게 만들었다.

한동안 나는 예쁨이 주는 특권에 푹 빠져 있었다. 백인 중심적인 미의 기준선에 서지 않을 때조차 그랬다. 어색한 아이에서 비교적 매력적인 여성이 되는 과정은 내 삶을 무척 긍정적으로 바꾸어놓았다. 그저 남성의 관심을 얻는 것만이 아니라(처음

---
* 머리를 땋아 밧줄처럼 만든 머리카락 다발을 가리킨다.

에는 이게 중요했지만), 매 순간 사람들은 더 친절한 태도를 보였다. 내가 매장 점원으로 첫 직장에 지원할 때는 어땠을까? 매력적이라는 사실은 암묵적인 필요조건 목록에 올라 있었다. 푸드코트에서 점심을 먹을 때는 또 어땠을까? 매대에 있는 사람이 남자일 때 나는 감자튀김 값을 내지 않아도 되는 행운을 누렸다.

자존감이 높아지기에 좋은 조건이었다. 하지만 아무 대가도 치르지 않았다고는 말할 수 없다. 난잡함(그것은 내 섹슈얼리티에 대한 주도권과 내 자아에 관련된 문제였다)이 한바탕 지나갈 때, 나는 포옹을 원하는 '친근하게 구는' 남자들의 손을 쳐내면서 거리에서의 성희롱을 무시하는 법을 배웠다. 심지어 나는 다른 여자들이 내가 좋아하거나 좋아하지 않는 남자들과 무엇을 하든 간에 그들이 적이나 경쟁 상대가 아니라는 것도 배웠다. 하지만 내가 하는 일 가운데 얼마나 많은 부분이 내가 원하는 것 대 바깥 세계가 내게 매력적이기를 요구하는 방식이라는 구도로 이루어져 있는지에 대해서는 여전히 배워가는 중이다.

백인 중심적인 미의 기준에서 혹은 흑인 가운데서 예쁘장한 사람이 되려면 미용실에서 일정한 시간을 보내거나 최소한 집에서 솜씨 좋게 머리를 다듬을 줄이라도 알아야 한다. 여성의 미에 대한 더 넓은 차원의 사회적인 기대가 모래시계 같은 몸매, 매끄럽고 깨끗한 피부, 대칭적인 얼굴에 우선순위를 부여한다고 해도 피부색, 머릿결, 체형에서는 백인에 얼마나 가까운지에 따라 두드러지는 차이가 발생하기 마련이다. 별로인 헤어스타일을 하거나 눈길을 끌지 못하는 옷을 입는 것 등이 성공할 기회를 깎아먹을 수 있다. 백인 소녀들이 잔머리가 삐져나온 올림머리를 하면 무심하면서도 세련된 스타일로 보일 수 있지만, 흑인 여성이 외모를 가꾸는 데 게을리한 기색이 조금이라도 보이면 이는 공동체 내외부에서 상당한 반감을 산다. 흑인 체조선수 개비 더글러스Gabby Douglas가 올림픽 경기에서 땀을 흘린 것*에 대한 시청자들의 반발이 며칠간 뉴스에 오르내렸던 때를 생각해보라. 심지어 가수인 블루 아이비Blue Ivy의 머리는 계속해서 비난을 받았다. 이제는 왕세자비가 된 메건 마클Meghan Markle은 해리 왕자와 데이트를 한 지 5분 만에 백인 여성들에게서 머리에 대한 비난을 받았다. 단일인종이 아닌 여성이 머리를 가꾸는데 백인과는 다른 것을 필요로 할 수 있다는 점은 고려하지 않은 채, 그들은 메건의 헤어스타일이 새 백인 시누이인 캐서린의 헤어스타일에 맞아떨어지지 않는다는 데에만 주목했다.

미적 기준에서의 인종주의란 여성들이 외모로 인해 얻을 수 있는 특권을 누리지 못한다는 의미가 아니다. 다만 이는 특권이 얼마나 빈약한지를, 그것이 영구적이지 않은 현실을 고려한다면 특히 그러함을 보여준다. 또한 예쁘다는 데에는 실제적인 안전이 존재하지 않음에도 불구하고 매력적이지 않은 것보다는 덜 불안하게 여겨질 수 있다.

---

* 올림픽 경기 당시 개비 더글러스는 곱슬곱슬한 머리카락을 포니테일로 묶은 뒤 젤을 발랐는데, 체조를 하면서 잔머리가 삐져나오고 땀이 흘러내리자 여러 소셜미디어에서 비난 섞인 반응이 날아들었다.

일터에서 성희롱을 당했을 때, 나는 매력적으로 보이는 것이 나를 해칠 수도 있다는 교훈을 얻었다. 성희롱이 매력에 관련된 문제여서가 아니라, 성희롱에 대한 반응이 종종 피해자를 비난하는 수사학의 렌즈를 통과하기 때문이다. 처음에 나는 성희롱을 고발했다. 하지만 성희롱은 다시 일어났고, 나는 또다시 고발했다. 마침내는 성희롱이 멈췄다. 다행스러운 일이었지만, 이는 내가 신체적인 위해로 위협을 했기 때문에 가능한 일이었다. 나는 백인 여성 상사에게 성희롱 사실을 알렸지만 그는 내게 미소를 너무 많이 짓지 말라고 경고했다. 그는 말했다. "당신은 예뻐요. 하지만 너무 친절하기도 하죠. 옷을 입는 방식도 그렇고……." 그러고는 나를 위아래로 훑어보았다. 탐탁지 않은 기색이 분명했다. 나는 소매가 긴 니트 원피스에 레깅스, 부츠 차림이었다. 1월의 시카고였고, 일터에서의 옷차림이란 선택지가 별로 없었다. 내 굴곡을 가릴 수 있는 옷이 많지 않았을뿐더러 목부터 발가락까지 가리는 걸로는 충분하지도 않았다.

동시에 나는 내가 전혀 관심 없는 남자들로부터 시선을 받는다는 사실에 기분이 좋아야만 했다. 그렇지 않고서야 내게 맞는 치마를 입을 이유가 없지 않겠는가? 그들은 대체로 흑인 여자에게는 관심이 없다고 말하는데 내게는 관심이 있지 않은가? 나는 예외로 치는 것인데 내가 우쭐해하지 않을 이유가 있겠는가? 성희롱을 당하는 것은 더럽고 무서운 기분이었지만, 외부에서 내게 부여한 서사는 내가 그것을 즐긴다는 데서 그치지 않고 일터든 다른 어디에서든 안전이나 존중을 기대해서는 안 된다는 것

…치곤 예쁨

이었다. 이런 '칭찬'이 사실 내가 그들에게 승인을 구하고 있다는 증거임을 알려주었다는 사실은 정말이지 놀랍다. 이런 양면적인 칭찬은 공격적이고 추한 것으로 드러난다. 누가 그럴 줄 알았겠는가?

'흑인치고 예쁘다'는 함정에 걸려, 예쁨이 주는 특권에 목을 맨 채로, 나는 나 스스로와 나를 둘러싼 세계를 바라보는 방식을 바꾸기 시작했다. 나의 몸과 머리카락과 맺는 관계가 나아질수록, 나는 단일한 미의 기준이나 백인됨에 근접한 정도로 매겨지는 미의 기준에 놓인 함정도 살필 수 있었다. 하지만 내 개인적인 일상은 미국 혹은 그 외부에서의 더 큰 피부색 문제를 해결하지 못했다. 피부색에 대한 오래된 운율은 여전히 유효하다.

까맣다면 뒤로 꺼져라

갈색이면 가만히 있어라

노랗다면 나긋하게

백인이면 백전백승

이 운율은 피부색 문제만이 아니라 사회가 사람들을 바라보는 방식을 설명해준다. 또한 이는 사람들이 자신이 무엇을 하는지 혹은 왜 하는지에 대해 진지하게 생각해보지 않고서 피부색 문제를 영속화한다는 사실을 명백하게 보여준다. 〈주먹왕 랄프〉 후속편이 공개됐을 때, 디즈니 공주들의 회의 장면에는 티아나 공주도 포함되어 있었다. 하지만 그는 원작에서처럼 넓적한 코나 어두운 피부색을 갖고 있지 않았다. 대신 좁은 코에 아프로 머리와 비슷한 구석이 조금도 없는 머리, 훨씬 밝은 피부색을 갖고 있었다. 왜였을까? 아티스트들은 그런 모습을 지우는 것이 무엇을 의미하는지 생각하지 않았기 때문이다. 우리는 흔히 컬러리즘이라 일컬어지는 것이 피부색에 기초한 차별을 의미함을 알고, 피부색이 어두운 사람들에게는 불리함을, 피부색이 밝은 사람들에게는 특권을 부여하는 것을 의미함을 알지만, 이는 단지 미적 기준의 문제가 아니다. 어두운 피부색을 가진 이는 직업적 전망이 낮고, 진급하기 어려우며, 결혼율이 낮고, 체포율이 높고, 복역 기간이 더 길다. 우리는 피부색이 어두운 이들을 지우거나, 존재했다는 이유만으로 처벌한다.

컬러리즘은 수 세기 동안 다양한 문화에서 존재해왔다. 흑인 미국인 공동체가 어떤 사람의 피부색이 밝은지 어두운지에 따라 그에게 높거나 낮은 가치를 부여하는 유일한 공동체도 아니다. 컬러리즘은 라틴아메리카, 동아시아와 동남아시아, 카리브해, 아프리카 등에서 발견되는 지구적인 문제다. 미국에는 다양한 인구가 존재하기 때문에 공동체 내부에 피부색에 기초한 특권이 존재하며, 공동체 외부에서 억압을 경험하게 된다.

미국, 라틴아메리카, 카리브해, 아프리카 등에서 컬러리즘은 식민주의와 노예제에 뿌리를 두고 있다. 그러나 어떤 문화권에서는 유럽식 미의 기준과 관련이 있거나 백인 우월주의보다는 계급 문제와 상관성을 보이기도 한다. 이를테면 노동자들은 야외에서 일을 하느라 피부가 타는 반면 특권층은 실내에 있어 피부색이 옅은 식이다. 사회적으로 어두운 피부색은 빈곤과, 옅은 피부색은 귀족과 연결지어진다. 오늘날 아시아에서 밝은 피부색에 붙는 프리미엄은 이러한 역사와 더욱 관계가 깊다. 서구에서 백인들 중에서도 사회적 사다리 하부에 위치한 이들을 가리킬 때 '레드넥redneck'*이라는 단어를 사용하는 것 역시 이와 유사한 이유에 기초한다.

컬러리즘은 밝은 피부색을 꾸준히 특권적인 위치에 놓음으로써 기회에 대한 접근을 차단하는 문화적 제도다. 종이봉투 테스트나 빗 테스트 같은 것들이 흑인 공동체 내부의 고소득 집단에서 계속 확장되는 이유이기도 하다. 종이봉투 테스트의 경우, 피부색이 종이봉투보다 더 어두우면 클럽이나 동아리, 심지어는 교회에도 갈 수 없다. 빗 테스트도 비슷하다. 이가 촘촘한 빗이 머리카락을 통과하지 못하면 특정한 사회 집단에 들어갈 수 없다. 심지어 지금까지도, 인플루언서가 되어 높은 수입을 올리는 '내추럴 헤어 구루'들의 컬은 좀 더 느슨하다.

컬러리즘은 옅은 피부색을 가진 이들이 모든 공동체에서 이득을 취하고 있다는 의미다. 미백 제품은 하얀 피부가 높은 소득을 올리는 데 핵심일 뿐 아니라 애정 생활에도 더 낫다고 말한다. 결과적으로 밝은 피부를 갈망하는 미백 크림은 미국과 아시아, 다른 나라들에서 가장 잘 팔리는 상품 중 하나다. 수은 중독,

* 시골에 사는 저소득층 백인들을 비하하는 용어로, 목덜미가 붉어지도록 야외에서 노동하는 모습을 묘사한 것이다.

피부 손상, 간을 비롯한 여러 장기 손상을 야기함에도 그러하다. 많은 공동체에서 잠재적인 보상이 사회적 압력으로 인한 위험보다 더 크기 때문이다.

이와 유사하게, 느슨한 머리는 기업과 학교가 이에 대한 접근을 자유롭게 제한할 정도로 성공과 연관되어 있다. 최근 미국 제11회 순회법원은 록스를 한 사람들에 대한 차별은 차별이 아니라고 판결했다. 머릿결은 변할 수 있으므로 보호받아야 할 것이 아니라는 이유에서였다. 하지만 통계적으로 볼 때 그 헤어스타일은 아프리카 대륙 후예들의 것이며, 인종은 현행법상 차별로부터 보호받아야 하는 범주다.

피부색과 머릿결을 기준으로 판별하는 기제는 페미니즘 곤론장이라 불리는 곳에도 존재한다. 우리는 주류 페미니즘이 특정한 피부색에 대한 편견에 면역이 없다는 사실을 이미 알고 있다. 백인 공동체 내에 인상을 남기고 싶어하는 어떤 백인 여성들이 유색인 공동체의 관습을 흉내 낸다는 사실도. 그들은 태닝 스프레이를 사용하거나, 박스 브레즈box braids 같은 헤어스타일을 전유하거나, 모부가 다 백인인데도 자신을 흑인 여성으로 정체화할 권리를 끊임없이 주장한 백인 여성 레이철 돌레잘Rachel Dolezal*처럼 "흑인 같이 느낀다"고 말하는 것이다. 이는 그들이

---

* 레이철 돌레잘은 전 대학 교수이자 전 전미유색인진보연합 지부장으로, 자신이 흑인 모부 사이에서 태어났음을 주장했지만 이는 거짓임이 드러났고, 결국 인종 정체성에 대한 논란 속에 사임했다.

피부색에 기초한 미의 기준이 야기하는 위해는 전혀 겪지 않으면서도 그것을 통해 이득을 본다는 것을 뜻한다.

어떤 악의도 없었다고 말하지만, 우리는 피부색이 계속해서 어떤 사람을 대우하는 방식을 결정하는 가장 명백한 기준으로 기능하고 있음을 안다. 미국을 비롯한 전 세계에 인종주의와 반흑인주의가 깊이 뿌리박혀 있기 때문에 우리는 어두운 피부색이 악마화됨을, 밝은 피부색은 찬미됨을 안다. 따라서 이러한 기준에 의해 불이익을 받을 가능성이 가장 높은 이들이 겪는 문제에 맞서는 데 아무것도 하지 않고, 페티시즘과 이국주의를 자본화하는 것이 무엇을 의미하는지 모른 척하는 것은 누구에게도 도움이 되지 않는다.

흑인 페미니즘은 피부 미백에 저항하는 캠페인을 벌이는 등 수십 년 동안 피부색 문제를 두고 싸우고 있고, 어두운 피부를 가진 소녀와 여성들을 더 잘 재현하라고 요구하며, 미의 기준을 백인 중심적으로 세우지 말 것을 외치고 있지만, 이는 단지 흑인 페미니즘 이슈가 아니다. 스스로를 사랑하고 서로를 사랑하고 세상을 바꿀 수 있는 흑인 및 갈색 피부를 한 소녀들을 길러내려면 피부색 문제를 지적하고 다루라고 요구하는 주류 페미니즘이 필요하다.

우리는 피부색을 둘러싼 백인 우월주의 서사가 유색인 여성들과 소녀들에게 자기혐오, 우울, 불안만을 안겨주었을 뿐 아니라 취약한 백인 여성이라는 서사를 승인하는 데 사용되었다는 사실을 알고 있다. 다른 유색인 여성의 삶보다 백인 여성의 눈물이 앞서는 것이다. 이국화는 자유가 아니다. 유색인 여성의 아름다움을 페티시화하는 모든 방식의 페미니즘은 유해하다. 디즈니 공주조차 인종주의에 물들어 있는 미디어 문화에서, 당신은 왜 이렇게나 많은 주류 페미니스트 서사가 어두운 피부색의 여성을 아름다운 대신에 강인하게 묘사하는지 질문해보아야 한다.

여기에 신체 사이즈, 장애, 어떤 체형이 다른 체형보다 더 가치 있게 평가되는지의 문제가 남아 있다. 흑인 여성들은 백인 여성이나 라틴계 여성보다 자존감이 더 높기 때문에 아름다움이라는 문제에 대해 신경을 쓸 필요가 없다거나 관심을 기울이지 않아도 된다는 서사가 존재한다. 하지만 높은 자존감은 우리 공동체 내부에서 오랜 시간에 걸쳐 만들어진 것으로, 모든 여성들이 자신의 몸이 잘못되었다고 말하는 문화와 싸우는 데 필요한 지지를 얻고 있다는 뜻은 아니다.

아름다움의 기준이 피상적이며 중요하지 않다고 말하기는 쉽다. 당신 피부색이 누군가의 미적 기준의 꼭대기에 안착해 있다면 말이다. 하지만 다른 많은 것과 마찬가지로 아름다움은 정치적인 것이다. 백인됨에 맞지 않는 몸을 아름답다고 포용하는 것은 저항 행위이다. 식민주의와 제국주의가 없애고자 하는 문화와 공동체를 살게 하는 방식이다.

물론 예쁘다는 것은 특권이 될 수 있다. 하지만 특권이 어떻게 기능하는가는 인종에 기반하고 있다. 아름다운 백인 여성이 누군가의 사랑과 존경을 받을 만하다는 논리는 비슷한 외모에 피부색이 더 어두운 여성이 성적으로 이용 가능한 존재일 뿐 아니라 단지 존재한다는 사실만으로 음란하다 취급될 수 있다는 의미로 곡해될 수 있다. 뱀굴 앞에서 밧줄을 흔드는 짓이다.

당신이 강하고, 아름답고, 똑똑하고, 충분하다는 말을 듣고 자라는 것은 차별에 대항하는 세대적 방어기제다. 자신감이 진정 채워지지 않을 때에도, 당신은 보이는 것보다 더 자신감이 있을 때 인종주의에 대항하는 데 더 낫다는 사실을 알고 있다. 그 결과로, 외모에는 프리미엄이 붙는다. 몸 긍정주의body positivity는 흑인 공동체에서 생겨났다. 피부색, 사이즈, 체형, 가시적인 장애 등은 차별을 승인하지 않는다는 공동체에서도 외부자를 만들어내는 요소가 되었기 때문이다. 아름다움이 머릿결을 유지하기 위해 구입한 제품과 입을 수 있는 옷의 브랜드 등 계급에 의해 복잡해진다고 하더라도, 이 모든 것은 당신 몸이 점하고 있는 공간에 있어도 되는지를 결정하는 표지가 된다. 그리고 이 모든 함정이 보정된다고 하더라도 백인이 아닐 때 당신 몸이 어떤 방식으로 상품화되며 당신 자신을 뺀 모두에게 매력적으로 보이도록 재현되느냐는 질문이 남는다.

백인 여성들이 자기 몸에 보형물을 넣고, 입술을 부풀리고, 피부를 태닝하면서 칭송받는 유행은 지나갈 것이다. 이국적인 정체성에 대한 열광은 사라질 것이다. 그러나 어두운 피부를 가진 여성들이 받는 억압은 변하지 않은 채로 남아 있을 것이다. 뷰티 문화와 더 넓은 문화에서 인종주의와 컬러리즘이 도전받지 않는 한 그러할 것이다.

예쁘다는 문제는 특권과 결부되어 있다. 누군가의 건강, 부,

이 나라에서 성공할 수 있는 기회가 외모와 피부색, 머릿결에 영향을 받는다면, 누가 예쁘다고 정의되느냐는 문제가 된다. 컬러리즘은 이 나라에 뿌리 깊게 고착된 문제이기 때문에 좋든 나쁘든 우리는 그 모든 영향을 받는다. 피부색으로 위계가 매겨지는 문제는 너무나 만연하여 많은 공동체는 이를 진정으로 끝내는 기제 없이 그저 이 문제를 마주하고 있다. 우리 문화가 서로 엮여 있는 한, 우리에게는 인종 내부적이고도 간인종적인 해결책이, 피부색의 영향에 대한 문화교차적인 대화가 필요하다. 그렇게 우리는 더 낮고 건강한 미의 기준을 만들어내는 단계로 나아갈 수 있을 것이다.

뷰티 문화에 대한 주류 페미니스트 운동은 남성적 시선male gaze과 그 영향에 자주 초점을 맞추곤 하지만, 그것이 유일한 유해 요소는 아니다. 백인, 시스젠더, 날씬한 몸, 비장애 등을 가치 있게 평가하는 문제 역시 다루어져야 한다. 페미니즘 운동이 눈금을 바꾸기 위해서는 피부색에 매겨진 위계라는 내부의 문제를 심문해야 한다. 왜 수많은 백인 페미니스트들이 이런 문제를 유색인 여성에게 남겨두는지도 질문해야 한다. 뷰티 문화에서의 평등이란 가장 지속적인 변화를 일굴 수 있는 힘과 특권을 가질 가능성이 적은 사람들뿐만 아니라 모든 입장에 놓인 이들의 참여를 요구한다.

흑인 소녀들은

식이장애를 앓지 않는다

BLACK GIRLS DON'T HAVE EATING DISORDERS

사춘기에 겪는 신체 발달 중 어떤 부분도 반흑인주의,
고정관념, 과잉 성애화를 비롯해 주변화된 공동체가 겪는
문제에 응답할 수 없다. 사춘기가 주변화된 공동체에
속하지 않은 이들에게는 첫 번째 트리거가 될 수 있지만,
유색인이거나 장애인이거나 논바이너리, 트랜스젠더인
이들에게 식이장애는 스스로를 보는 관점을 형성하는 데
영향을 미치는 구조적 요인에 뿌리박혀 있다.

▶▶

　나는 고등학생 때 식이장애를 앓았다. 난 언제나 말랐고, 처음에는 내 체중 감량이 별로 눈에 띌 정도가 아니라고 생각했다. 사람들을 편안하게 해줄 정도로 건강하게 먹는 듯이 보이는 속임수를 전부 터득했기 때문에. 이따금 눈치 빠른 이들이 내가 잘 먹지 않는다는 걸 알아차리면, 그들은 내 접시에 음식을 더 덜어주거나 아니면 이미 식사를 하고 와서 그렇게 적게 먹는 것인지 조심스레 묻곤 했다. 나는 점심을 거하게 먹었다거나 디저트를 위한 공간을 남겨놓았다고 말했다. 때로는 다시 음식을 가지러 가기도 했다. 사람들은 다른 것 대신 과일을 더 많이 먹는다는 사실이나, 접시를 저칼로리 음식들로 채운다는 사실을 잘 알아차리지 못한다. 알아차리더라도, 흑인 소녀들의 신체 굴곡을 나중에 비만이 될 수 있다는 경고 신호로 위치시키는 서사 때문에 눈앞에 문제가 있음을 파악하는 대신 몸무게가 줄어든 것을 보고 축하해준다. 우리는 식이장애를 일상적으로 받아들이는 문화에 살고 있다. 우리는 그것을 깨끗한 식습관이나 다른 귀여

운 이름으로 부른다. 혹은 음식과 부적절한 관계를 맺는 것이 정상이라고 여긴다. 최소한 그 사람이 우리가 기대하는 대로 보인다면 말이다. 우리의 정신건강은 누구의 우선순위에도 없다. 흑인 여성들의 힘에 대한 해로운 신화가 만든 영광이라고나 할까.

스트레스는 나를 음식으로부터 멀어지게 만들었다. 지금은 식사를 걸러도 누구도 눈 하나 깜짝하지 않을 만한 몸무게를 갖고 있기 때문에 더 쉽다. 나는 이 문제를 대체로 통제하고 있다. 적어도 식사가 즐거움이 아닌 집안일처럼 느껴질 때조차 어떻게든 하루 두 끼를 먹는다는 의미에서는 그렇다. 나는 그것이 내가 여전히 식이장애를 앓고 있다는 의미임을 안다. 여기까지가 내가 스스로에게 부과한 규칙에 만족스러워하는 사랑스러운 의사에게 이야기하는 내용이다. 그가 나를 위해 더 나은 계획을 갖고 있다고 전적으로 확신하지는 않는다. 흑인 소녀들은 식이장애를 갖고 있지 않다. 그들이 식이장애를 앓을 때만 빼면 말이다. 흑인 소녀들이 갖고 있지 않은 건 여러 가지다. 안전, 보안, 컬러리즘이나 인종주의를 비롯한 많은 **-주의**를 지우는 마법과 같은 것들. 우리는 더 나은 선택지가 없는 상황에서 대처 기술을 발달시켰다. 때로 이러한 대처 기술은 산책이나 요가처럼 좋은 것이기도 하지만, 때로는 식이장애나 어떤 형태의 중독처럼 몹시 유해한 것이기도 하다.

주변화된 공동체의 소녀들은 부유한 공동체의(부자병affluenza*은 제외하도록 하자. 이건 정신적인 질병이라기보다는 끔찍한 행위를 변명하기 위한 편리한 해석에 가까우니까) 소녀들과 같은 정신적이고 정서적인 건강 문제를 겪는다. 하지만 그들은 자원이나 언어가 부족해 이를 드러내기 어렵다. 그들은 심각한 트라우마를, 후유증을 겪는다.

식이장애는 식습관에 대한 것이 아니다. 그것이 명백한 문제로 드러나 보이기는 하지만 말이다. 식이장애는 사실 음식에 관한 것조차 아니다. 오히려 집에서의 혹은 집을 둘러싼 다른 문제에 가깝다. 이혼, 빈곤, 가난, 학대, 이 모든 것의 총합이다. 식이장애는 다른 문제의 외부적 표출이다. 더욱이 그런 문제들은 심각한 건강 상태나 노골적인 신체적 징후로 드러나기 전까지는 쉽게 눈에 띄지 않는다.

우리는 일반적으로 마른 몸만이 아니라 백인에 얼마나 가까운가 하는 미의 기준에 특히 가치를 부여하지만, 성장하는 젊은 유색인들의 신체는 중앙아메리카의 신화적인 단색에 결코 동화될 수 없다. 그럼에도 미디어든 다른 어떤 것에든 이런 몸에 대한 승인은 거의 드러나지 않는다.

백인됨과 아름다움을 연합하는 이런 망상에 더하여 유색인 소녀들은 자신들이 백인 소녀들보다 가치가 떨어진다고 외치는 세상 속에서 자신을 사랑하기 위해 분투하고 있다. 그러나 이들

---

* 풍족함, 부유함을 뜻하는 affluence와 유행을 뜻하는 influenza의 합성어다. affluenza는 부유한 이들, 특히 젊은이들이 경험하는 죄책감, 무기력증, 사회적 고립감 등을 뜻하기도 하지만, 그들이 누리는 재정적인 특권 때문에 자기 행동의 결과를 이해하지 못하는 것을 가리키기도 한다(이 책에서는 후자의 의미로 언급하고 있다).

에게는 식이장애를 겪을 위험이 평균보다 높다는 문제만이 아니라 이런 위험을 겪고 있다는 사실이 인식되지 않고 치료되지 않는다는 문제가 있다. 치료를 받는 극소수 행운아들마저도, 치료 프로그램이 인종주의의 영향을 다룰 것인지 아니면 더 많은 트라우마를 야기하게 될 것인지 예측하기 어렵다는 문제가 있다.

비록 우리는 식이장애 대부분이 사춘기에 시작되는 현상이라고 생각하는 세상에 살고 있지만 진실은 그 씨앗이 한참 전부터 뿌려져 있다는 것이다. 사춘기 이전 시기에 접어드는 유색인 아이들은 몸이 얼마나 변하든 간에 이를 고통스럽게 자각한다. 백인 중심적인 비이성적 미의 기준에 맞출 수 있는 사춘기 증상은 하나도 없다. 사춘기에 겪는 신체 발달 중 어떤 부분도 반흑인주의, 고정관념, 과잉 성애화를 비롯해 주변화된 공동체가 겪는 문제에 응답할 수 없다. 사춘기가 주변화된 공동체에 속하지 않은 이들에게는 첫 번째 트리거가 될 수 있지만, 유색인이거나 장애인이거나 논바이너리, 트랜스젠더인 이들에게 식이장애는 스스로를 보는 관점을 형성하는 데 영향을 미치는 구조적 요인에 뿌리박혀 있다. 예를 들어 우리는 컬러리즘이 아주 어린 시기부터 영향을 미친다는 사실을 알고 있다. 머릿결이나 눈동자 색에 기반해 아이가 '예쁜장한지'를 판단하는 이들이 바로 그 같은 이유로 혼혈아를 원하는 식이다.

식이장애를 부유한 백인 소녀의 증상으로 특징지을 때, 우리는 일상적인 편견이 미치는 영향을 무시하게 된다. 일상적인 편견은 안전한 공간을 없애 어린 유색인들이 스스로를 무력하다

흑인 소녀들은 식이장애를 앓지 않는다

고 느끼게 한다. 부의 격차가 만들어내는 제한 조건은 집, 이동수단, 안전 등 필수적인 자원에 접근하는 데에서만이 아니라 그들의 자아 이미지와 문화적 맥락을 승인하는 추가적인 요소에도 영향을 미친다. 만일 당신이 당신을 둘러싼 환경에서 어떤 것도 통제할 수 없는데도 당신 몸이 그저 틀렸다고만 말하는 미디어 메시지의 폭격을 받으면, 당신의 몸이 통제할 수 있는 유일한 것이라고 느끼게 된다. 불운하게도 이 같은 사회경제적인 변인은 제도적인 편향 때문에 보건 전문가들에 의해 무시당하곤 한다.

음식이 인종주의나 빈곤, 혹은 둘 다에 대한 또 다른 전쟁일 때에는 건강한 식사 습관을 가질 수 없다. 단지 몸이 존재한다는 이유만으로 범죄와도 같은 취급을 받는다면 몸과 건강한 관계를 맺을 수 없다.

또한 건강하다고 여겨지는 음식에 대해서 이야기할 때, 문화적 차이는 주변화된 이들을 소외시킬 수 있다. 인스타그램, 블로그, 최신 식이요법 및 식단 계획에 대한 잡지에 실리는 예쁜 사진들은 빠른 개선책으로 여겨지지만 불안을 가중시킬 수 있다. 이런 방식의 메시지는 피할 수 없다. 모든 대기실에 있는 잡지를 보지 않는다고 해도 페이스북 광고가 있고, 텔레비전 광고가 있고, 유명인들의 식단에 대한 이야기가 끊임없이 흘러나온다. 그런 이미지들 속에 등장하는 건 지극히 마르고, 하얗고, 비장애인에, 시스젠더인 몸이다. 음식들은 매력적이지도 친숙하지도 않다. 식품 사막에 사는 이들은 기사에서 다뤄지는 식재료들을 살수 없고, 설혹 식재료 대부분을 구할 수 있다 해도 그것들로 만든 음식이 입맛에 맞지 않을 수 있다. 이 문제에 있어 소수인종 음식은 지난 수십 년간 건강을 해친다는 비난을 받았지만 사실은 이러한 '고품격' 음식들이 공격적인 마케팅을 통해 더욱 비싼 값에 팔려나간다.

건강하게 먹기란 어렵다. 주머니 사정에 맞는 선택지가 공동체 내에서 경험할 수 있는 어떤 것과도 다를 때에는 더 그렇다. 잡지나 페이스북 동영상에 등장하는 식단이나 음식 이미지들은 실제 생활처럼 보이지가 않는다. 흡사 요정들이 먹는 빵처럼 너무나 멀리 떨어져 있어 닿을 수 없는 듯이 느껴지기 때문이다. 어떤 식으로든 건강하게는 이룰 수 없는 몸을 어떻게 얻을지 알아내는 대신, 아무것도 먹지 않거나 먹고 토하기를 반복하는 것이 더 쉽다. 심지어 우리는 BMI 지수가 별로 유용하거나 건강하지 않다는 것을 알고 또 다이어트가 건강에 별 도움이 안 된다는 것을 알면서도, 마른 백인의 몸을 건강의 기준으로 삼는다. 어쩌면 의료 산업이 음식과 어그러진 관계에 들어서는 것보다는 나은 역할을 하리라고 기대할지도 모르겠지만, 의사들은 자신들의 비만 공포증 때문에 과체중이 사망률을 늘리지 않는다는 모든 연구를 무시한다.

심지어 식이장애를 해결하기 위해 존재하는 단체까지도 식이장애가 주로 백인 여성에게 영향을 미친다는 의료계의 가정 때문에 부족하기 짝이 없는 자료를 가지고 일한다. 젠더나 장애 문제는커녕 인종적 차이를 다룰 만큼 포괄적인 연구는 상대적으로 적다. 비록 식이장애가 모든 공동체에 걸쳐 있다는 인식이

확산되고 있지만, 식이장애 치료에 관련된 전문적인 기관조차 발병률뿐 아니라 원인을 다루는 과정에서 문화적 역량이 부족할 수 있다.

여전히 사용되는 주요한 텍스트들은 음식과의 관계에서 정체성과 사회경제적 입지가 미치는 영향을 대대적으로 무시한다. 캐럴린 코스틴Carolyn Costin이 쓴《식이장애에 대하여: 원인, 조치, 예방에 대한 포괄적인 가이드The Eating Disorder Source-book》는 3판을 낼 때까지도 인종과 젠더에 대해서는 단 8쪽밖에 언급하지 않았다. 레이먼드 램버그Raymond Lemberg와 레이 콘Leigh Cohn이 1999년 집필한《식이장애Eating Disorders》는 남성의 식이장애를 다루고 있지만 인종, 논바이너리나 트랜스, 장애에 대해서는 말하지 않는다. 이러한 정보 결여는 무척이나 해롭다. 개인성을 지우기 때문만이 아니라 식이장애와 싸우는 이들을 고립시키기 때문이다. 그들은 가족 역학, 경제, 대중문화로부터 영향을 받는 복잡한 삶을 가진 개인이 아니라, 그들이 열망하는 본보기로서 마른 백인 여성을 비롯한 모든 이에게 궁극적으로 해를 끼치는 산업 속 유령처럼 취급된다. 삶의 경험을 깔아뭉개는 구조적 편향인 것이다.

우리가 몸에 대해 말할 때, 몸이 세계와 어떤 관계를 맺고 있는지, 또 세계가 몸과 어떤 관계를 맺고 있는지에 대해 말할 때, 우리는 왜 우리가 하얀 몸에 달린 수많은 문화의 장식물들을 좋아하는 한편 그런 장식물들을 만든 이들의 몸에 대해서는 그렇지 않은지 물어야 한다.

미디어가 시아라Ciara의 가짜 록스는 비판했으면서도 같은 헤어스타일을 한 카다시안Kardashian은 멋있다고 추켜올렸을 때, 이는 유색인 소녀들에게 어떤 메시지를 주는 것이겠는가? 반다나가《엘르》에 등장하는 백인 여성들에게는 새롭고 핫한 액세서리가 되고 고등학교에 다니는 라틴계 소녀들에게는 수갑을 가릴 수단이 된다면, 어떤 메시지가 전달되는 것인가? 백인 여성들의 콘로cornrow*가 흑인 여성들의 꼰 머리와 같은 척을 하는데 막상 둘 중 한쪽만 헤어스타일 때문에 직업을 잃는다면 이 행세는 무슨 영향을 주는가? 우리는 컬러리즘이 존재한다는 사실을 알지만, 미백을 비판하기 전에, 밝은 피부색이 낫다는 메시지가 강화된다는 사실은 아는가?

이 모든 것이 시스젠더를 유일한 선택지로 보고 어두운 피부색보다 밝은 피부색에, 장애가 있는 몸보다 없는 몸에 특권을 부여하는 사회에서 항상 일어남을 기억해야 한다. 이러한 환경으로 인해 모든 사람이 자기 신체 이미지를 두고 정신질환을 앓는 건 아니라 해도, 정신질환이 생겨나고 심해질 수는 있다. 밝은 피부색 따위가 사회적 지위를 얻는 길로 보일 수 있기 때문이다. 주변화된 공동체에서 특정한 미의 기준에 자신을 끼워 맞추는 것은 고소득 직종이나 교육에 대한 더 나은 접근, 더 나은 사회적 대우 등의 이득을 가져올 수 있다. 단순히 더 매력적으로 보이기 위해서가 아닌 것이다. 많은 경우에 이는 양질의 주거에 대

—— * 머리카락을 두피에 매우 가깝게 땋은 헤어스타일이다.

한 접근을 결정하는 요소이거나 그들이 법적 체계에 의해 다루어지는 방식일 수 있다.

"그냥 머리잖아", "할로윈 코스튬일 뿐이야", "화장인데 뭘" 같은, 유색인의 몸을 희생하여 백인의 몸을 가치 있는 것으로서 지키려는 모든 방어기제는 주변화된 공동체에 정신건강 문제를 불러일으키는 또 다른 요소다. 트라우마가 얕은 수준에서 경험된다 해도, 더 큰 세계에서 완전히 벗어나는 것 말곤 피할 길이 없을 때 그것은 지속적인 스트레스 요인일 수 있다.

누구도 트라우마에 면역이 있지 않다. 하지만 그 후유증을 감당하는 데 필요한 것을 가진 이들은 일부뿐이다. 정신건강 자원은 이 문제와 상관없이 접근하기가 어렵다. 그 결과로, 트라우마를 겪는 이들은 너무도 자주 고통을 해소하는 대신 전치하는 대응 기제만을 갖게 된다.

우리 사회에는 상담 등 정신건강 조치를 필요로 하는 이들에 대한 낙인이, 고통에 빠진 누군가가 정신의학보다는 종교로부터 도움을 구한다는 문화적 예상에 대한 낙인이 있다. 교회에서 자라난 이들은 우울증 치료제보다 기도를 더 권장받는다. 기도로 위안을 얻는 데에는 잘못된 것이 없다. 다만 그것이 뇌 화학작용을 고칠 수는 없다. 병원에서 혹은 상실 이후에 목사에게 조언을 구할 수는 있겠지만, 그들이 훈련된 상담사처럼 매주 상담을 해줄 수는 없는 것이다.

또 다른 문제는, 유럽 중심적인 가치와 문화규범에 치우친 정신건강 체계에서 문화적 이해가 있는 전문가를 찾는 것이다. 치료 과정에서 또 치료 외부에서 인종주의, 편향, 차별에 맞서 싸워야 한다는 문제는 가장 도움이 필요한 이들을 자원으로부터 멀어지게 할 수 있다. 더욱이 미국에는 적절한 건강보험이 부족해서 생기는 문제들이 언제나 있다.

우리는 최근 연구를 통해 미국 전역의 이너 시티 젊은이들 사이에서 외상후스트레스장애가 심각한 문제임을 안다. 지리적인 인종 분리라는 맥락에서 볼 때, 이는 특히 유색인 청년들에게 심각한 문제가 된다. 외상후스트레스장애가 식이장애를 유발할 수 있는 요인이라는 증거도 존재한다. 이 둘이 늘 연결된 문제라는 뜻일까? 물론 그렇지는 않다. 그렇지만 중산층 백인의 정신적·정서적 건강에 초점을 맞추는 방식대로 우리가 주변화된 공동체의 정신건강을 고려한다면 어떻게 될까?

건강하지 않은 대응 기제는 식이장애부터 습관적인 자해에 이를 수 있다. 우리가 주류 페미니스트 집단에서 주변화된 청년에 대해 말할 때, 우리는 성공이 내적 자원에 의존한다는 사실을 무시하는 경향이 있다. 과식과 거식은 건강하지 않지만 이는 불안과 스트레스의 공통적인 반응이다. 자신이 포위되어 있다고 느끼게 하는 공동체에 사는 것보다 더 스트레스를 받는 경험이 무엇이겠는가? 만약 당신이 인지하지도 치료하지도 못한 외상후스트레스장애의 증상으로서 불안이 시작됐을 때, 당신은 어떻게 대처하겠는가? 나는 내 외상후스트레스장애나 식이장애 가운데 무엇이 먼저 시작됐다고 말할 수 없다. 하지만 트라우마에 초점을 맞춘 치료에 접근할 수 있었을 때 모든 증상이 완화됐음

흑인 소녀들은 식이장애를 알지 않는다

을 안다.

1장에서 다루었던 강력한 흑인 여성에 대한 신화에서부터 현명한 인도 여성, 순종적인 아시아 여성, 대담한 라틴계 여성에 대한 신화는 저질 텔레비전 쇼 이상의 영향력을 발휘한다. 이런 신화들은 비백인 여성이 감정을 충분히 느끼지 못하며 정신건강 문제로 덜 고통받는다고 여기게 만든다. 이는 소셜미디어에서나 교실에서 혐오로 가득 찬 메시지를 받는 주변화된 청소년들을 돕지 못한다. 이런 메시지는 안전과 안정에 대한 감각을 손상시키는데, 같은 종류의 억압을 겪지 않는 사람들에게는 쉽게 드러나지 않는 방식으로 이루어진다. 배역 캐스팅에서도, 본질상 페미니즘적이어야 하는 공동체 보건 계획에서도 피부색이 고려된다. 결국 우리가 몸에 대한 긍정과 몸의 평등을 설파하려면, 우리는 우리가 찬미하는 몸뿐만 아니라 그런 몸이 직면하는 투쟁에 대해서도 유념해야 한다.

백인 우월주의는 많은 얼굴을 하고 있지만 몸을 긍정해야 한다는 주장을 통해 작동하는 방식이 가장 음흉한 얼굴 중 하나일 것이다. 여기에 도전하는 유일한 방법은 잠시 멈춰 서서 그 영향에 대해 비판적으로, 정직하게 생각하는 것이다. 그렇다고 해서 문화를 결코 감상하거나 거기에 참여해서는 안 된다는 뜻은 아니지만, 우리는 사회문화적인 맥락을 기꺼이 질문해야 한다. 더 큰 범죄를 위해 인종 정체성을 전유한 레이철 돌레잘은 가장 극단적인 예시겠지만, 슬픈 현실은 그가 제 주장이 미칠 영향에 대한 고찰 없이 단지 자기 기분을 나아지게 하기 위해 그런 주장들을 동원했다는 점이다.

우리는 재현이라는 문제를 스크린이나 책에서뿐만 아니라 공동체에서도 고려해야 한다. 편향은 주변화된 이들의 정신건강에 영향을 미친다. 사회적·경제적 건전성이 영향을 미치듯이 말이다. 당신 몸이 근본적으로 덜 인간적인 것으로 취급된다면, 비인간화되었음을 토로하기 위한 감정의 범주가 너무나 편협하게 주어진다면, 어떻게 치유가 시작될 수 있겠는가? 때로 가장 페미니즘적인 일은 무엇이 당신을 예쁘다고 느끼게 하는지, 무엇이 당신 자신을 섹시하게 여기게 하는지가 진공 상태에서 일어나지 않음을 고려하는 것이다. 이는 당신이 살고 있지 않은 공동체에 실제적인 결과를 야기하므로, 전유하는 사람을 매력적으로 느끼게 만든다고 해서 용납될 일은 아니다.

몸을 긍정하는 페미니즘은 모두를 칭찬해야 하지만, 이곳에서도 인종주의나 컬러리즘 문제가 되풀이된다. 사랑받고 보호받는 백인 여성의 몸은 백인 우월주의 서사를 유지하는 데 핵심적이기 때문에, 정작 몸 긍정 운동을 시작한 유색인 공동체를 소외시키는 부작용이 있었다. 백인 페미니즘이 몸에 대한 담론에서 중심을 차지할 때, 특정한 체형을 우선시하고 다른 몸들은 무시하거나 수치를 주어도 되는 몸으로 만드는 유해한 미학을 모방하는 경향이 있다. (놀라운 사실은 아니지만) 포용적이어야 할 운동에서 밀려난 이들의 정신건강에도 별 관심을 기울이지 않는다.

스트레스와 트라우마가 편견을 받는 개개인의 직접적인 행동을 넘어 사회에 영향을 준다는 점을 이해하는 것이 중요하다. 자기 정체성을 달가워하지 않는 신호에 꾸준히 노출될 때, 언제든 누구에게든 어디서든 사소한 구석에서도 공격을 받을 수 있다고 여겨질 때, 몸의 존재할 권리에 대한 상시적인 불안이 생겨나게 마련이다. 지금 내가 공동체 내부에 존재하는 본질적으로 다른 문제들을 섞는 것처럼 보일 수 있지만, 주변화된 이들에게 우리 몸이 잘못되었고 이 문제가 사라져야만 해결된다는 메시지는 꾸준히 존재한다.

우리는 무장하지 않은 흑인, 라틴계, 아시아계, 토착민들이 길에서 죽는 영상을 뉴스에서 지속적으로 본다. 그들은 차에서, 방 안에서, 교회에서 죽는다. 이는 고통스러운 기억을 소환할 뿐 아니라 트라우마라고 일컬어지는 것을 유발한다. 특정한 사건을 직접 겪지 않았다고 해도 우리는 유사한 사건을 목격한다. 혹은 비슷한 방식으로 트라우마를 입거나 사망한 공동체 구성원들을 알고 있다. 그들 이야기는 우리 마음속에서 공명을 일으키며, 지금까지 일어났던 공포스러운 일들을 정당화하는 권위자들 역시 결코 부족하지 않다. 피해자 비난하기는 성폭력에만 존재하는 것이 아니다. 트라우마의 순환고리는 결코 끝나지 않기 때문에 당신은 온오프라인에서 마음을 내려놓을 수 있기를, 그럼으로써 자기 돌봄이라는 개념을 해결책으로 끌어안을 수 있기를 바랄 것이다. 정체성 때문에 환영받거나 돌봄받지 못한다는 점을 깨닫는 것도, 더 안전한 공간을 찾아 나서는 것도 무척이나 어려운 일이다.

주변화된 이들은 중상층 백인에 비해 정신건강 서비스에 접근하기 어려울뿐더러, 설혹 접근하더라도 질이 낮은 돌봄을 받곤 한다. 스트레스가 높은 환경에 놓여 있는 주변화된 이들이 적절한 관리를 받지 못하는 상황에는 몇 가지 요인이 있다. 시카고 같은 지역에서는 단순히 정신건강 프로그램이 종료됨에 따라 접근성이 사라져버리기도 한다. 이용할 수 있는 프로그램이 있을 때에도 교통편이 마땅치 않거나, 아이들을 맡아줄 사람이 없거나, 정기적인 약속을 잡기 위한 시간을 뺄 수 없는 등 다른 장벽들이 존재한다.

우리는 정신건강 체계에 흠이 있다는 사실을 알지만, 이는 페미니즘이 유색인 여성의 정신건강을 무시하는 좋은 핑곗거리가 될 수 없다. 주변화된 이들의 힘에 대한 인종주의적이고 비인간적인 수사를 앵무새처럼 반복하는 대신, 페미니즘은 백인 우월주의적 측면에 대해 기꺼이 질문해야 할 것이다. 의료 서비스를 지지하는 이들은 또한 치료를 찾거나 받을 가능성이 가장 적은 이들의 상태를 개선하기 위해 노력해야 한다. 페미니즘은 구조적 불평등에서 가장 취약한 이들을 중심에 놓아야 한다. 이들이 정신건강 체계를 통해서든 가정 내에서든 도움을 얻고 스스로를 돌볼 수 있도록 해야 한다. 1년에 한두 번 시늉에 불과한 관심을 두는 것만으로는 충분치 않다. 페미니즘은 모든 사람이 정신건강 서비스에 대해 더 나은 접근을 할 수 있도록 지지해야 한다.

더불어 주변화된 이들에게 교육을 제공하는 사람이나 공동체에 과한 감정노동을 요구하지 않는 것도, 정신건강 문제를 다루는 캠페인이나 기관에서 주변화된 이들이 지도적인 역할을 맡게 하는 것도 중요하다. 무엇보다도 법률 입안자들에게 로비를 해 모든 영역에서의 정신건강 서비스 질을 높이는 것이 중요하다. 우리는 정신건강 문제가 백인 영역에만 머무는 것처럼 굴 이유가 없다. 대신 우리는 준비된 채로, 기꺼이, 정신건강 문제로 분투하는 이들을 끌어안을 수 있어야 하며, 우리가 도움을 준다는 미명하에 그들 트라우마에 기여하지 않음을 분명히 해야 한다.

용맹함의

THE FETISHIZATION OF PLEDGE

페티시화

가부장제에 맞서는 이들이 같은 위험을 감수하지 않은
이들보다 더 강하고, 더 용감하고, 더 용맹하다는 말들은
듣기에는 좋을지 모른다. 하지만 우리가 이야기하지 않는
것은 피해자들이 치르는 대가다. 그들이 어떤 장애물에도
불구하고 갈 길을 가는 동안, 페미니즘이 그들 곁에서
그들을 응원하는 동안, 쿨함이 사라진 자리에는 무엇이
남는 것인가?

▶▶

누가 묻는지에 따라 나는 맹렬한 페미니스트일 수도, 놀랄 만큼 유해한 존재일 수도 있다. 사람들을 화나게 하는 이와 기꺼이 공개적인 갈등을 빚는 것은 혼란을 일으킬 수 있다. 갈등에 대한 내 접근 방식이 신랄할 수 있다고 말한들 별 도움이 안 될 것이다. 하지만 나를 유해하다기보다 용맹하다고 묘사하는 이들은 내가 하는 말에 아무 문제가 없음을 아는 걸 즐기곤 한다. 나는 언제나 완전히, 전적으로 맞서 싸울 용의가 있다. 오늘날 페미니스트 집단 내에서 용맹함과 유해함은 한끗 차이다(나는 여러 사람에게서 둘 모두로 묘사되지만, 솔직히 말하자면 그중 어떤 것도 나와 완전히 들어맞지 않는다). 하지만 내가 '용맹함'이라는 단어에 대해 알게 된 것 중 하나는, 그것이 매우 특수한 짐을 짊어지고 있다는 사실이었다.

용맹하다고 불리는 여성들은 또한 가장 큰 사회적 위험을 직면할 가능성이 높은 이들이다. 식상한 수사들은 똑같이 끝나게 마련이다. 화난 흑인 여성, 대담한 라틴계 여성 등등. 우리가 간과하는 것은, 이러한 서사들이 우리가 숭배한다고 하는 여성을 사실은 어떻게 보는지를 반영한다는 점이다. 우리는 비욘세의 페미니즘이 용맹하다고 생각하지만, 그가 남자를 필요로 하지 않는 강하고 독립적인 여성상보다도 자기 남편을 더 사랑하는 사람임이 드러나기 전까지만 그렇다.

우리는 세리나 윌리엄스를 사랑한다. 그가 끊임없는 약물 검사에 시달리고 심판들로부터 의뭉스러운 전화를 받게 만드는 체제에 맞서면서 분노를 드러내기 전까지는 사랑한다는 말이다. 그가 화를 내기 시작하면 우리는 그가 진정할 필요가 있다고 생각한다. 그들은 전사이나 올바른 종류의 전사는 아닌 것이다. 세리나 윌리엄스는 경기를 하는 동안에도, 경기가 끝난 후에도 표정을 계속 교정받는다. 스포츠에 대해서 말할 때, 심판의 성차별주의에 대응할 때, 스포츠에서의 성차별주의나 인종주의에 대해 충분히 정중하게 반응하지 않는다는 이유로 좋은 역할 모델이 아니라는 비난을 받는다.

그러나 그들의 커리어와 삶은 남성 중심적인 산업에서 여성으로서 성공한 놀라운 예시들이다. 노동계급에서 시작해 그저 부와 명예를 거머쥐기만 한 것이 아니라 문화를 만들어내는 힘을 가졌다는 것은 아주 멋진 일이다. 그들은 주요 언론 매체를 지배하는 종류의 커리어를 가짐으로써 젊은 흑인 여성들에게 아름다움과 섹슈얼리티를 즐길 수 있는 힘을 부여하는 한편, 소녀들을 위한 강력한 힘으로서 페미니즘을 옹호한다. 그들은 담대하게 페미니즘을 주장하고 또 페미니즘에 참여하는 길을 낸

용맹함의 페티시화

다. 그러나 그들은 자기 신체(지나치게 해롭고 지나치게 분석된 신체)를 이용해 커리어를 쌓았다는 사실 때문에 금세 평가절하된다.

비평가들은 여성 임파워먼트에 대한 아이디어에 의문을 제기한다. 여성들에게 옷을 더 껴입으라거나, 너무 세거나 섹시하지 말라거나, 너무 발랄하지 말라거나, '적절한' 페미니스트가 되는 데 필요한 체크리스트에 너무 열중하지 말라고 한다. 하지만 백인 우월주의가 세워놓은 경계를 넘나들며 치열하게 싸우는 일은 그런 겁쟁이들을 위한 것이 아니다. 우리는 결국 정숙하게 행동하는 여자들은 역사를 만들지 못한다는 사실을 안다. 그렇지만 비욘세와 세리나 윌리엄스에 대한 비판이 거세지면서, 그들이 그들 자신의 길을 가기로 선택한 것에 대한 반발이 단지 그들 커리어만이 아니라 사생활, 심지어는 아이들에게까지 향할 때, 용맹하다는 것이 어떤 결과를 불러오는지는 명백해진다.

이 두 여성은 이런 비난으로부터 자신을 보호하는 데 필요한 연결망과 자원을 가졌지만, 가부장제에 맞서 싸우는 평균적인 여성들은 그만한 특권을 갖고 있지 못하다. 인종적 특권을 갖지 못한 이들이 위험을 감수해야 한다는 요구는 결코 수그러들지 않는다. 이후에 닥칠 수 있는 후유증에 대한 논의는 거의 이루어지지 않고, 그저 위험을 감수한 사람들의 용기를 칭찬하는 서사만이 존재한다. 경찰 폭력이나 괴롭힘, (정치계든 연예계든 다른 어떤 산업에서든) 성폭력에 대해 목소리를 내는 이들은 구원자보다는 희생자로 자리매김된다. 성희롱에서부터 살해 협박까지 명백한 백래시가 이어지면 어떤 페미니스트들은 목소리를 낼 것이다. 많은 이들은 단지 경찰이나 FBI에 연락하기를 권할 것이다, 그들 자신은 어떤 것도 제공하지 않으면서 말이다. 누군가가 피해자를 위한 의미 있는 지원이 부족하다는 이야기를 꺼내면 화제는 위험을 감수하지 않은 이에게로 빠르게 옮겨 간다.

내 경험을 떠올려보면, 나나 다른 흑인 여성들이 성희롱의 주된 타깃이 되었을 때 흑인 여성들은 소셜미디어에서 서로를 지지해야 했다. 특히 트위터 같은 플랫폼, 넘쳐나는 목소리들을 다룰 툴이 부족해 트롤troll*을 걸러내기 어려운 플랫폼에서는 더욱 그랬다. 《에보니》 편집자인 자밀라 르미유Jamilah Lemieux가 보수적인 트롤들로부터 공격받을 때, 트위터에서 그를 지지한 건 흑인 페미니스트들이었다. 르미유가 공격받은 건 그가 임신 중지에 찬성해서였다. 앤시어 버틀러Anthea Butler나 이브 유잉 Eve Ewing, 혹은 다른 흑인 학자들에게 일어난 이 같은 일에 대해 백인 페미니스트들이 보인 반응이란 멀찍이 서서 그들의 용맹함을 칭찬하는 것이 고작이었다. 그들은 더 자주 무시당하며, (백악관의 일한 오마르Ilhan Omar 사건이 보여주듯이) 첼시 클린턴Chelsea Clinton 같은 백인 페미니스트의 타깃이 된다. 온갖 수사가 실제적인 물리적 폭력으로 옮겨 가기 전까지 말이다.

---

    * 인터넷 속어로, 감정적 반응을 일으킬 목적으로 온라인 커뮤니티에 선동적인 글을 올리거나 의도적으로 사람들을 화나게 하는 이들, 혹은 온라인 괴롭힘을 가하는 이들을 가리킨다.

용맹함을 사랑하고 권력을 향해 진실을 이야기하는 이상을 칭송하던 이들은 돌연 자신의 취약성을 싸고돈다. 결국 용맹하다는 것은 결과가 따른다는 뜻이다. 더욱이 그들은 경찰이 아니다. 그들에게는 누구도 보호할 의무가 없고, 누군가가 안전에 접근할 수 있게 돕거나 누군가를 자원에 연결할 책임이 없다. 글쎄, 어쨌든 불편하게 여겨지는 사람에게는 그렇게 하지 않는다는 뜻이다. 수감이라는 해결책이 있을 때에도 그렇다.

우리는 수감 중심 페미니즘carceral feminism, 즉 젠더폭력 혹은 성폭력 문제를 해결하기 위해 치안 활동에, 기소에, 투옥에 의존하는 페미니즘이 반격하는 여성들을 대상으로 이루어진다는 사실을 알고 있다. 특히 유색인 여성들에게 그러하다. 국가는 성폭력을 둘러싼 공공 사안에 대해 피해자들에게 다시 트라우마를 안겨주는 방식으로 대응한다. 피해자들에게는 정의에 근접한 거의 어떤 것도 주어지지 않는다. 이러한 방식은 또한 피해자들이 고소를 시도하거나 가부장제와 싸우기 전에, 싸우는 동안에, 싸운 후에 페미니즘이 그들에게 어떻게 반응해야 하는지에 영향을 미친다. 페미니즘 내부에서 반복적으로 발생하는 것은 피해자들이 모든 요구를 얻어냈으리라고 가정하는 일이다. 이는 특히 온라인 괴롭힘에 대한 반응에서 명백하게 나타난다.

많은 페미니스트들이 행동을 범죄화하는 논쟁을 벌이는 데에는 문제가 없는 반면, 그런 행동을 경험한 이들을 보호할 방법은 충분하지 않다. 수감 중심적인 접근 방식이 미치는 영향 때문에, 우리는 집단보다는 개인이 싸우는 구조를 기대하는 것으로 페미니스트 시야를 제한하는 틀을 마주한다. 이러한 형태의 개인주의적인 페미니즘은 힘을 받은 여성이 무엇이든 할 수 있다는 개념에 기댄다. 이는 누군가가 마주하는 경제적이고 인종적인 현실을 무시한다.

개인주의적인 페미니즘이 실제 현실에서는 어떻게 보이는가? 우리가 여성들을 응원하는 한편, 여러 정체성에 걸친 억압에 맞서기 위한 집단적인 노력은 최소한에 그친다. 우리는 같은 구조가 우리 모두에게 (정도는 다를지라도) 영향을 미친다는 사실을 무시하고, 함께 노력하는 것의 의미를 이해하는 대신 힘에 대한 신화에 기댄다.

복지 개혁이 시행됐을 때 정치인들이 가정폭력, 성폭력 등의 피해자들이 곧장 일로 복귀할 수 없거나 다시 일할 수 없을지도 모른다는 사실을 무시한 것은 도움이 되지 않는다. 정치인들이 공공주택이나 다른 사회 안전망을 위한 예산을 마련해두지 않은 상태에서, 특히 어떠한 안전장치도 없는 저소득층 생존자들이 자신이 '도움을 받았다'고 여기는 것은 도움이 되지 않는다.

우리는 맞서 싸우는 이들의 힘을 칭찬하지만, 이는 때로 피해자들이 자신을 방어했다는 이유로 체포되는 결과를 낳기도 한다. 특히 성노동자나 가정폭력 피해자, 보호하기보다 투옥하기를 우선하는 체제에 짓눌려 있는 이들에게 그렇다. 수감을 해결책으로 내세우는 체제는 생존자들이 가해자들에게 의존하지 않고 독립적으로 살 자유를 허락하는 기반시설을 대신해왔다. 만약 당신이 복지 프로그램과 적절한 주거에 접근할 수 있다면, 그렇게 할 수 없는 경우에 비해 이미 많은 선택지가 있는 셈이다.

　생존자들이 자신을 방어하기 위해 취하는 행동은 나쁘지도, 그르지도 않다. 국가는 폭력을 예방할 수 있는 선택지를 거의 주지 못했다. 후유증을 보고하는 방법에서도 마찬가지다. 미디어로부터 더 많은 관심을 끌 수 있을 만큼 운이 좋지 않은 이들에게 자기 방어란 수년간의 삶을 감옥에서 보내는 문을 여는 것일 수도 있다. 하지만 우리가 사회적 문제에 대한 해결책으로 수감만을 갖고 있다면, 진정한 정의를 위한 공간은 너무나도 좁다. 치유를 위한 공간은 말할 것도 없다.

　종종 페미니스트 집단 내에서 '용맹한' 전사 이야기는 커리어나 다른 면에서 가장 큰 위험을 무릅쓴 여성들에게 주어지는 명예가 되었다. "고소를 하다니 정말 용감해"라거나 "그런 일을 하려면 강인한 여성이어야 하지" 같은 말들, 가부장제에 맞서는 이들이 같은 위험을 감수하지 않은 이들보다 더 강하고, 더 용감하고, 더 용맹하다는 말들은 듣기에는 좋을지 모른다. 하지만 우리가 이야기하지 않는 것은 피해자들이 치르는 대가다. 그들이 어떤 장애물에도 불구하고 갈 길을 가는 동안, 페미니즘이 그들 곁에서 그들을 응원하는 동안, 쿨함이 사라진 자리에는 무엇이 남는 것인가? 우리는 안전망을 가지고 있나? 잠재적인 재정적이고 사회적인 결과를 제공할 수 있을까?

　위험을 감수하는 이들은 너무도 자주 백업 계획을 갖고 있지 않고, 행동을 취한 이후에도 같은 빈곤에 시달리며 사회적이고 감정적인 자원이 결여된 채 삶을 이어간다. 이때 범죄 기록이라거나 오명 때문에 장애물은 한층 커지기도 한다. 높은 보상금을 받을 수 있는(돈으로 행복을 살 수는 없겠지만 어느 정도 안정성을 살 수는 있다) 이들이 있기는 하지만, 훨씬 많은 이들이 패배한 뒤에 삶을 항해할 방법을 찾아야 한다. 우리의 가장 큰 우상들 중 일부는 낯선 사람들의 친절이나 국가의 냉담한 자비에 의존해 살아가다가 상대적으로 잊힌 상태에서, 빈곤한 상태에서, 홀로 죽는다.

우리는 강한 흑인 여성상을 좋아한다. 애니타 힐Anita Hill처럼 후유증 가운데서도 훌륭하게 커리어를 이어간 이들을 찬양한다. 하지만 그렇게 할 수 없는 사람들은 어떻게 되는 것인가? 중산층이나 상아탑으로의 출입증이 없는 사람들은 어떤 자원을 이용할 수 있는가? 전쟁에 나서 싸우도록 그들을 붙든 페미니즘은 전쟁이 끝나면 그들로부터 등을 돌리고 감정적인 것이든 아니든 그들 상처를 신경 쓰지 않는다.

강하다거나 용맹하다거나, 폭력을 당하고 고소를 하는 이들에게 붙는 이름이 무엇이든 간에, 그를 남겨둔 채 세상에 '#그의이름을불러라'라며 읍소하는 것은 듣기에는 좋을지 몰라도 그들이 싸우고 있는 문제를 해결하기 위해 노력하지 않는 한 차가운 위로에 지나지 않는다. 지역적이고 사회적인 병폐에 맞서 싸우는 평범한 페미니스트들, 그중에서도 저소득 공동체에 살고 있는 이들에게 사회는 적절한 자원을 제공하는 데 실패했다. 동등함은 좋다. 하지만 정확히 말하자면 평형이 더 나은데, 재정적 안정과 특권을 통한 차단막을 가진 이가 필요로 하는 정서적 타

용맹함의 페티시화

당성이 그런 것들을 갖추지 못한 이에게는 쓸모가 없기 때문이다. 이것이 바로 다른 공동체를 포함할 만큼 널리 다루어진 강한 흑인 여성의 문제로, 흑인과 갈색 피부를 한 여성들에게 여전히 영향을 주고 있다.

우리는 주변화된 목소리가 어떤 장애물에 직면하든 간에 터져 나오기를 기대하면서도 올바른 것을 올바른 방식으로 말하지 않았다는 이유로 그들을 처벌한다. 우리는 그들에게 비할 데 없는 회복력을 부여하곤 일단 그것이 충족되면 그가 감정이 없는 사람인 듯이 본다. 혹은, 더 정확히 말하면, 그들에게는 그들 감정을 신경 써줄 사람이 아무도 필요치 않다고 결정해버린다. 실제로 주류 페미니즘은 백인 여성의 감정을 최우선으로 둔다. 심지어 백인 여성과 무관한 상황에서조차 그러하다. 질 바이든Jill Biden이 남편의 선거 운동에서 그를 지지하는 발언을 한 순간을 떠올려보라. 조 바이든Joe Biden이 여성들과 그들이 원치 않은 부적절한 접촉을 했다는 것이 명백했음에도 불구하고 질 바이든은 남편이 애니타 힐 사건을 다룬 방식에서 관심을 끌 때라고 말했다.* 혹은 조지아에서 임신 중지를 금지했을 때 알리사 밀라노Alyssa Milano가 보인 반응을 떠올려보라. 금욕에 기반한 이 '해결책'**은, 조지아에 거주하는 흑인과 갈색 피부 여성들이 부정

---

* 1991년 애니타 힐이 미국 연방대법원장 내정자였던 클래런스 토머스Clarence Thomas에 대해 성폭력 혐의를 제기했을 당시, 조 바이든은 해당 사건에 대한 청문회를 주도한 상원 법사위원장 자리를 맡고 있었다.
** 당시 알리사 밀라노는 이런 트윗을 올렸다. "우리의 재생산 권리는 지

적인 영향을 받을 가능성이 높다는 현실을 무시한 것이었다.

이것이 바로 흑인과 갈색 피부를 한 여성들의 용맹함에 대한 인식의 더러운 이면이다. 궁극적으로 용맹함에 대한 서사는 그들의 생존 기회를 위험에 빠뜨린다. 대중문화와 미디어는 우리에게 저소득층 여성들이 봉사하기 위해, 집안일을 하기 위해 존재한다고 가르치기 때문에, 그들이 필요로 하는 것이 무엇인지는 고려하지 않는다.

우리는 그들을 차갑고, 교육받지 못했고, 건방지고, 감정적이고, 페미니즘의 대의를 이루기 위한 실제적인 도구라고 본다. 그들 삶에 조용히 스며드는 것은 이상적인 매미나 내니에 대한 기대다. 후드 출신 소녀들은 스스로를 완전히 보호할 수 있기 때문에 도움을 필요로 하지 않거나, 주류 페미니즘이 그렇게 믿는다. 그들은 시끄럽게 싸울 준비, 세상을 바꿀 힘을 가진 뒷골목의 쥐나 마귀할멈이 될 준비가 되어 있지만, 그들 공동체 내에서 직면하는 문제들에 대한 해답은 갖고 있지 못하다. 그들은 최초의 응답자이지만 자원을 갖는 데 있어서는 최후로 밀려난다. 후드에 대한 공포는 주류 페미니즘으로 하여금 그들이 고상한 존재가 되지 않고서는 어딘가에 진입할 수 없도록 막고, 후드에 사는 화가 난 무서운 여성들을 (그들이 유용하지 않은 한) 신경 쓸 필요

워지고 있다. 여성들이 자신의 몸을 합법적으로 통제할 수 있을 때까지 우리는 임신이라는 위험을 감수할 수 없다. 우리가 신체적 자율성을 되찾을 때까지 섹스를 하지 않는 데 함께하자."

가 없다는 생각을 강화하게끔 만든다.

우리는 우리에게 '린 인'하라고 가르치되 서로를 지지할 방법은 가르치지 않는 기업 페미니즘corporate feminism의 전략으로부터 멀어져야 한다. 조직과 이니셔티브는 사회적 병폐에 문제를 제기하는 데 훌륭한 수단이지만, 돌봄을 필요로 하는 이들에게 적절한 돌봄이나 그에 대한 접근을 주지는 못한다. 피해자 중심적인 접근은 그저 보기 좋아 보이는 문장이 아니다. 그것은 페미니즘이 중요시하는 대의를 위해 싸운 이들에 대한 응답을 구조화하는 데 필요한 핵심 요소여야 한다. 우리는 이 목표를 이루기 위해 도표 따위를 만들 필요도 없다. 이미 존재하기 때문이다. 우리는 실재하는 피해자 지지 프로그램을 들여다보고, 실제적인 응답을 구조화하고, 피해자들을 피해로부터 차단하는 데 도움을 줄 수 있다.

피해자 중심 접근법에서는 피해자의 소망, 안전, 안녕이 우선이다. 피해자 중심 페미니즘은 전문적인 서비스, 자원, 문화적 역량, 이상적으로는 트라우마에 대한 이해가 있는 관점에 입각해, (증언을 하거나 고발을 하거나 소송을 제기하는) 트라우마를 겪은 이들이 필요로 하는 바를 다룰 수 있어야 한다. 우리는 생존자의 요구를 가장 잘 가늠할 수 있는 전문가들을 제공해야 하고, 전통적인 피해자 지원 서비스에 들어맞지 않는 피해 후유증에 대해서도 적절한 지원을 제공해야 한다. 이러한 기술은 생존자들과 친밀한 관계를 형성하고 신뢰를 쌓는 데, 그들 요구를 만족시키는 데, 그들이 삶에서 안전과 안정에 대한 감각을 형성하도록 돕는 데 필수적이다.

　우리는 정신건강 클리닉에서부터 주거에 이르기까지 공동체 자원 상실에 대해 문제를 제기해야 한다. 우리는 때로 가장 용맹한 전사들이 돌봄과 친절을 필요로 한다는 사실을 이해해야 한다. 우리는 그들의 분노나 소리 지르고 싶어하는 마음을 두려워해서는 안 된다. 우리는 그 순간 터져나오는 격렬한 에너지를 사랑하지만 그것을 시간에 걸쳐 포용할 필요가 있다. 우리는 누가 지지받을 자격이 있는가에 대한 우리 생각을 바꿀 필요가 있고, 사건 이후에 모든 것이 해결된다는 생각을 멈출 필요가 있다.

후드는 지식인을

싫어하지 않는다

THE HOOD
DOESN'T HATE
SMART PEOPLE

빈곤한 아동기를 지난 다음 학문적으로 성공한 사람들에게 붙는 예외주의의 신화라는 게 있다. 우리는 유일해야 하고 귀 기울여질 가치가 있지만 과거와 과거에 만난 사람들을 남겨두어야 하는 대가를 치러야 한다. 당신은 그 시기가 마치 먹고살기도 힘들었던 시기인 것처럼 되돌아봐야 하고, 만약 아이라도 있다면 아이에게 절대 같은 일을 겪게 해서는 안 된다. 그곳에서 자라는 일은 상흔을 남기는 일이며, 모든 것을 희생해서라도 빠져나와야 한다는 것을 의미할 수 있기 때문에.

▶▶

　나는 우리 엄마가 완곡하게 말하기로 반항적인 정신을
가지고 있다. 자기가 기대하지 않은 아이가 나왔을 때 적절한 묘
사라 하겠다. 이 말은 내가 늘 강했다는 뜻도, 늘 확신이 있었다
는 뜻도 아니다. 어린 흑인의 몸이 조숙하게 겪어내리라고 기대
되는 성인기를 설명하기 위해 주어지는 내재적인 자신감과 같
은 서사와 그다지 가깝지도 않았다. 나는 겁이 많은 아이였고 싸
움을 싫어했다. 실제로 나는 싸움을 싫어했기 때문에 싸우면서
울기도 했다. 어쨌거나 나는 싸우기 위해 나 스스로를 싸움 속으
로 던져넣었지만 결코 좋은 싸움꾼은 아니었다. 단지 싸움을 원
치 않는다는 게 때로 무의미하다는 사실을 이해한 아이였을 뿐
이다. 어린 유색인 여성과 싸움에 대해서는 많은 연구가 존재하
며, 이들 연구는 폭력 때문에 난폭해진다는 서사들을 둘러싼다.
그들이 그저 자신에게 가장 가깝고 소중한 곳 바깥에서 안전을
지키고자 했음을 무시한 서사다.

　나는 쿨한 아이도 아니었다. 나는 찌질이였다. 내 별명은 책벌

레였다. 그렇다. 나는 너무 올바르게 말하고 너무 많이 읽어서 놀림을 당했다. 하지만 "흑인은 교육에 가치를 부여하지 않는다"는 수사와는 달랐다. 내가 다닌 중등학교에는 똑똑한 아이들이 많았다. 우리는 모두 가난했다. 입는 옷의 가격에는 차이가 거의 없다시피 했다. 그러니 핵심은 스타일이었는데, 내게는 스타일이라고 할 만한 것이 없었다. 나는 같은 학년에 있는 다른 아이들보다 두 살 어렸고, 할머니의 스타일은 나이에 맞춰져 있었지 학년에는 맞지 않았다. 그는 내게 어린 소녀들이 입을 법한 옷을 사다주었다. 레이스 타이즈, 메리 제인 구두, 풍성한 치마 같은 것들이었다. 다른 아이들은 멜빵바지에 운동화를 신었다. 나는 거기서 동떨어져 있었다. 내가 내내 사전을 읽는 것처럼 보인 건 도움이 되지 않았다. 운이 좋게도 내게는 조모부에게 양육됐다는 사회적 위기를 이해하는 친구들이 있었다. 그들은 나와 어울렸고, 어른들이 듣지 않을 때 다른 아이들처럼 이야기했다. 나는 7학년에서 12학년에 이르기까지 코드 전환을 배웠다. 하지만 어쨌든 나는 늘 찌질이였다.

페미니즘 책 가운데 일부에는 똑똑하다는 이유로 후드가 자신을 처벌했다고 말하는 경향이 있었다. 똑똑하고 성공하는 이들을 싫어한다는 것이었다. 내 경험은 결코 그렇지 않았다. 나를 책벌레라고 부른 이들은 내 글을 읽으면서 나를 얼마나 자랑스러워하는지 말하곤 했다. 그렇게 놀린 데에는 어떤 악의도 없었으니까. 나는 다른 아이들을 놀리기도 했고, 다른 아이들에게 놀림을 당하기도 했다. 그게 아이들의 성정인 법이다. 빈곤한 아동기를 지난 다음 학문적으로 성공한 사람들에게 붙는 예외주의의 신화라는 게 있다. 우리는 유일해야 하고 귀 기울여질 가치가 있지만 과거와 과거에 만난 사람들을 남겨두어야 하는 대가를 치러야 한다. 당신은 그 시기가 마치 먹고살기도 힘들었던 시기인 것처럼 되돌아봐야 하고, 만약 아이라도 있다면 아이에게 절대 같은 일을 겪게 해서는 안 된다. 그곳에서 자라는 일은 상흔을 남기는 일이며, 모든 것을 희생해서라도 빠져나와야 한다는 것을 의미할 수 있기 때문에.

의자를 차지하고 싶어하는 이들이 희생을 치러야 한다는 생각이나 주변화된 이들에게 성공이란 그들이 가고자 하는 곳에 도달하는 것만으로는 충분치 않기 때문에 그들 문화와 공동체를 뒤에 남겨두고 떠나야 한다는 생각은 어떤 사람들에게는 위안이 될지 모른다. 하지만 그런 생각은 어떤 여성들에게는 그들에게 직접적인 영향을 미치는 담론에서 그들을 제외시키는 신화일 뿐이다. '그들 중 하나'가 되는 것은 어떤 일이 도움이 될 수 있는 동시에 그들을 돕는 이들에게 상처가 될 수 있음을 이해하는 유일하고도 유용한 길이다.

여기서 중요한 것은 계급과 계급주의다. 이는 갑자기 튀어나온 것이 아니다. 우리는 가난한 이들, 이너 시티 출신, 농촌 출신을 수치스러운 것으로 대한다. 누구도 자신이 태어난 환경을 통제할 수 없는데도 그렇게 한다. 우리는 자원이 희소한 곳, 거칠어지는 것이 생존의 문제인 곳에 대해 이렇게 말한다. "안전, 재정 안정성, 수준 미달이 아닌 주거를 위해서 당신을 만든 모든 것을 기꺼이 잘라내야 한다"고. 어떤 이들이 그렇게 하지 못하거나 않으면 그들을 처벌한다. 이는 문화 적응이 아니라 동화 작용이다. 이미 희생하는, 이미 어려운 결정을 내리고 있는 이들에게 요구되는 것이다. 문제가 떠오르면, 모두가 이런 기술을 필요로 한다. 노인들에게 빵을 배급하는 줄과 무료 급식소에 대해서 물어보라. 그들에게 자연재해나 다른 종류의 재해 직후에 누가 그리로 뛰어들었는지 물어보라. 가장 가진 것이 없으면서도 가장 풍요로웠던 이들이다. 자신의 집과 가족들을 걱정하며 구조대원들에게 가져다주기 위해 한 솥 가득 수프를 끓이는 이는 여성들이다. 모든 것을 가졌으나 이제는 잃은 이들을 끌어내기 위해 마스크도 장갑도 없이 난파선에 뛰어드는 이는 남성들이다. 재화는 교체될 수 있지만 사람은 그렇지 않다는 것이 그들의 논리였다. 불행히도 이런 방식의 연민은 반대로는 적용되지 않는다.

나는 노예의 후손이다. 나의 3대조 할머니인 메리 갬블은 설리번 제도에서 팔렸다. 그것이 내가 그의 기원에 대해 아는 전부다. 피부색 기록을 보면 완전히 아프리카계는 아니었던 듯하지만 알 수 있는 방법은 없다. 그의 자녀에 대해서는 더 많은 것을 알 수 있다. 나의 고조할아버지인 에이브러햄은 가족이 사우스캐롤라이나에서 아칸소로 이사할 때 그의 백인 이복형제들에게 선물로 넘겨졌다. 비록 시민전쟁 이후에 자유민이 되기는 했지만 아이들은 노예제 아래에서 태어났다. 내 증조할아버지의 땅은 여전히 가족 소유지로 남아 있지만 정작 증조할아버지 자신은 유년시절 이후에 거기 산 적이 없다. 성미가 대단했던 그는 북쪽으로 갔다. 그렇지 않으면 자살하거나 누군가를 죽이든지 했을 것이기 때문에. 그것은 두려운 일이었지만 어쨌거나 그는 거친 남자였기 때문에 타당한 우려였다. 내가 그를 만났을 때 그는 아프리카계 감리계 감독 시온교회에서 안내원으로 일하고 있었다. 하지만 사람들은 그를 도둑질하려던 어떤 남자에 대한 이야기를 해주었다. 증조할아버지가 어떻게 그 남자를 집어던져 버렸는지에 대해서도.

그는 시카고에서 나의 할머니를 만났다. 할머니는 노예의 손녀였다. 우리는 할머니의 가족사를 잘 알지 못한다. 많은 것이 비밀에 부쳐져 있기 때문에. 그의 어머니인 페니 로즈에 대해서는 알고 있다. 페니 로즈는 모계 조상 가운데 읽을 줄 아는 첫 번째 사람이었다. 나는 일련의 조사 끝에 그의 어머니는 조지아에서, 아버지는 루이지애나에서 노예 생활을 했다는 사실을 알게 됐지만 그들이 어떻게 만났는지, 그들 주인이 누구였는지는 알 수 없다. 린치가 있었고, 살해가 있었다(내 가족들은 이것이 내가 설명할 수 없는 방식의 복수임을 믿었다). 그런 뒤에 그들은 이동했다. 남부를 떠나 시카고로, 디트로이트로, 그리고 서쪽인 캘리포니아로 갔다. 페니 로즈는 폴리시 휠이라 불리는 복권을 운영했다. 나는 마찬가지로 복권 일을 하는 도로시에게서 길러졌다. 타락과 희생이 함께 길을 깔아주었다.

생존은 그 자체로 종교였다. 많은 이들에게 생존은 시간을 들여 연습할 만한 유일한 것이었다. 테이블 위에 음식을 놓고, 교육이나 이동으로 다음 세대에게 성공할 만한 새로운 기회를 주는 일. 후드는 답을 모르지 않았다. 기본적인 생존 너머의 우선 과제는 다음 세대의 더 큰 성공을 위해 충분히 축적하기였다.

나는 어바나 샴페인의 일리노이 대학에서 학사를 마치고 시카고 드 폴에서 석사학위를 취득했다. 고모할머니들은 교육을 받았지만 할머니는 전쟁 통에 대학을 떠났다. 할머니가 미 육군 통신대에서 일했다는 이상한 이야기가 전해지는데, 이는 그가 암호 해독 일을 했다는 사실을 위장하기 위한 것일지도 모른다. 도로시는 퍼즐, 미스테리, 암호를 사랑했다. 그는 마땅히 받아야 했던 인정을 결코 얻지 못한 천재였다. 하지만 그는 강하고 똑똑한 아이들을 길러냈다. 복잡하고 까다로운 아이들이었지만 그는 우리로 하여금 이곳으로 오기까지 어떤 값을 치렀는지 확실히 알게 했다.

나는 한 번 고등학교를 중퇴하려고 했다. 학교를 다니는 대신 검정고시를 치르려고 했다는 말이다. 당시 나는 열여섯 살이었고 학교에서 보내는 시간이 끔찍했다. 지루했고, 불안했다. 나는 할머니에게 내 계획을 이야기했다. 당시 나는 유방 절제술을 받은 할머니와 함께 시간을 보내곤 했다. 우리 공동체에서 어른은 무척이나 중요한 존재였다. 나는 할머니 말을 듣고, 할머니와 시간을 보내고, 할머니에게 매일 모든 이야기를 했다. 우리 관계는 무척 훌륭했다. 자퇴를 하고 검정고시를 볼 생각이라는 말을 하는 약 30초 동안만 위기에 빠졌을 뿐이다. 여기서 팁을 하나 주겠다. 절대로 짐 크로 시대를 살아냈고 노예로 살았던 조모부에게, 아이들에게 좋은 것을 주기 위해 끊임없이 일한 어머니에게,

학위를 딸 기회를 날리고 싶다고 말하지 말 것. 정말이다. 물론 그렇게 말할 수도 있다. 하지만 그렇게 말하는 순간, 교육받을 기회를 얻기 위해 조상들이 피 흘려 치른 대가를 들으면서 강철보다 강한 손에 붙들리고 말 것이다. 내가 장담한다.

유일한 주제는 교육만이 아니었다. 나는 고모할머니 가운데 1명이 배우가 되고 싶었던 덕에 예술과 함께 자라났다. 다른 고모할머니는 교회에서 노래를 불렀다. 이제 누군가는 내 가족이 어떤 부류였는지 알 수 있을 것이다. 결코 부유하지는 않았지만, 할 수 있는 한 원하는 것을 했다. 아파트 안에서 방을 나눠 사는 식의 삶이었을지언정 도서관으로 향하고, 49번가의 조세핀에게서 머리 손질을 받고, 가난하지만 훌륭한 학교에서 공부를 했다. 노동계급 가족의 중산층적 열망은 (우리는 존중받을 자격이 아무것도 가져다주지 않음을 알았다) 여러 방식으로 일어날 수 있었다.

나는 흑인이 되는 길이 단 하나라고 생각한 적도, 흑인 미국인들이 덜 흑인이라고 생각한 적도 없지만 내 뿌리에 대해 깊이 매료된 시기가 있었다. 물론 지금도 뿌리에 대해 흥미를 느낀다. 하지만 이제 나는 내 가족들의 씨가 바다 건너에서 왔고, 내 뿌리는 여기 미국에 있다는 사실을 안다. 내 아이들은 6대손이며 어쩌면 7대손(모계 조상인 마리아와 앤드류가 어디서 자랐는지 불분명한데, 페니 로즈가 자기 아이들에게 해준 이야기에 따르면 그들은 이곳에서 자란 듯하다)일지도 모른다. 그리고 뒤로 가는 일은 없을 것이다. 나는 그들을 자라게 한 문화나 그 조상에 대해서 잘 알지 못한다. 그들 문화는 내 것이 아니기 때문에 문화를 주장할 수도 없다. 유전자 검사에 등장하는 한 나라로 옮겨간다 해도 말이다. 그 길은 막혀 있다. 괜찮다. 앞으로 갈 수 있는 길이 있다. 우리는 항상 앞으로 간다.

노인을 존중하지 않는 이들 사이에 있을 때, 공동체의 슬픔을 폄하하는 이들 사이에 있을 때, 나는 항상 친절하지 않다. 친절에 대한 내 정의는 다른 사람들이 쓰는 것과는 다르다. 하지만 내가 결코 부끄러워하지 않을 하나의 지식이란 흑인 미국인들이 존중받아 마땅한 유일하고도 두드러지는 문화적 맥락과 동의어라는 점이며, 다른 디아스포라와 마찬가지로 유념해야 하는 접근을 받을 자격이 있다는 것이다. 백인 우월주의에 의해 생겨나고 반흑인주의에 의해 자라난 관념이란 흑인 미국인들이 소유하거나 방어할 만한 문화를 갖지 못했고, 누구나 우리의 문화나 공동체에 들어와도 되고, 맥락 외부에 위치하며 희생과 고통으로 세워진 것의 일부라 주장해도 된다는 내용에 기초한다. 이는 백인의 몸에 대한 쿨한 흑인됨의 상품화로서, 흑인 미국인들이 게으르고, 힘과 특권을 가진 흑인들이 과도하게 가시화되었다는 오류에 의거한다. 디아스포라를 겪은 모든 이들은 우리가 만들어낸 길에 올라타도 된다고 믿는 반면 나는 나와 아이들을 위해 길을 낸 이들의 유산을 보호하는 일로부터 절대로 물러서지 않을 것이다.

노예제의 유산이란 흑인 미국인들은 기회를 얻지 못했고, 우리 공동체에 세대 간 인종주의나 반흑인주의가 미친 영향에 대한 어떤 이해도 없다는 가정 속에서 만들어진다. 우리가 모두 건강한 공간에서 자라났다고 가정하기란 쉽지만 현실적으로 그것은 가능하지 않다. 꽃이 가장 가혹한 환경에서도 자라날 수 있음을 기억한다고 하더라도 많은 식물들은 죽기 마련이다. 나는 운이 좋았다. 누군가 나를 들이고, 기르고, 먹이고, 내가 넘어질 뻔할 때 잡아주었다. 나는 그저 돌려줄 뿐 아니라 배제와 멸시를 발견할 때 이에 맞설 의무를 가지고 있다. 내가 기르는 아이들과 이미 길러진 아이들은 쇠사슬로 묶였고 그것을 끊어낸 이들이 만들어낸 자부심 있고 인내심 가득한 유산의 상속자임을 알아야 한다.

그들이 후드에 대해 말하든 아니면 레rez나 바리오barrio*에 대해 말하든 간에 진실은 어떤 공동체도 배움이나 성공을 싫어하지 않는다는 것이다. 너드는 모든 경우의 삶에서 나오기 마련이지만 너드가 되기 위해 요구되는 라이프스타일을 주변화된 이들이 가지기는 더 어렵다.

"똑똑한 것은 백인처럼 구는 일이기 때문에 다른 주변화된 이들이 너를 싫어한다"는 말이 많은 이들과 공명하는 건 놀랍지 않다. 결국 흑인, 라틴계, 아시아계, 토착민이 된다는 좁고도 고정관념 가득한 이미지를 불러내기 때문이다. 자신이 다르다는 느낌을 기억하는 어른들의 편견을 타당하게 만들고, 배척되었던

---

* '레'는 북미 원주민 보호구역을, '바리오'는 미국 내에서 스페인어 사용자 거주 지역을 말한다.

기억을 떠올리게 한다. 학교에서 똑똑하지만 인기가 없었던 데 대한 쉬운 설명이지만, 이 말은 아이들이 어른들과 마찬가지로 표면 이상에 반응한다는 사실을 생각하게 만들지 않는다. 이는 고생하는 아이들 대신에 학문적으로 성공한 아이들에게 보상을 주었을 아이들의 존재를 무시할 수 있다. 교육적 성과를 발전시키는 데 모호하게만 관심이 있는 사람들을 위해 실제적인 투자 대신 태도를 바꾸는 쉬운 방법만을 약속한다.

이는 특별하고 유일하다고 느끼고 싶은 이들에게만 호소하는 이론이 아니라 보수 이데올로기에서 아이들을 내세워서 학문적 성과를 비난하고 싶을 때 나오는 말이다. 기회의 결핍을 불평등, 인종 편견, 분리와 같이 더 넓은 요인으로 언급하는 대신 문화 병리의 일종으로 치부하면서, 생존자들은 백인됨을 편안히 여기고 이에 공동체에 의미 있게 책임을 다할 수 있는 모든 경우를 흡수한다. 6학년에 고립되는 경험은 흔하지만 어떤 공동체에서만 옷, 위생, 사회성의 결여와 같이 더 평범한 문제가 아니라 이를 너무 똑똑해서 생긴 문제라 서사화할 수 있다.

모두가 자신의 문화를 받아들이고 포용하는 길이 같지 않다는 것을 잘 안다. 어떤 비용을 치르고서라도 성공한다는 것이 무엇을 의미하는지에 대한 집단적인 이해를 가지기란 궁극적으로 불가능하다는 것도 안다. 하지만 우리가 페미니즘과 흑인 소녀 마술에 대해 이야기할 때, 어떤 길도 없는 와중에 길을 내는 이들에 대해 이야기할 때, 우리는 우리를 앞으로 끌어준 이들이 그저 개인으로서 우리에게 한 일에 한해서만 가치 있는 게 아니었다는 관점을 반겨야 한다. 그들이 일군 그림자 경제는 생존과 성공에 대한 것이었고, 어떤 일이 일어나든 언제나 미래를 선택지로 남겨두는 데 확신을 가졌다. 페미니스트 수사에 뿌리내린 백인 구원자 서사는 어딘가에서 나오지 못한 이들을 관여될 가치가 없는 이들로 자리매김한다. 혹은 소위 후드와 힐즈 사이에 일어나야 할 필요가 있는 대화는 같은 목적지를 향해서 도달하는 데 서로 다른 장애물을 가진 동등한 이들 간의 무엇임을 이해하는 대신에, 진보적인 이데올로기로 이끌어야 할 필요가 있는 이들로 바라보는 경향이 있다.

사라지거나, 죽거나,

방치되거나

폭력에 대해 수감을 해결책으로 삼는 것은 복잡한 문제다. 포식자를 가두는 게 해결책이라고 생각하기 쉽지만, 폭력에 대한 국가의 대응을 다루는 법은 가해자가 아닌 피해자를 향하기 십상이다. 슬픈 사실은, 존중받을 자격의 역학이, 국가가 실종된 이들에 대한 보고에 응답하는 방식만이 아니라 가해자들에게 응답하는 방식에도 영향을 미친다는 것이다.

▶▶

    나는 살면서 몇 차례 실종됐다. 여덟 살 때 쉬는 시간에 친구 집에서 잠들어버렸다거나 열여섯 살 때 믿을 수 있다고 생각했던 남자친구와 차에 올라타 무언가가 든 음료를 마셨는데 160킬로미터를 넘게 달리는 동안 정신을 잃었거나 하는 식으로. 첫 번째 경우에는 선생님이 나와 친구가 사라졌다는 사실을 알아차렸다. 두 번째 경우에는 아무도 내가 사라졌다는 사실을 알아차리지 못했지만 나는 무사히 빠져나올 수 있었다. 세 번째로 실종된 것은 아마 독일 마인츠를 걷고 있던 이십대 초반이었을 것이다.

    그때쯤이면 나는 더 이상 내 본능을 무시하지 않았다. 마인츠와 마인츠 카스텔 사이에 난 다리 아래 작고 어두운 터널에서는 분명 아니었다. 한밤중에 한 남자가 차로 출구를 막아선 채 내게 파티에 같이 가자고 할 때는 더더욱 그랬다. 내 독일어는 끔찍한 수준이었지만, 결코 참석하고 싶지 않은 파티라는 것을 이해하기에는 충분했다. 나는 그에게 덤벼들었고, 차 보닛을 뛰어넘어 도망쳤다. 도망치는 과정에서 아마 내 발이 그의 얼굴에 상처를 냈을 것이다. 다리 아래 터널에서 내가 진짜로 위험에 처했던 건지는 확실치 않지만 별로 알고 싶지 않다. 이따금 커다란 행운이, 거리에서의 지혜가, 날렵한 발차기가 우리 목숨을 구해주기도 한다. 나는 겁에 질렸고, 터키 할머니에게서 일장연설을 들었지만 어쨌거나 집으로 돌아올 수 있었다.

그런 무서운 일이 더 이상 일어나지 않았다고 말할 수는 없다. 나는 시카고 소녀였고, 이곳에서 흑인이 실종되는 건 (여러 가지 이유로) 쉬운 일이다. 토착민이나 라틴계가 실종되는 일만큼이나 쉽고 또 트랜스나 유색인이 실종되는 일만큼이나 쉽다. 이는 때로 누군가가 살해를 당해도 무슨 일이 일어났는지 아무도 모른다는 뜻이기도 하다. 애당초 단서가 없기 때문이다. '실종된 백인 여성 증후군Missing white woman syndrome'*이 보여주듯이, 실종된 백인 여성에 대한 보도는 채널을 뒤덮는 데 반해(때로는 수십 년에 걸쳐 오르내리기도 한다) 주변화된 공동체에서 여성들이 사라질 때는 별 관심거리가 되지 못한다는 사실은 별로 놀랄 일이 아니다. 마약이나 위험한 행동 같은 구실은 이미 만들어져 있고, 어떤 경우에는 단지 다른 곳으로 옮겨 갔다고 이야기되기도 한다. 심지어 시체로 발견된다 하더라도 그들 인종

───── * 유색인종이나 하층계급 여성, 혹은 남성이 실종됐을 때에 비해 젊은 중상류층 백인 여성이 실종됐을 때 미디어에서 더 자주 보도되는 현상을 가리키는 사회학적 용어다.

으로 인해 경찰이 무시하고 지나치는 것도 전적으로 가능한 일이다.

현재 시카고에는 2001년 이후 살해당한 흑인 여성과 갈색 피부를 가진 여성의 시체가 수없이 쌓여 있다. 그리고 이들 사건은 미제로 남아 있다. 시카고 경찰은 연쇄살인이라는 증거가 없다고, 경찰이 살인 사건을 해결하는 비율이 25퍼센트에 지나지 않는 도시에서 이러한 범죄가 얼마나 해결됐는지 가늠하기는 어렵다고 말할 수도 있다. 전국적으로도 살인 사건 해결률은 낮아 평균 59퍼센트를 기록하는데, 시카고는 그중 가장 낮은 축에 속한다. 시카고 경찰은 20년이 지나 살해된 이가 50명에 달한 뒤에야 연쇄살인범이 존재할 수 있다는 사실을 인정했지만, 그렇게 오랜 세월이 흘러 이 범죄들이 해결될 가능성은 얼마나 되는 걸까? 잠재적인 목격자들은 이미 세부사항을 잊거나 지역을 떠났고, 심지어는 사망했을 것이다.

FBI의 국가범죄정보센터에 따르면, 흑인은 미국 전체 인구에서 13퍼센트만을 차지하지만 연간 실종 인구에서는 34퍼센트를 차지한다. '블랙 앤드 미싱' 같은 웹사이트에서 촛불 시위, 전단지, 소셜미디어 캠페인 등 풀뿌리 운동을 전개하고 있고 또 이들이 관심을 이끌어내는 데 중요한 역할을 하고 있지만, 이는 주류 언론이나 정부의 노력에 비할 바가 못 된다. 소셜미디어는 전통적인 미디어로부터 주목받지 못한 가족들이 회자될 수 있는 통로이며, 이를 통해 더 많은 사람들이 실종된 가족이나 연인, 친구 등을 찾고 있다.

정부가 인종적으로 특수한 데이터를 통해 실종된 흑인들을 찾으려는 노력을 기울인다 해도 문제가 해결된 사건은 최소한에 그친다. 데이터를 추적하는 범주는 흑백 이분법에 기초하며, 다른 인종 식별지는 존재하지 않는다. 연방수사국이 토착민 여성의 실종 건수를 추적한 것은 지난 10년 동안 일어난 일일 뿐이다. 캐나다 정부는 어떤 일이 일어났는지 알아보기 위해 추적 과정에 자원을 투여한 반면, 미국 정부는 더 나아지겠다고 약속했음에도 불구하고 계속 뒤처지고 있다.

도시 인디언 보건 연구소가 진행한 연구에 따르면 2016년 보고된 실종 토착민 여성 5712명 중 116명만이 법무부 데이터베이스에 기록되어 있다. 몇몇 주에서 토착민 여성 살해 비율은 전국 평균치의 10배가 넘는다. 안타깝게도 이러한 자료의 질은 개개인이 경찰에 폭력을 고발할 의지가 있는지 여부와 공권력이 죽음을 살해로 규정하는지 여부에 달려 있다. 2014년《미국 공중보건 저널American Journal of Public Health》이 1999년부터 2009년까지 토착민 공동체를 대상으로 수집된 자료를 활용한 연구에 따르면, 토착민 여성이 살해당한 비율은 백인 여성에 비해 3배 높았다.

이와 유사하게 라틴계 역시 안전에 대한 자원 투자가 부족한 상황이다. 특히 백인 우월주의를 옹호하는 남성들이 이끌고, 그들이 안전을 찾을 필요가 없다는 듯이 구는 백인 우월주의 여성들에 의해 옹호되는 정부 아래에 있다면 더더욱 그러하다. 공화당이 장벽* 건설을 정당화하기 위해 사용하는 반이민 서사가 가리는 것은, (유엔난민기구가 보고했듯이) 중앙아메리카에서 피난 온 여성들이 젠더 폭력으로부터 도망쳤다는 슬픈 사실이다.

여성과 아이들(특히 소녀들), 성소수자들은 미국을 비롯한 전 세계에서 높은 수준의 젠더 폭력에 노출되어 있다. 페미사이드(여성 살해)는 전 지구적인 문제다. 가령 엘살바도르는 전 세계에서 여성이 살해당하는 비율이 가장 높은 나라다. 2017년 이 나라에서 여성 살해는 469건이 보고됐는데, 이는 매주 평균적으로 9명의 여성 혹은 소녀가 살해당했다는 뜻이다. 라틴계 망명 신청자 가운데 많은 수가 여성, 아이, 성소수자로 이들은 갱단 혹은 가정에서의 잔혹한 신체적·성적 폭력으로부터 도망쳐 온 것이다. 불행히도 이들은 미국이나 캐나다에서 더 나은 안전을 찾지 못할 수도 있다. 우리가 알고 있다시피 미국에서는 평균적으로 매일 3명의 여성이 면식이 있는 상대, 주로 전 연인에 의해 살해당한다. 하지만 실종자 수가 많을뿐더러 주변화된 여성들, 소녀들, 여성으로 정체화하는 이들은 미제 살인 사건으로 남은 경우가 많기 때문에 이 나라에서 페미사이드 비율이 어떤지에 대한 구체적인 생각을 갖기가 어렵다.

기록된 수치만 보자면 매년 미국에서 살해당하는 1만 5000명 가운데 22퍼센트가 여성이지만, 엘살바도르에서는 11퍼센트만이 여성이다. 캐나다는 전반적인 살해율이 미국보다 낮지만 살해당한 이들 가운데 30퍼센트가 여성이다. 다른 나라들이 서

───── * 트럼프 시대 들어 멕시코와 맞닿은 국경에 세우기 시작한 장벽을 말한다.

구보다 덜 문명화됐으며 여성 및 소녀에게 더 위험하다는 정형화된 서사에도 불구하고, 수치상으로는 서구가 여성에게 가장 끔찍한 것이 현실이다.

장애를 가진 이들 같은 경우에는 그들이 의지해야 하는 돌봄 제공자들이 가장 큰 위협이 될 수 있다. 물론 사랑하는 이를 위해 헌신하는 돌봄 제공자들이 많지만, 장애 여성 및 아동은 자신에게서 취할 것이 있는 이들에게 의지해야 한다는 바로 그 이유 때문에 폭력을 경험한다. 돌보는 이의 기본권과 복지보다 자기 자신의 안위와 편리에 더 신경 쓰는 돌봄 제공자들은 다른 선택지가 없는 이들에게 위험한 필요조건으로 남는다.

이는 또한 피로함을 느껴 공감이 제한적이거나 존재하지 않는 가족 구성원의 모습으로 나타날 수도 있고, 돈을 위해 왔을 뿐 돌보는 이의 안위나 복지에는 관심이 없는 피고용인의 모습으로 나타날 수도 있다. 장애 여성들은 로맨틱한 관계에 있는 파트너나 가족 구성원, 피고용인과 학대적인 관계를 맺을 뿐 아니라 음식, 목욕을 위한 이동, 공동체에 대한 접근을 상실하는 공포를 경험한다. 이들은 사회보장제도를 통해 얻는 최소한의 수입 때문에 이용당하기도 한다. 불균형한 역학관계에 더해 대안적인 돌봄 선택지가 부재한 상황은 피해자들로 하여금 극도로 위험한 상황에 갇힌 듯 느끼게 할 수 있다.

비장애인 돌봄 제공자를 향해 연민 가득한 시선을 보내는 사회적 편향 탓에 (한 사람의 생이 잔혹하게 끝나는 경우에조차) 죽음이 여성과 아이를 향한 전염병과도 같은 폭력의 일부라는 점을 보지 않으려는 경향이 존재한다. 학대적인 돌봄 제공자로부터 사람들을 보호하기 위해 이 문제에 관심을 집중시키고 법을 바꾸려는 장애 활동가들은 힘든 싸움을 앞두고 있다.

이 문제를 성공적으로 다루기 위해서는, 이로부터 가장 큰 충격을 받는 공동체의 주도를 따르겠다는 정부 차원에서의 의지가 필요하다. 하지만 이러한 공동체는 경찰을 가장 두려워하고, 가장 존중받지 못하며, 적절한 자원을 분배받지도 못한다. 이는 특히 트랜스젠더나 논바이너리를 향한 폭력에서 두드러지게 나타난다.

미국 내에서 트랜스젠더는 (이전보다 높은 살해율이나 사망률을 기록하는 데서 알 수 있듯이) 점점 더 많은 폭력을 맞닥뜨리고 있다. 폭력 관련 통계 수치에 젠더가 기입되는 방식이 결함을 가졌기 때문에, 또 트랜스혐오적인 가족들이 때로 사망한 이의 출생 성별과 성정체성이 다르다는 사실을 알리기를 꺼리기 때문에, 어떤 통계 수치든 간에 사망한 트랜스젠더들을 실제보다 적게 드러낼 뿐이다.

씨씨 맥도널드CeCe McDonald [미국 성소수자 활동가] 같은 몇몇 트랜스 여성들은 그들을 공격하는 이들에 맞서 싸우고 그들 스스로를 구하고 있지만, 이는 커다란 개인적 비용을 치러야 한다. 씨씨와 친구들이 미니애폴리스의 바에서 만취자 3명과 대치했을 때, 씨씨는 유리컵에 얼굴을 얻어맞았다(이로 인해 피부가 찢어져 꿰매야 했다). 그가 도망치려 하자 딘 슈미츠Dean Schmitz가 쫓아갔다. 결국 씨씨는 그를 가위로 찌르기에 이르렀다. 슈미

츠는 사망했고, 씨씨 맥도널드는 2급 살인으로 기소됐다. 사전 형량 조정 제도를 통해 41개월형을 선고받기는 했지만, 현실은 씨씨가 느낀 공포가 정당했다는 것이다. 많은 트랜스 여성들은 비슷한 공격에서 살아남지 못한다. 살해당한 트랜스젠더 가운데 90퍼센트 가까이가 유색인이었다. 하지만 방어기제는 편리한 피해자 서사에 들어맞지 않는 이들을 수감으로 이끌 수 있다. 신토니아 브라운Cyntoia Brown을 떠올려보라. 그는 성폭력 가해자를 죽였다는 이유로 51년형을 선고받았다. 검사와 미디어는 16세 소녀를 성판매를 하는 성인으로 둔갑시켰다. 마치 그가 인신매매를, 성학대를 당했다는 사실이 꺼림칙한 것처럼. 그렇지만 이런 사례들에서 우리는 적어도 무슨 일이 일어났는지는 알 수 있다. 많은 이들의 경우, 실종된 후 그들을 찾기 위한 경찰 병력이 최소한으로 투입될 뿐이다.

심지어는 미성년자가 실종되어 앰버 경고Amber alert*를 적용해야 할 때, 만약 경찰이 실종자를 단순히 도망친 것으로 가정하면 너무 늦은 순간에까지 앰버 경고 발효가 미뤄지게 된다. 사람들이 실종되는 이유는 질병, 사고, 대인관계에서의 위험 등 무척 다양하며, 가정폭력이나 인신매매, 연쇄살인으로부터 벗어나기 위한 경우도 있다. 이렇듯 다양한 원인은 어느 공동체에서든 실

---

* 유괴, 납치, 실종된 아동을 찾기 위해 대중에게 전송되는 메시지로, 1996년 텍사스에서 납치, 살해된 9세 소녀 앰버 해거먼Amber Hagerman의 이름에서 따온 것이다.

종을 조사하고 해결하는 데 장애물이 된다.

여기에 미디어와 경찰의 무관심, 인종주의, 자원 결핍, 부족·연방·지방 사법기관들 간의 복잡한 판례 문제 등이 더해지면 실종이 총체적으로 다루어지지 않는 이유는 분명해진다. 하지만 개별 집단이 그들 공동체를 위해 자원을 할당해달라고 호소하는 대신, 실종된 백인 여성들에게 일반적으로 할당되는 것과 같은 자원을 모두가 이용할 수 있다면 어떨까? 이것이 사회 주변부에 놓인 이들만이 아니라 모두의 문제로 틀 지어진다면 어떨까?

이는 실종된 백인 여성들이 관심을, 돌봄을, 대중이나 경찰, 언론의 우려를 받을 만한 자격이 없다는 말이 아니다. 모든 사람에게 같은 정도의 관심이 돌아가야 한다는 말이다. 이 같은 접근법만이 위험에 처한 이들을 도울 수 있다─그들로 하여금 자신에게 돌아갈 곳이 있다고 느끼게 함으로써, 또 한편으로는 포식자들로 하여금 어떤 공동체도 무시되지 않는다는 것을 알게 함으로써 말이다.

오늘날 주변화된 여성들의 연쇄적인 희생에 책임이 있는 이들 중 대다수는 자신이 완벽한 피해자 집단을 찾아냈다고 생각한다. 그들은 약물 중독 문제가 있는 사람이든 홈리스든 아니면 성노동자든 그중 누구를 타깃으로 삼든 간에 치어리더나 사커맘*의 실종에 비해 관심을 받지 못하리라는 것을 안다. 성노동자

---

    * 아들의 축구 경기를 참관할 정도로 교육열이 높은 미국 백인 중산층 기혼 여성을 일컫는다.

나 주변화된 이들이 덜 가치 있고, 덜 사랑받고, 다른 이들이 덜 그리워하는 존재라는 말이 아니다. 어떤 피해자가 가치 있는가에 대한 끔찍한 서사가 존재한다는 말이다.

사회에서 피해자로 받아들여지기 가장 쉬운 사람이 여성으로 표현된다는 점도 충분히 문제적이다. 우리는 시스젠더 여성과 소녀들이 피해를 입으리라고 기대하며, 그들에게 위험을 피하라고 경고하는 데 에너지를 쏟는다. 만약 그들이 (위험을 줄일 수 있다고 가정되는) 임의적인 행동 양식을 완벽히 따르지 않을 경우, 그들은 피해자로 여겨지지 않는다. 여기에 어떤 피해자가 가시화되는 데 인종과 계급이 더 큰 영향을 미친다는 사실을 깨달으면 미칠 노릇이다. 더욱이 실종 보도가 문제를 해결하는 데 도움을 주는지 알 수 없는 것도 사실이다. 지속적으로 보도한다 해도 어떤 실종자들은 끝내 발견되지 않기 때문이다. 하지만 미디어 보도가 공평한 재현을 하는 건 중요한 문제다. 이 같은 보도는 누가 가치 있는 사람인지를 인식하는 데 영향을 미치기 때문에, 또 누구에게로 자신의 공감을 확장할지를 결정짓기 때문이다.

사랑하는 사람이 실종되면 실종된 이의 생사를 모른다는 감정적인 고통을 겪게 된다. 더욱이 실종된 이의 친구와 가족들은 종종 이러한 실종의 사회적·경제적·법적 문제를 다루어야 한다. 매우 차별적인 사회경제적 상황 탓에 어떠한 장기적이고 실질적인 지원 없이 문제를 해결해야 하는 것이다. 사랑하는 이가 범죄를 저질렀을 가능성이나 마약 문제에 연루됐을 가능성, 혹은 실종자를 불완전한 피해자로 만들 수 있는 삶의 면면들은 즉각적인 여파를 불러올 뿐 아니라 그들이 접근할 수 있는 자원에 장기적인 영향을 미친다.

가족들은 실종자에 대한 관심을 불러일으키는 데 더 빨리 개입할 수 없었다고 생각할지도 모른다. 어떻게 언론과 접촉하는지 알지 못하기 때문이다. 연락이 오기만을 기다리다가 사건이 종결될 수도 있다. 가족들은 실종 문제가 범죄, 인신매매를 통한 성매매, 마약 따위에 연루되어 있을 경우 수치심과 당혹스러움 때문에 언론 보도를 꺼릴 수도 있다. 이렇듯 편견 때문에 언론에 보도되지도 않고 가족들이 압박을 받는 일이 벌어지면, 재정이 부족하고 노동력이 부족한 관련 단체는 백인 피해자 사건에 더 많은 관심을 기울이는 것이 정당한 결정이라고 여길 수 있다.

젠더 폭력은 분명히 페미니즘 이슈지만, 이는 인종 및 계급에 따라 자원과 미디어가 갈라지게 할 뿐 아니라 다양한 **-주의**가 위험에 처한 이들에 대한 반응을 나누어놓는 문제이기도 하다. 트랜스혐오, 반흑인주의, 이슬람혐오, 인종혐오 중 어떤 것도 이 모두를 포괄하는 문제인 젠더 폭력에 대해 효과적이고 단일한 해결책을 찾게끔 하지 않는다.

분명한 것은 전 지구적이고 복잡한 위기에 맞설 쉽고 빠른 해결책이란 존재하지 않는다는 사실이다. 하지만 여성폭력방지법 Violence Against Women Act*과 같이, 처벌을 해결책으로 삼는 것

---

* 1994년 제정된 법안으로 가정폭력에 대해 공동체에 기반한 해결책과 법률적 해결책을 마련하는 방안을 포함하고 있다.

을 넘어서는 대화가 시작되어야 한다. 가해자 가운데 소수를 처벌하는 것은 어떠한 포식자도 없애지 못한다. 다만 일어날 일은 가해자들이 가장 보호받지 못하는 이들을 골라 같은 짓을 반복하는 것이다. 사자가 가젤 무리에서 가장 약한 놈을 고르는 것과 다르지 않다. 이 같은 폭력 앞에서 우리는 함께해야 한다. 우리는 일어나 함께 싸워야 한다.

내가 생각하는 최적의 해결책은 인도 및 케냐의 젠더 폭력 피해자 여성들이 만들어낸 것이다. 그들은 함께 뭉쳐 다니면서 그들을 보호해줄 가부장이 필요하다고 말하는 사회적 서사보다도 더 자신들의 안전을 챙긴다. 인종을 뛰어넘은 진정한 페미니스트 연대란 서로를 보호하는 것이며, 실종된 여성이 같은 공동체에 속해 있지 않더라도 포식자의 폭력이 광범위한 공동체에 걸쳐 있음을 소리 내어 말하는 것이다. 우리는 이 위기를 다루기 위해 학교, 교회, 공동체 내의 위험을 똑바로 마주해야 한다. 우리는 우리 자매를 지키기 위해 진정으로 노력해야 한다. 행동을 취하기 위해 우리는 서로가 문제를 겪고 있음을 인정하고, 스스로를 방어하기 위해 폭력을 써야 했던 이들을 지지하기 위해서도 연대해야 한다.

폭력에 대해 수감을 해결책으로 삼는 것은 복잡한 문제다. 포식자를 가두는 게 해결책이라고 생각하기 쉽지만, 폭력에 대한 국가의 대응을 다루는 법은 가해자가 아닌 피해자를 향하기 십상이다. 슬픈 사실은, 존중받을 자격의 역학이, 국가가 실종된 이들에 대한 보고에 응답하는 방식만이 아니라 가해자들에게 응답하는 방식에도 영향을 미친다는 것이다. 하지만 우리가 폭력에 가장 취약한 이들의 안전을 중심에 두고 폭력이 발생하거나 격화되는 것을 예방하기를 우선순위로 둔다면, 모두에게 위험이 감소하는 방향으로 문화적 전환을 만들 기회가 생길 것이다. 이때 우리는 가부장제가 만들어낸 서사에 도전하는 것뿐 아니라 포식자들에게 특권을 부여하는 문화적 메시지가 심각한 위해를 끼치기 전에 그것을 없애는, 더 어렵고 까다로운 작업으로 향해야 한다.

우리는 가석방 제도보다 폭력 분화 프로그램violence diversion program을 더 자유롭게 사용할 수 있어야 한다. 또한 여성에 대한 폭력을 정상화하는 것이 잘못되었음을 가르치는 프로그램이 학교에서부터 시작되어야 한다.

공포가

낳는 것들

FEAR AND
FEMINISM

가부장제에 대한 도전은 너무도 자주 다른 여성들과 공동체를 억압하는 방식에 도전하기 직전에 멈춰버린다. 인종주의는 페미니즘에 너무나 깊이 스며들어서, 백인 페미니즘은 백인 우월주의에 반하는 방식으로 대의를 추구해야 할 때에조차 흑인을 비롯한 유색인종에 대한 공포를 정당화하곤 한다. 경찰이 보호를 위해 존재한다고 배운 이들은 경찰이 백인 여성을 보호하러 달려가는 한편 다른 많은 여성들에게는 폭력의 원천일 수 있음을 무시하거나 잊어버린다.

▶▶

대학에서 나는 루이즈 피츠제럴드Louise Fitzgerald 박사가 개설한 '성희롱의 심리학'이라는 수업을 들었다. 나중에 내가 직장에서 성희롱을 당했을 때 도움을 준 정보들로 가득한 좋은 수업이었다. 이 수업은 나를 보호해주지는 못했지만 준비시켜주었고, 그에 감사함을 느낀다. 수업에서 가장 기억에 남은 장면은 어느 날 우리가 애니타 힐에 대해 이야기하고 있는데 한 백인 여성이 이렇게 물은 것이었다. "왜 흑인 여자들은 늘 흑인 남자들을 지지하는 거야?" 그는 더 많은 흑인 여성들이 애니타 힐을 지지하기 위해 결집하지 않은 데 대해 불쾌해했다.

돌이켜 생각해보면 그는 너무나 많은 사람들에게 도전적인 대답을 받아 기분이 다소 상했을지도 모른다. 우리는 흑인 여성들이 애니타 힐을 지지한다는 사실만이 아니라 미디어 서사와 인종주의, 그리고 기억 중 일부를 전체 이야기로 추정하는 것의 위험에 대해 말했다. 활발한 대화가 이루어졌다. 적대적으로 느꼈을 가능성이 크기는 했지만, 적대로 향하는 문은 그의 주장에

이의를 제기한 사람들에 의해 열린 것이 아니었다. 그가 던지는 질문에 모호함이라고는 없었고, 이어진 코멘트는 그가 기대하는 대로 움직이지 않는 흑인 여성들이 페미니즘을 올바로 하고 있지 않다는 믿음을 여실히 드러냈다. 대화하는 내내 그는 백인 페미니즘이 흑인 공동체에 대한 해답을 갖고 있다고 가정하는 성찰 없는 인종주의를 내보였다.

어떤 면에서는 특별할 것 없는 순간이었다. 그가 보인 태도 가운데 비일상적인 것은 하나도 없었기 때문에. 그는 가부장제와 싸우기 위한 준비가 되어 있었고, 자신이 취하는 태도가 가부장제에 맞서는 단 한 가지 옳은 길임을 확신했다. 가부장제는 단일체처럼 보인다. 유색인 남성이 백인 남성과 같은 방식으로 억압할 수 있는 권력을 쥐고 있지 못하다는 현실을 고려하기 전까지는 그렇다. 2016년 성차별주의로 악명 높은 도널드 트럼프가 대통령에 당선된 여파가 불어닥쳤을 때나 대법관에 지명된 브렛 캐버노Brett Kavanaugh가 성폭력 혐의로 수많은 질문에 둘러싸였을 때, 나는 그가 스스로에게 같은 질문(왜 백인 여자들은 늘 백인 남자들을 지지하는 거야?)을 던졌을지 궁금하다. 그 후로 몇 년이 지났지만 백인 여성들은 백인 가부장제의 영향에 맞서는 데 실패했다고 스스로를 평가하기나 할까? 가부장적인 구조, 가부장적인 백인 남성들에 의한 다른 여성들의 억압에 백인 여성들이 공모했다고 책임을 물을까?

백인 여성들, '마더스 오브 도터스mothers of daughters'는 한 발 더 나아가 "더듬는 건 별 일 아니다"를 주장하면서 포식자의 행위를 정당화하기까지 했다. 그들은 트럼프와 캐버노 모두를 수호하는 팻말을 들고 행진했다. 캐버노의 기질이 대법관 자리를 맡기에 부적절하다는 보도들 속에서, 자기 통제력 문제에 관련된 이야기들은 부적합한 누군가에게 그렇게 많은 권력을 쥐여주는 것의 잠재적인 결과에 대한 무관심을 맞닥뜨렸다. 캐버노가 학부 시절 바에서 싸움에 연루됐다는 이야기에 대해 저명한 캐나다 저널리스트이자 중도 우파 정치 전문가인 젠 거슨Jen Gerson은 이런 트윗을 남겼다. "바에서의 싸움에 대한 내 입장: 바에서 싸움에 휘말리는 기질을 가진 남자는 상대적으로 적음. 문제가 될 수 있음. 하지만 이런 남자 없이 좀비 아포칼립스에 빠져 있고 싶지는 않을 것. 둘 다 우리가 봉착한 문제들."

이는 거의 논리적인 답변인 것처럼 보인다. 우리가 아포칼립스가 아니라 대법원에 대해 논하고 있다는 사실을 상기하기 전까지는. 만약 좀비 아포칼립스가 실제로 펼쳐질 가능성이 있다 하더라도, 세상이 종말할 때 그렇게 다혈질적인 잠재적 강간범과 함께 있고 싶지는 않을 것이다. 아무리 좋게 봐도 그들은 당신에게 위험만 안겨줄 뿐이고, 최악의 경우에는 그들 자신을 보호하기 위해 당신을 이용할 것이다. 가부장제의 시녀가 되기를 거부해야만 피할 수 있는 승자 없는 게임인 셈이다. 글쎄, 어쨌든 내 계획에는 그들이 없다. 하지만 우리는 자유와 권리를 폄하하는 가부장제를 위해 일하는 주류 페미니즘으로부터 이득을 보는 여성들과 함께 있다.

백인 중심의 주류 페미니즘은 유색인 여성만이 아니라 백인 여성에 대해서도 실패했다. 그들을 더 안전하게도, 강하게도, 현명하게도 만들지 못했다. 주류 페미니즘은 백인 우월주의적인 목표를 너무나 자주, 너무나 무비판적으로 지지했다. 그 결과 백인 여성의 53퍼센트가 여성을 존중하지 않고 학대하는 대통령만이 아니라 그를 지지하는 체제에도 표를 주었다. 백인 여성들을 둘러싼 조건은 더 나아지지 않는다. 이는 그들이나 다른 이들이나 우리에 갇혀, 차이라고는 우리에 금박을 입혔는지 아닌지 장식은 부족하지 않은지 따위밖에 없는 패러다임으로 회귀할 뿐이다.

"그들은 페미니스트가 아니었어"라고 말하기는 쉽다. 페미니즘이 오직 자유주의자들만이 접근할 수 있는 어떤 것인 양 굴기도 쉽다. 하지만 현실은 우리가 선택할 권리와 일터에서 여성의 가치를 두고서, 강간을 저지른 것이 이 땅의 최고위직에 임명되기에 부적절한 자질인지 논쟁을 벌이는 정부를 가졌다는 것이다. 페미니즘이 주변화된 이들에게 중요한 것에는 진정으로 참여하지 않은 채 모든 여성에게 힘을 북돋기만 했기 때문이다. 백인 여성들이 그들 자신을 보호하는 데 표를 행사하지 않았다는 사실만으로도 충분히 나쁘지만, 더 나쁜 일은 그들이 선거에서 다른 이들에게 위해를 가하고도 남을 만한 권력을 행사한다는 사실이다. 메인주 상원의원이자 백인 여성인 수전 콜린스Susan Collins는 페미니즘이 이룩한 진보에 자신의 지위를 빚지고 있다. 그는 프로초이스pro-choice 즉 임신 중지 합법화를 찬성하는 입장임에도 여전히 캐버노를 승인하고자 한다. 캐버노는 명백히 임신 중지에 반대하는 진영에 속해 있음에도 불구하고 말이다.

보수주의 페미니스트들은 자신들이 다른 이들을 대가로 치러 평등과 안전을 보장받아야 하는 자격을 가지고 있음을 정당화하기 위한 근거들을 만들어낸다.《누가 페미니즘을 훔쳤는가Who Stole Feminism》,《소년들에 대한 전쟁The War Against Boys》등을 쓴 크리스티나 호프 소머스Christina Hoff Sommers 교수는 소녀 및 여성을 사회적으로 보조하는 정책에 반대하는 입장이다. 그는 자신이 진정한 페미니스트라 주장하는데, 젠더에는 관심이 없어도 동등함에는 관심이 있기 때문이다. 동등함에 대한 소머스의 관념에는 성차별적인 구조를 다루는 문제는 빠져 있다. 그는 자신이 원하는 것을 얻는 데 성공한 이후 자신과 같지 않은 다른 여성들의 삶에는 놀라우리만치 관심이 없어 보인다. 캐린 아그네스Karin Agness가 2004년 대학 캠퍼스에서 '계몽된 여성들의 연결망'을 만들었을 때 공식적인 목적은 지적 다양성이었지만 사실상 핵심은 캠퍼스에서 신사처럼 행동하는 남성들의 '성취'를 인정하는 것이었고, 피해자 비난하기였고, '버자이너 모놀로그' 퍼포먼스에 대항하는 것이었다. 이는 모두를 위한 페미니즘이 아니었다. 단지 백인 우월주의가 만연한 가부장제 사회에서 안전할 수 있다고 생각하는 이들을 위한 무언가였다. 공감, 연민, 관심, 돌봄 중 무엇도 요구하지 않았음에도 그것은 여전히 페미니즘이라 불리고 있다. 보수주의 페미니즘은 여성을 보호하는 여성이라는 미명 아래 최악의 선택들을 허용하곤 한다.

그들이 낙태 반대를 정당화하든 공화당에 의해 이루어지는 인종주의나 성차별주의가 무해하다는 잘못된 믿음을 갖고 있든, 그들은 페미니즘과 적극적 평등 조치에 따라 이득을 본다. 그러면서도 그들에게 힘에 대한 접근을 가능하게 해준 개념은 폄하한다. 그들이 어쨌거나 주류 백인 페미니즘과 동떨어져 있다는 주장은 투표 수만이 아니라 주류 페미니즘이 그들을 지지하고 방어했던 맥락을 무시한다. 앨라배마주가 로 대 웨이드Roe v. Wade 판결* 이후 가장 제한적인 안티초이스anti-choice [임신 중지에 반대하는 입장] 법안을 통과시켰을 때, 책임자는 백인 남성이 아니었다. 공화당 하원의원 테리 콜린스Terri Collins가 법안을 발표했고, 케이 아이비Kay Ivey 주지사가 이에 서명했다. 보수적인 여성들은 페미니즘으로부터 힘을 받아 위해를 끼쳤다.

메긴 켈리Megyn Kelly가 트럼프에게 여성혐오적인 언사에 대한 책임을 물어 트럼프 지지자들이 그를 혹평하던 때, 이 새로운 '용감한 페미니스트'의 목소리를 보호하기 위한 랠리가 이어졌다. 사실 켈리는 일상적인 인종주의(이를테면 산타클로스가 백인임을 단호하게 주장한다거나)로 이름 나 있었다. 폭스뉴스 친

─── * 1973년 미 연방대법원이 낙태를 선택할 수 있는 임산부의 자유를 보호해야 한다고 판결한 사건을 말한다. 1969년 노마 맥코비Norma McCorvey라는 여성은 낙태를 원했지만 임산부의 생명이 위급한 때가 아니고서는 낙태를 허용하지 않는 텍사스주에 살았다. 그는 제인 로Jane Roe라는 가명으로 소송을 제기했고, 이 이름과 소송 피고인이었던 댈러스카운티 지방검사 헨리 웨이드Henry Wade의 이름을 따 소송 명칭이 '로 대 웨이드'가 되었다.

화적인 다른 편견들은 갑자기 자매애 일색이 되었다. 켈리는 자신의 정치학을 전혀 바꾸지 않았지만 유사 페미니스트적인 행보를 따라 더 넓은 곳에서 더 좋은 일을 얻었다. 그는 자신이 겪은 여성혐오로부터 어떤 것도 배우지 못한 것처럼 굴었고, 백인 우월주의 이데올로기를 지지하는 기존 입장으로 돌아가, 자신과 같지 않은 여성들에게 한정 지어져 있는 성공 이상을 성취할 수 있는 자리를 남기지 않았다. 결국 그가 해고당한 건 트럼프를 비판해서도, 여성의 권리를 옹호해서도 아니었다. 켈리의 이력은 그 시작과 마찬가지 이유로 끝이 났다. 바로 인종주의였다. 다만 이번에는 블랙페이스에 대한 꿋꿋한 옹호가 시청률 급락과 뒤섞이면서 그를 방송에서 지워버렸다.*

보수적인 가치들은 페미니스트 이데올로기와 불협화음을 빚게 마련이라고 주장할 수도 있다. 하지만 '어떤 여성들을 임파워링하는가?'만이 아니라 '그들이 무엇을 하도록 임파워링하는가?' 역시 질문해야 한다. 백인 여성들은 단순히 인종주의적 억압의 수동적인 수혜자가 아니다. 그들은 적극적인 참여자다. 백인 여성들은 미국에서 보수 이데올로기의 초석이 되어왔다. 필리스 슐래플리Phyllis Schlafly가 평등권 수정헌법Equal Rights

---

* 메긴 켈리는 2004년부터 2017년까지는 폭스뉴스 앵커였고, 2017년 NBC 뉴스로 옮겨 갔다. 여기서 켈리는 '메긴 켈리 투데이'라는 프로그램을 진행했는데, 이 프로그램은 2018년 10월 핼러윈에 흑인 분장을 하는 것이 일종의 캐릭터로 표현되는 한 문제 될 것이 없다고 주장한 방송이 나간 이후 폐지됐다.

Amendment을 공격했던 사건*에서부터 현재까지도 이루어지는 반낙태운동에 이르기까지, 주류 백인 페미니즘의 주장은 좌파에 가깝지만 여전히 배제적이다.

애비게일 피셔Abigail Fisher가 적극적 평등 조치에 소송을 걸든,** 페이스북 최고운영책임자 셰릴 샌드버그가 대안우파 음모론에 페이스북을 엮든, 현실은 주류 백인 페미니즘이 여성들에게도 위해를 가할 수 있는 권력이 있다는 발상을 마주해야 한다는 것이다. 우리는 페미니즘의 영향으로 생겨나는 정치학이 더 큰 세계와 연관이 없는 척할 수 없다. 예컨대 최근 백인 여성들이 흑인 혹은 갈색 피부를 가진 이들이 점심식사를 하거나 주차장에 서 있다는 등 별별 이유로 경찰에 신고하는 경우가 늘어났다. 페미니즘은 이 여성들에게 모든 공간을 점할 권리가 있다

----

* 평등권 수정헌법(ERA로 줄여 부르곤 한다)은 1960년대 미국 여성운동의 핵심으로서, 성별에 따른 차별을 철폐하고 모든 미국 시민에게 동등한 법적 권리를 보장하도록 고안된 헌법 개정안이다. 필리스 슐래플리는 변호사이자, 1970년대에 'STOP ERA' 캠페인을 조직하는 등(STOP은 '중단'을 의미할 뿐만 아니라 '우리 특권을 가져가지 말라Stop Taking Our Privileges'의 줄임말이었다) 평등권 수정헌법 반대운동을 주도한 보수주의 활동가다. 그는 이러한 헌법 개정이 주부에게 불이익을 안겨주고, 여성이 군에 징집되고, 위자료와 같은 보호를 받지 못하고, 이혼 소송에서 자녀 양육권을 잃는 등 부정적인 결과로 이어지리라는 주장을 펼쳤다.

** 백인 여성인 애비게일 피셔는 2008년 텍사스 대학에 지원했다가 불합격 통보를 받았다. 그는 자신이 받은 점수가 텍사스 대학 합격선보다 높을 뿐만 아니라 자신보다 졸업 성적이 낮았던 소수인종 동급생들은 합격했다는 점을 들어 적극적 평등 조치가 자신의 평등권을 침해했다는 소송을 제기했다.

고 말했지만, 그들에게 다른 모든 이들이 그들 변덕에 맞추도록 할 힘을 휘두를 권한은 없다는 메시지까지는 전하지 않았다.

모든 이들이 여성 행진이 얼마나 평화롭게 진행되었는지를 치하하면서 경찰과 나란히 선 분홍 보지 모자를 쓴 백인 여성들의 사진을 올릴 때, "이게 바로 투쟁하는 방식이야"와 같이 말하는 듯한 태도가 엿보인다. 이는 '흑인의 삶은 중요하다' 투쟁에서 경찰이 무장을 하고 경찰견을 데려오거나 그보다 심각한 상황을 연출한 것과는 심히 대조적이었다. 가부장제에 대한 도전은 너무도 자주 다른 여성들과 공동체를 억압하는 방식에 도전하기 직전에 멈춰버린다. 인종주의는 페미니즘에 너무나 깊이 스며들어서, 백인 페미니즘은 백인 우월주의에 반하는 방식으로 대의를 추구해야 할 때에조차 흑인을 비롯한 유색인종에 대한 공포를 정당화하곤 한다. 그들에 대해 질문하거나 그들이 들어온 서사에 대해 묻는 대신 그저 안전지대에 머무는 것이다. 경찰이 보호를 위해 존재한다고 배운 이들은 경찰이 백인 여성을 보호하러 달려가는 한편 다른 많은 여성들에게는 폭력의 원천일 수 있음을 무시하거나 잊어버린다.

백인 여성들은 너무 자주 그들이 불편하거나 불쾌하거나 위협을 당한다고 느낄 때 가부장제로 달려가 보호를 요구한다. 그들은 보호를 잃고 싶지 않기 때문에(보호 자체도 의심스럽지만) 편리할 때는 그 곁에 갔다가 그것이 자신들을 직접적으로 위협할 때에만 맞선다. 그러나 그들은 가부장제가 도전을 받음으로써 이득을 본다는 것을 알기에 다른 이들이 가장 어려운 짐을 지도록 내버려둔다. 그들은 가부장제와 자신들이 맺고 있는 긴장 관계가 가부장제만이 아니라 그것을 포용한 다른 여성들에 대해서도 도전하는 비겁한 일임을 인지하는 데 실패한다.

백인 여성들은 유색인 여성이 자기 공동체 내부의 남성들과 갈등을 겪는 모습을 볼 때, 유색인 여성이 백인 여성들이 생각하는 방식대로 느끼지 않는 모습을 볼 때, 그들은 유색인 여성을 금세 비판하곤 한다. 페미니즘이 평등함을 위한 모두의 계획이 아닌, 백인 여성들이 마치 자기네 영역인 양 다른 이들과 나눌 수 있는 것처럼 여기는 자격증이 발부되고 있다. 이 자격증은 그들이 속하지 않은 공동체의 결점을 짚어내게 할 뿐만 아니라, 그들 공동체가 더 건강하거나 안전한 것처럼 가장할 수 있는 통행증을 내주는 신화다.

백인 여성이 유색인 공동체의 문제를 병리화하는 동시에 백인 남성 중심의 가부장제에서 직면하는 위험을 무시하는 동안, 그들은 유색인에 대해 필요로 하는 프레임을 만들어낸다. 특히 이 프레임은 흑인 여성에 대한 것이다. 흑인 여성은 그들이 스스로 체화하기를 거부하는 용감한 페미니즘의 완벽한 표상이 되어야 한다. 우리가 우리 공동체에 집중하는 것에 화가 난 그들은 우리가 복잡한 상황을 우리 자신의 방식으로 다루고 있음을 헤아릴 수 없다. 그들은 우리가 우리 자신에 대한 소유권을 가지고 있다는 관념, 우리 몸이든, 삶이든, 아이들이든 간에 우리의 우선순위는 모든 공동체를 보호하는 것이기 때문에 우리가 그들에게도 똑같이 하기를 기대한다는 생각 앞에서 머뭇거리고 만다.

이 말은 후드의 여성들이 가부장적 사고에 도전하지 않는다는 뜻일까? 물론 그렇지 않다. 감금 통치 외부의 해결책을 필요로 하는 흥미로운 균형 잡기를 의미할 뿐이다. 억압이 한 방향으로만 일어나지 않고 여러 방향으로 일어난다는 것을 안다면, 당신과 닮은 사람들을 억압하는 이들로부터 안전과 연대를 찾지 않기를 허용하는 틀을 개발해야 한다.

주변화된 공동체의 여성들은 절대 경찰을 부르지 않는다. 한 폭력을 멈추기 위해서 다른 폭력을 불러오는 일이 자신에게도 안전하지 않고 사랑하는 이에게도 안전하지 않음을 알기 때문이다. 유색인 여성들이 서로의 행동과 동기를 질문하는 방식은 공격적으로 비칠 수 있다. 하지만 그런 단계, 그런 도전이 없다면 도움이 필요한 이들은 경찰의 손에 죽을 수 있다.

공동체 내의 개입은 때로 대인적으로 이루어진다. 전화, 대화, 때로 싸움의 형식으로. 이는 완벽하지 못하고 지저분하다. 하지만 실제로 공동체를 장기적으로 도울 수 있는 해결책이란 이런 모양을 띤다. 백인 페미니즘이 무기라면 교차 페미니즘은 반창고다. 상처를 치료할 수는 없지만 출혈을 막고 공동체로 하여금 자기 상처를 치료할 기회를 줄 수 있다.

공포로부터 유발되는 페미니즘, 두려워하지 않고 효과적인 것보다 불편하지 않을 것을 우선으로 두는 페미니즘은 위험하다. 이는 감시를 강화하거나 어떤 공간에 국가를 끌어들여 누군가에게 근본적으로 안전하지 않은 공간을 만드는 등 일부 '페미니즘적' 선택이 미치는 영향을 고려할 여지를 주지 않는다. 다른 백인 여성을 소외시키는 데 대한 두려움으로 그들에게 도전하거나 부인하기를 거부하는 행위는 결과적으로 그들의 인종주의를 지지하는 꼴이 되고, 이는 모두를 위한 안전을 만들어낼 수 있는 공간으로서의 페미니즘에 대한 개념을 만들어내는 데 근본적으로 해를 입힌다.

백인 우월주의의 위험성에 대해 이야기할 때, 우리는 백인 남성의 분노가 본질적으로 위험하다고 보면서도 그런 분노가 백인 여성의 공포를 통해 얼마나 자주 지시되고 무기화되는지는 무시하는 경향이 있다. 백인 여성의 공포는 공동체 전반의 미래를 폄하할 수 있다. 분노에 대한 '두려움'은 주변화된 이들로부터 온다. 페미니즘은 이 공포를 넘어서는 데 매번 실패했고, 공포는 백인 우월주의 구조를 지탱하는 근거가 되었다. 페미니즘은 평등을 지지하는 매우 기초적인 단계에서부터 실패한 셈이다.

그렇다면 이는 공포가 타당하지 않은 감정이라는 뜻일까? 물론 그렇지 않다. 하지만 공포는 실제로 해결할 수 있는 문제보다 더 많은 문제를 유발하고, 논리를 확실히 무효화할 때가 있다. 흑인 남성에 대한 공포는 린치를 정당화했고, 다른 백인 여성을 공격할 것이라는 공포는 백인 여성이 특권에 의해서 제공되는 한정된 보호를 유지하고 싶다는 바람으로 그들이 가하는 위해를 직면하지 않을 핑계가 되었다.

공포—실제로 존재하며, 캐버노 같은 이를 대법관 자리에 앉힘으로써 일어날 수 있는 위해에 대한 뼈에 새겨진 공포—는 결과가 일어나기 전까지는 무시된다. 만일 우파를 지지하는 이들이 변화를 두려워한다면, 가부장제가 공포를 두려워한다면, 백인 페미니스트들이 평등을 두려워한다면, 주변화된 이들은 무엇을 두려워하는가? 그들은 공포에 어떻게 대처하는가? 가능한 최악의 후보들에게 표를 던지는 식으로는 아니다. 공동체 안팎에서 일어나는 문제를 외면하는 식으로는 분명 아니다. 모든 공동체에는 자유를 위해 싸우는 데 내재된 위험을 감수하기보다는 현상 유지를 택하는 사람들이 있다. 그렇지만 백인 여성들 사이에서 백인의 취약성이라는 역학이 만들어내는 특수한 영향은, 주류 백인 페미니스트들이 실질적인 조치를 취하는 대신 정숙하게 행동하는 데 너무 자주 집착한다는 것이다.

그저 캐버노나, 캐버노 같은 다른 판사들(정의를 실현할 능력이 먹구름에 감추어져 있는)이 문제가 아니다. 딸들을 특권을 가진 아들을 보호하기 위해 이용할 수 있는 존재로 만들고자 하는 어머니들이 문제가 아니다. 편향에 의해 만들어진 공포에 의거해 젠더보다 인종을 선택하는 백인 여성들 때문에 만들어지는 공적인 위기가 발생하기 전까지 문제가 늘 무시되거나 대충 다루어진다는 점이다. 이토록 공포스러운 사고방식이 공동체 전반에 위해를 가할 수 있다. 흑인에 대한 공포. 이민자에 대한 공포. 타자에 대한 공포. 백인 여성들이 긍정적인 변화를 만들어낼 수 있는 자신의 힘을 무시하는 한 끊임없이 이어질 굴레다.

어떤 백인 여성들이 아버지, 남편, 아들, 목사의 의견에 휩쓸린다는 건 사실일 수 있지만, 대다수 백인 여성들은 자율성과 주체성을 갖고 자기 가족들을 이런 전통적 서사로부터 몰아내고 더 나은 미래로 나아갈 수 있다. 미국이 여성혐오적인 과거로 회귀하는 데 중심이 되는 서사 뒤에 숨는 대신 그들 자신의 이익을 위해 투표할 수 있다. 그들은 포식자를 지지하는 극적인 쇼를 관람하는 대신 그들 자신의 자유를 지지할 수 있다.

비이성적이게도 백인 여성들이 두려워하는 것은 여성혐오에 다시 맞닥뜨리게 된다면 그들이 현재 가지고 있는 힘을 잃어버리게 된다는 사실이다. 같은 방식으로 많은 백인 남성들은 권력을 제로섬 게임으로 보고, 백인 여성들은 행위자성과 자아에 매달려 성취해내기 너무나 어려운 것을 두고 싸워왔다고 느낀다. 그들은 진실로 가부장제의 아바타를 수호함으로써 누군가를 대가로 치르고서라도 이득을 볼 수 있으리라고 믿는다.

이른바 백인 페미니스트 여성들이 행하는 일상적인 인종차별을 목격할 때, 그들이 스스로를 보호하기 위해 하는 일이 무엇이든 간에, 그들은 동등한 억압자가 될 권리를 위해 다른 사람들을 희생시키려 한다는 점을 이해해야 한다. 그들은 이런 식으로 설명하지 않을 수 있고, 또 그들이 페미니즘이라는 사슬에서 약한 연결고리로 인식될 수 있다는 점에 깊은 불쾌함을 느낄 수 있다. 하지만 현실적으로 보자면, 내부에서 진행되어야 하는 작업은 백인 남성 가부장제를 넘어서는 것이 아니라 그들의 포용을 더욱 적극적으로 포기하는 것이다.

백인 우월주의는 인종주의를 규범화할 뿐 아니라 백인 여성들로 하여금 백인 우월주의로 이어지는 사회의 현상 유지를 돕게 만들며, 그럼으로써 더 많은 힘을 갖도록 한다. 백인 여성들은 모든 순간에 자신의 관심사를 중심에 세우는 역사를 가져왔기 때문에, 그들의 우선 과제는 그들을 안전하고 자유롭게 만드는 것으로 형성되어왔다. 비록 백인 여성들이 정치적으로 균일하지는 않지만, 그들은 가족관계에서나 사회생활에서 정치적 반대자들과 깊은 상호작용을 맺고 있다.

차별 철폐 조치나 이민에 의해 억압받는다고 느끼는 이들은 평등에 반대하는 운동을 이끌거나 그에 적극적으로 참여하고자 한다. 그것이 KKK단에 들어가는 것이든, 흑인 아이들을 괴롭히는 것이든, 그들은 자신이 평등하지 않다고 느끼는 데 대한 분노를 다른 이들에게 쏟아낼 수 있다. 그들은 자신이 기회와 접근성을 갖지 못한 탓을 아버지, 형제, 남편 대신 타자에게로 돌릴 수 있다.

"저런 백인 여자들"을 지적하는 건 쉽지만, 모든 여성은 때로 같은 공동체에 속해 있다. 국가 안보, 경제, 공동체 및 종교기관에서의 기준을 유지하는 것으로 요약될 수 있는 대화들은 가족 화합을 위해 한쪽으로 밀려난다. 이 말은 임신 중지에 반대하는 성소수자 혐오자이자 총기에 찬성하고 이민에 반대하는 고모가, 임신 중지에 찬성하며 성소수자 지지자인 조카(그러면서도 고모나 고모가 키우는 아이들을 흔들어놓는 것은 거부하는)와 휴일에 식사를 함께할 수 있다는 말이다.

그들이 고려하는 것이 전부 백인 우월주의와 같은 뿌리에서 나온 가족과도 같다는 사실은 놀랍지 않다. 그들이 이런 식으로 생각하지 않더라도 말이다. 그들은 수전 고모와 다르지만, 그와 잘 지낼 수 있다. 그렇다면 다른 이들은 안 될 게 무엇인가? 수전 고모가 그들을 친절히 대하는 건 같은 피부색을 공유하기 때문이라는 사실은 결코 완전히 이해되지 않는다. 그 결과로, 백인 여성들은 '타자'가 된 이들이 그들과는 다른 우선 과제를 갖는 백인 여성들의 정치학과 사회적 영향으로부터 위협받는다는 사실은 기꺼이 무시하곤 한다.

이는 백인 여성들이 다른 여성들에 대해 너무도 신경을 쓰지 않는다는 주장이 아니다. 많은 경우, 그들은 단지 충분히 신경 쓰지 않는다. 그들은 장벽을 쌓고, 무슬림을 차별하고, 성폭력으로 기소된 후보자들을 지지하는 위험을 볼 수 있으면서도, 거기에 표를 던지는 가족 구성원들이 불러오는 사회적 결과를 직면하거나 맞서려 하지 않는다. 그들이 직접적으로 위협받지 않는 한 말이다. 그들은 자신들의 결정이 다른 이들을 해친다는 사실을 깨닫지 못한다. 가장 나쁜 정책조차 그들에게 (그들 아닌 다른 사람들에게 위해를 가하는 만큼) 해를 끼치지 못하기 때문이다. 백인 특권이 해를 차단하는 한 그렇다. 이렇게 본다면, 그들의 주된 초점은 자신의 삶에서 가부장적인 사람들을 보호하는 데 있다. 아버지, 형제, 남편들은 그들의 인종차별적이거나 성차별적인 행위에 대한 대가를 치르지 않는다. 그들이 백인 우월주의 제도를 유지하는 힘의 상부까지 도달하지 못하면, 백인 여성들은 백인 우월주의가 만들어내는 버블 바깥에 존재해야 하는 위험에 놓인다.

위험에 처한 모든 이들에게, 백인 우월주의에 의해서 부정적인 영향을 받을 사람들에게, 백인 여성들의 감정을 처리하라는 것은 고려될 만한 요구가 아니다. 해야 할 일이 있고 가부장제는 스스로 무너지지 않는다. 백인 페미니즘은 그들의 인종차별적인 고모, 모부, 사촌과 같은 이들이 도전을 받는 날이 오기까지 책임이 있는 쪽은 백인 여성이라는 관점에 익숙해져야 할 것이다.

누가 정치에

참여할 수 있는가

RACE,
POVERTY, AND
POLITICS

빈곤은 느린 속도로 일어나는 아포칼립스이며, 세대에 걸쳐 대물림된다. 때로 이 아포칼립스는 개인적이지만 때로는 공동체 전체를 망치기도 한다. 노동계급 사람들은 갑자기 사라진다. 도시가 그들에 의해 굴러가는데도 말이다. 유권자들이 지워지는 문제는 유권자들의 무관심과 충돌하며 거주자들의 투표권 박탈로 이어진다. 이것이 바로 미국의 정치적 지형을 계속해서 오른쪽으로 밀어나가는 광경이다.

▶▶

1992년 빌 클린턴이 대통령에 당선됐을 때, 나는 열여섯 살이었고 고등학교에 다니고 있었다. 그리고 그때 나는 (투표권을 가지기 2년 전이었음에도) 공화당보다 한 끗 낫다는 사실이 모두에게 좋다는 말과 같은 뜻이 아니라는 걸 깨달았다. 사람 좋은 언변, 색소폰 연주, 마리화나를 시도하기는 했지만 들이마시지는 않았다는 주장 등은 빌 클린턴이 모든 미국인을 도울 수 있다는 암묵적인 약속처럼 보였다. 그러나 첫 번째 클린턴 정부는 10년 앞선 로널드 레이건 정부만큼이나 빈곤층에 적대적이었다. 클린턴 정부의 '노동 연계형 복지Welfare to Work'*와 다른

* 대선 공약에 '복지 개혁'을 내세웠던 빌 클린턴 대통령은 1996년 '개인 책임 및 노동 기회 조정법Personal Responsibility and Work Opportunity Act'을 발표했다. 이는 미국에서 주요한 복지 프로그램 중 하나였던 부양아동가족부조Aid to Families with Dependent Children(AFDC)를 더욱 제한적인 빈곤가정 임시부조Temporary Assistance for Needy Families(TANF)로 대체했는데, TANF는 '개인의 책임'이라는 기본 원칙을 바탕으로 수혜 요건을 충족시키는 이들의 수를 줄였고, 수혜 기간을 5년으로 제한했으며, 모든 수혜자에게 2년

사회적 안전망의 절감은, 그들의 우선 과제가 빈곤 종식이 아님을 보여주었다. 나는 대통령으로서 빌 클린턴이라는 인물에 매료되지 않았고, 솔직히 말하자면 힐러리 클린턴이 대통령이 된다는 발상과도 사랑에 빠지지 않았다. 나는 다소 특이한 표본이었다, 정당들이 정치 부패에 대해 신경 쓰지 않는 것만 같은 주에 살고 있는. 나는 복지 개혁이 일어날 때쯤에 빈곤층이었다. 도움 받을 수 있는 프로그램들이 있기는 했지만, 복지 개혁은 빈곤을 종식시키기보다는 처벌하기 위해 존재한다는 걸 알 수 있었다.

빈곤은 느린 속도로 일어나는 아포칼립스이며, 세대에 걸쳐 대물림된다. 때로 이 아포칼립스는 개인적이지만 때로는 공동체 전체를 망치기도 한다. 성경에 등장하는 하나의 일화가 아니라 요한계시록의 네 재앙이 한꺼번에 오는 것과도 같다. 정치인들이 노동계급에 대해 말할 때나 러스트 벨트rust belt [미 북부의 사양화된 공업지대]에 대해 말할 때, 우리는 그들이 장기적인 빈곤의 결과를 이해한다는 사실을 알 수 있다. 그들은 이것이 단순한 도덕적 실패도, 개인의 실패도 아니라는 것을, 나쁜 정책과 주어지지 않은 기회 때문임을 알고 있다. 하지만 이너 시티에서는 갑자기 빈곤 사망률이 토론에 부쳐진다. 노동계급 사람들은 갑자기 사라진다. 도시가 그들에 의해 굴러가는데도 말이다. 유권자들이 지워지는 문제는 유권자들의 무관심과 충돌하며 거주자들

이내 취업을 강제했다.

의 투표권 박탈로 이어진다. 이것이 바로 미국의 정치적 지형을 계속해서 오른쪽으로 밀어나가는 광경이다. 심지어 민주당에서도 자력 구제 논리에 대한 믿음으로 정책을 결정하고 있다.

낮은 투표율이 게으름 때문이라거나 정보 혹은 동기가 부족하기 때문이라는 순진한 가정이 있다. 하지만 이웃에 사는 이들은 자신들이 선거 내내 정치적 담론에서 절대 이야기되지 않는 일이 몇 년간 이어지면 정당이 중요치 않다는 인상, 어떤 정치인도 이 문제를 해결하려 들지 않는다는 인상을 받게 마련이다. 우리는 빈곤의 참혹함을 가까이에서 살필 방법을 내놓지도 않고, 무시가 개인에게 미칠 수 있는 감정적 영향을 고려하지도 않는다. 하지만 수백만 여성이 빈곤에 처해 있다. 그들은 그런 벼랑에서 살아가고, 아이들을 기르고, 잠재적인 파괴의 그림자가 드리운 가운데서 삶을 항해해야 한다.

우리는 노동계급을 시골에 사는 백인에 한정해 이야기하곤 한다. 2016년과 2017년 선거를 정당화하기 위해 그들의 경제적 우려를 언급할 때, 우리는 유색인 공동체가 살고 있는 이너 시티뿐 아니라 국내외의 모든 유색인 공동체에 가해진 위해에 대해서는 이야기하지 않는다. 미국 내 여러 행정기관이 이민자들을 추방한 방식에서부터 트럼프 정부가 강제 송환뿐만 아니라 망명 신청자들을 수감한 방식에 이르기까지, 빈곤한 이들은 고통받는다. 미국 경계 바깥에서, 미국의 외국인 정책은 빈곤층을 희생하여 부유한 계층에게 특권을 부여했다. 미 제국주의는 언제나 서구의 이익에 부응하는 독재자들이 권력을 쥘 수 있게 해주었다. 트럼프 정부에서는 더 나은 선을 위한다는 입에 발린 말조차 하지 않았다.

편향된 백인들이 도널드 트럼프와 다른 공화당 의원들의 이야기를 들으면서 자신들의 관심사가 중요하다고 느끼는 동안, 편향에 의해 만들어진 공포는 멕시칸과 무슬림 이민자를 향했다. 많은 이들은 자신의 손해를 감수하면서까지 공화당을 끌어안았다. 53퍼센트의 백인 여성이 공화당 후보자를 대통령으로 뽑았다고 이야기하지만, 우리는 백인 유권자들이 비슷한 문제를 가진 후보자들과 정책을 수십 년에 걸쳐 적극적으로 혹은 수동적으로 지지했던 과거에 대해서는 스쳐 지나가곤 한다.

연구자들은 백인들 사이의 분노와 실망이 자살을 통한 증가한 사망률, 마약, 알코올과 같은 위기로 일어났다고 지적한다. 대학을 나오지 못한 이들 가운데에서 취업률이 낮아지고, 백인이 다른 집단을 위한 정책(이를테면 적극적 평등 조치)에 의해서 불공정하게 대우되고 있다는 신화가 계속되고 있다. 다른 연구들은 권위주의라거나 오래된 성차별주의와 인종주의에 대한 호소를 지적하기도 한다.

정치학자 다이애나 뮤츠Diana Mutz는 《퍼시픽 스탠다드》와의 인터뷰에서, 지지하던 정당을 바꾸어 트럼프를 지지한 이들은 사회적 지위가 추락할 가능성에 동기를 부여받았다고 언급했다. "간단히 말해서 그들은 자신들이 누리고 있던 특권적 지위로부터의 박탈을 두려워한 겁니다." 그들은 주변화된 이들의 대학 진학률 상승을 그들 자신의 능력을 향상시킬 필요가 있다는 신호로 받아들이는 대신 자신이 점한 특권을, 따라서 지위를 잃으리라는 공포에 기반해서 투표한 것이다. 이러한 투표 현상은 단지 돈이나 인종주의, 아니면 성차별주의에 따른 것이 아니라 이 모든 것을 아우른다. 그리고 많은 경우 문제는 미국 역사를 고려하는 데 대한 거부로 일어난다. 미국인들은 능력주의 신화를 다른 무엇보다도 사랑한다. 그것은 편향으로부터 영향받는 현실을 무시하게 해주기 때문이다.

버락 오바마의 재임 기간 직후에 이런 백래시가 일어날 것이라는 사실은 예상하지 못할 수가 없었다. 흑인의 성공이라는 관념(과 현실)은 항상 미국 사회에 일정한 분노를 유발하곤 했기 때문에. 시민전쟁 이후 재건을 위한 노력은 인종주의에 의해 방해를 받았다. 모두를 위한 자유와 평등이 미국적 이상에서 주요한 부분이었지만, 미국 사회는 사실상 반흑인주의와 불평등에 기대고 있다. 결론적으로 노예제 폐지론자와 여성 인권을 주장하는 활동가들 사이에 유의미한 접점이 있었다 하더라도 여성 참정권 운동의 역사는 백인 여성이 백인 남성과 동등한 힘을 갖는 데 집중하는 방식으로서 백인 우월주의라는 분명한 목표를 포함하고 있었다.

켄터키 평등권 연합의 창립자이자 초대 대표인 로라 클레이Laura Clay와 같은 여성 참정권 운동가의 백인 우월주의적 단언은 하나도 새롭지 않다. 흑인의 손에 투표권이 쥐어지면 백인 지배가 위협받을 수 있다고 여긴 그는 이렇게 말했다. "교육받은 백인 여성에 의해 힘을 얻은 백인 남성은 모든 주에서 흑인 유권자들의 표를 '눈 속에 파묻을' 수 있습니다. 그리고 백인 인종은 흑인을 위협하거나 타락시키지 않고도 우월성을 유지할 수 있습니다." 여성 참정권 운동가이자, 백인 우월주의자이자, 여성으로서 처음으로 미시시피주 상원의원이 된 벨 커니Belle Kearney 역시 이렇게 말했다.

> 여성의 투표권은 백인 우월주의를 즉각적으로 보장하며 지속 가능하게 할 수 있다. 이는 어떤 의심도 없이 받아들여지는 권위를 통해서 정직하게 얻어진 것이다. 한 곳을 제외한 모든 남부 주에서는 문맹의 백인, 흑인, 토착민, 외국인을 합한 유권자보다 교육받은 여성이 더 많다. 읽고 쓸 줄 아는 남부의 여성들 가운데 11명 가운데 10명은 백인이다. 인종 내부에서 적절성을 비율로 따졌을 때, 백인의 비율은 흑인보다 압도적으로 높다.

지난 100년간 경제적 불안에 대한 주장들 속에서, 트럼프를 지지하는 백인들은 인종적 원한에 사로잡혔다. 이때 젠더는 무관하다. 하지만 가장 끔찍한 사실은, 얼마나 많은 백인 여성들이 페미니즘의 진보와 적극적 평등 조치로부터 혜택을 받고서는 그들에게 힘과 자유를 준 바로 그 정책들을 훼손하는 데 동조하느냐는 것이다.

심각한 결함이 있는 후보자들에게 그들이 보낸 지지는, 진실과 재정적인 부분이 인종차별적이고 성차별적인 후보자들의 성공과 별 관련이 없다는 현실을 드러낸다. "미국을 다시 위대하게 만들겠다"는 폭탄 선언은 인종주의적인 잔인성에 거짓 희망을 덧대게 한다. 인종주의의 결과라는 현실과 평등이라는 이상을 조화하기가 얼마나 어려운지에 대한 가장 우스꽝스러운 예시를 이끌어내는 사기였다. 짐 크로 시대에 만들어진 미국의 위대함 이라는 신화는 많은 이들에게 호소력이 있는데, 그들은 정반대를 가리키는 모든 증거에도 불구하고 여전히 백인 우월주의를 믿기 때문이다. 여기에 모든 여성에게 좋은 정책이나 후보자를 밀어주리라고는 절대로 보장할 수 없는 권력을 가진 백인 여성 들도 더해진다.

캐버노가 대법관 자리에 지명되자 벌어진 일을 보라. 청문회에는 '나는 브렛과 함께한다', '캐버노를 지지하는 여성들'이 적힌 티셔츠를 입은 일단의 백인 여성들이 방청석에 앉아 있었다. 그를 지지하는 체제에는 많은 백인 남성들이 포함되어 있었지만('캐버노를 지지하는 여성들'의 기념사진에는 여성보다 남성이 훨씬 많았다), 재생산 정의뿐만 아니라 의료 서비스 전반에 대한 접근을 저해할 가능성이 있는 후보자를 지지하기 위해 10~15명의 여성들이 자신만만하게 시위대를 가로질렀다. 그들 나이대는 젊은 여성에서부터 나이 든 여성까지 다양했다. 하지만 그들 가운데 누구도 자신들이 가부장제를 지탱하여 모든 여성의 권리를 저지하고 있다는 사실을 알 만큼 현명해 보이지는 않았다. 이는 그저 우파만의 문제도 아니다. 버니 샌더스Bernie Sanders의 열성적인 지지자 가운데 대다수는 그를 비판하는 유색인들을 언어적으로 공격하는 것이 좋은 정치라고 믿었다.

버니 브로스Bernie Bros란 버니 샌더스를 지지하지 않는 사람이면 누구든 공격적으로 질책하는 데 특화된 소셜미디어 플랫폼에 머무는 트롤들과 진짜 지지자들을 한데 묶어 부르는 말이다. 어떤 샌더스 지지자들은 버니 브로스가 진짜가 아니라 전부 트롤이며, 이 단어가 샌더스를 지지하는 여성들을 지운다고 주장했다. 하지만 그런 용어는 문제가 아니었다. 문제는 샌더스를 지지하는 좌파들이, 흑인 및 갈색 피부를 가진 유권자들이 샌더스를 지지하지 않는다는 이유로 그들이 "뭘 모른다"고 하는 데 불편함이 없었다는 것이다.

한 조사에 따르면 유권자 가운데 40퍼센트가 캐버노 임명에 반대했지만, 공화당에서는 캐버노와 크리스틴 블래지 포드Christine Blasey Ford가 증언을 한 이후 며칠 사이에 캐버노를 지지하는 여성 비율이 69퍼센트에 달했다.*

많은 공화당 지지자들에게 캐버노의 증언은 위협적인 고함이 아닌 강력한 증거로 받아들여졌다. 일부 권위자들과 정치인들은 사소한 것에 지나치게 신경을 쓰면서, 포드 박사를 믿는다고 하면서도 그의 가해자가 캐버노일 것이라고는 믿지 않는 식으로 모든 논리에 반하는 주장을 펼쳤다. 그 근거가 무엇이든 한 가지는 분명했다. 편향이 불을 지핀 정당 정치는 이성을 기각하는 행위이자, 많은 이들에게 대통령(20명에 가까운 여성들에게

———— * 크리스틴 블래지 포드는 2018년 9월, 브렛 캐버노가 1982년 여름에 자신을 성폭행했다고 증언했다.

성폭력과 직권 남용으로 기소된)뿐 아니라 여성을 위한다는 립 서비스만을 늘어놓는 정당을 지지하는 행위였으며, 포드 박사를 비롯해 권력을 가진 남성들에 대항하여 발언하는 용기를 가진 모든 여성의 신뢰도를 떨어뜨리는 데 일조하는 행위였다.

교육받은 백인 여성이 주류 페미니스트 조직의 지지에도 불구하고 캐버노의 임명을 막지 못했다는 사실은 충격적일 수 있다. 하지만 이 순간을 향한 길을 닦아온 것은 인종이나 젠더, 혹은 계급에 기반해 '잘못된' 피해자를 무시하고자 한 그들의 의지였다. 어떤 피해자들이 함부로 다루어져도 되는 것처럼 보일 때, 백인 여성을 보호해야 한다는 백인 우월주의적이고 가부장적인 주장과는 상관없이 결국 모든 피해자는 함부로 다루어질 수 있다. 커다란 전쟁에 개입하는 것만으로는 충분치 않다. 불운하게도 페미니즘은 모든 전쟁에 관여해야 한다. 그렇지 않으면 이런 순간들을 막아서는 데 무력해질 수 있다.

백인 여성의 정치적 힘은 다른 집단과 같은 방식으로 거의 다루어지지 않는다. 흑인, 라틴계, 아시아계 유권자들은 단일한 집단으로 취급되는 데 반해, 누구도 백인 여성 유권자 집단을 통합된 집단으로 보지 않는다. 이는 백인 여성에게 투표권을 준 결과가 백인 특권을 강화하는 결과를 낳았음을 증명한 수많은 선거에서 특히 두드러진다. 왜일까? 백인 우월주의를 신봉하는 여성들은 항상 존재했으며, 그들은 인종주의 아닌 다른 어떤 것에는 충성하지 않기 때문이다.

유색인 유권자들, 특히 흑인 여성들은 미국 정치에서 모두를 구하리라는 기대를 받곤 한다. 심지어 여기에는 그들 표가 그들 자신의 이익을 대변한다는 겉치레나, 그들이 자기 이익이라고 생각하는 것과 후보자들이 그들 이익이라고 주장하는 것이 다를 수 있다는 겉치레도 존재하지 않는다. 가장 가난하고 취약한 계층의 관심과 필요를 우선시하는 정치인은 어떤 선거에서도 보이지 않는다. 물론 립서비스는 존재하지만, 실질적으로 미국 정치와 미국 정치인들은 대개 돈에 반응한다. 종종 가장 많은 돈을 가진 이들을 돕는 것이 가장 적은 돈을 가진 이들을 돕는 것이라는 생각이 자리하곤 한다. 하지만 우리는 부의 낙수 효과 같은 건 없음을 안다. 공동체를 돕는 효과적인 하향식 접근은 말할 것도 없다. 가장 적게 가진 이들이 이끈다는 생각은 직관에 어긋나는 것처럼 들릴 수 있지만, 사실상 현실에서는 아이러니하게도 '밀물이 들어오면 모든 배가 떠오른다'*는 오래된 격언이 백인 여성이 흑인 여성이 투표를 한다면 벌어질 수 있는 일에 대한 적절한 비유다.

이 말이 꼭 흑인 여성들이 정치적으로 더 잘 준비되었다거나 더 낫다는 의미는 아니다. 사실 가장 흔한 것은, 빈곤한 이들이 살아남기 위해 필요한 것에 가장 정통하다는 말이다. 결과적으로 그들은 부자의 주머니를 불리는 것보다는 어떻게 계속 불을 밝히고 아이들을 먹일 것인지, 최소한의 몇 가지 작은 즐거움

---

* 이 말은 흔히 국가 경제가 성장하면 모든 사람이 이득을 본다는 의미로 사용되곤 한다.

을 누릴 것인지에 초점을 둔다. 핵심은 여기에 있다. 당신이 아무 것도 가진 것이 없고, 당신만큼 가진 것이 없는 이웃을 꺼려하지 않는다면, 힘을 합쳐 어려운 시기를 함께 견뎌낼 수 있다. 이는 이타주의보다는 간단한 산수에 가깝다. 이웃에게 뒤처지지 않으려 애쓰는 일은 당신이 도움을 필요로 할 때 바로 그 이웃들이 가진 것이 무엇이든 공유할 수 있다는 사실을 알 때 우선순위에서 밀려나게 된다.

만약 스스로 달을 날 만한 자원을 갖고 있지 않다면, 그렇지만 친구나 이웃들과 자원을 나누어 함께 살아갈 수 있다는 것을 안다면, 물론 모두에게 더 많은 자원이 돌아가기를 원할 것이다. 우리는 정치와 투표를 한쪽이 꼭 이겨야 하는 제로섬 게임으로 틀 짓는다. 그렇지만 현실에서는 최악을 피하자는 식으로 이루어진다. 만약 결과가 심각하지 않다면, 어떤 정당에서도 타자에 대해 공감이 결여된 모습을 보이는 것은 우습게 비칠 수 있다.

공화당 상원의원인 신디 하이드-스미스Cindy Hyde-Smith가 린치에 대한 농담을 던지고도 인구의 44퍼센트가 흑인인 주에서 선거 승리를 거두는 이 나라에서, 우리가 던져야 할 질문이란 "흑인들은 투표를 어떻게 하는 거야?"가 아니다. "백인들이 투표하는 방식을 어떻게 바꾸어야 하는가?" 혹은 "투표에 대한 접근을 어떻게 보호할 수 있는가?"를 물어야 한다. 페미니즘은 중산층 백인 여성들이 필요로 하고 원하는 것에 치중되어 있고 모두를 위한 투표권을 보호하는 데에는 신경 쓰지 않음으로써 주변화된 이들을 포섭하는 데 실패했다. 이는 비단 미국인에게만 해당하는 문제가 아니다. 결국 미국 내에서 후보자들과 지지자들이 유색인을 보호받고 지지받을 가치가 있는 인간으로 바라보지 않는다면 미국 바깥의 사람들에게는 어떤 기회가 있겠는가?

비인간화는 다른 이들의 권리를 저버리는 투표를 정당화하는 첫 번째 단계다. 미국에서든 다른 나라에서든 마찬가지다. 이 나라가 자랑하는 군사력에 힘입어 더 큰 영향력에 대한 고려 없이 오직 개인적인 동기에 따라 투표를 하는 것은 본질적으로 이기적인 행위다. 백인 우월주의를 위해 투표하는 것은 근본적인 자기기만이다. 다른 공동체가 어떤 결과를 마주하든, 그것은 자기 자신의 문 앞에도 당도하게 마련이기 때문이다.

힐러리 클린턴에게 투표하고 싶지도 않았지만, 가장 덜 해로운 선택지가 유일한 선택지임을 받아들여야 했다. 결국 민선은 선거인단 투표만큼 중요한 것도 아니었다. 인종과 정치에 관한 논의에서 가장 짜증나는 부분이 바로 이 점일 것이다. 흑인 여성 유권자들이 모든 차이를 만들어낼 수 있다는 것이 대중적인 믿음이 됐을지언정, 현실은 주변화된 유권자들의 연합이 지속적인 변화를 일으키기에 충분치 않다는 것이다.

주변화된 이들이 위해를 줄이기 위해 하는 투표는 자기 자신을 대가로 치러가면서까지 인종주의에 투표하는 백인들의 어리석음을 능가하기에는 충분하지 않다. 공감은 우리가 성인에게 가르칠 수 있는 것이 아니다. 백인 우월주의가 투표소에서나 집에서나 수많은 백인 여성들에게서 이토록 인기를 얻는 한, 더욱이 투표권이 공격을 받는 나라에서 투표율이란 고려할 가치가 없는 문제다. 투표자 신원 확인법에서부터 투표소로 향하는 유권자들이 탄 버스를 멈춰 세우려는 시도, 투표소를 일찍 닫는 것, 주 내에서 신분증 발급처를 줄이는 것에 이르기까지 다양한 전략은, 오바마를 비롯한 다른 중도파 및 진보 인사들을 임명한 집단이 투표에 접근하지 못하게 했다. 플로리다에서 전과자가 투표권을 되찾기 위해 내야 하는 현대판 인두세에서부터 유권자를 명부에서 빼는 방식에 이르기까지, 유권자를 억압하려는 고전적인 시도가 여전히 횡행하고 있다. 인종이 분리된 학교 시스템을 만들던 게리맨더링Gerrymandering*은 임신 중지에 반대하는 정치인을 위해서도 똑같은 방식으로 쓰인다. 누가 투표할 권리를 갖는가를 두고 존중받을 자격에 관한 논쟁이 미치는 영향을 상상해보라.

열렬한 노예해방론자들이 존재했음에도 불구하고 여성 참정권 운동가들로 하여금 백인 우월주의를 지지하게 했던 관점은 오늘날 일부 백인 페미니스트들에게 남아 인종주의가 선거에 미치는 영향을, 투표할 권리와 투표에 대한 접근 사이의 넓어지는 간극을 무시하게 만든다. 여성 참정권 운동가이자 미국 최초의 여성 상원의원인 레베카 라티머 펠먼Rebecca Latimer Felton은 린치를 지지하는 등 혐오스러운 태도를 보였음에도 불구하고 어떤 집단에서는 그를 페미니스트 아이콘으로 기린다. 이러한 태도는 투표권을 박탈하는 주된 방법 중 하나인 차별적 정책

——— * 특정 후보자 혹은 정당에 유리하도록 선거구를 획정하는 것을 말한다.

을 못 본 척하는, 감금 중심 페미니즘 논리를 뒷받침한다. 흑인의 삶만이 아니라 흑인의 투표도 중요하다. 또한 위험에 처해 있는 것은 흑인의 표만이 아니다. 전과 기록을 지닌 어떤 여성이라도 투표권을 잃을 수 있다.

2018년 5월 '센텐싱 프로젝트'* 보고서에 따르면 미국 내 수감된 여성은 약 11만 명으로, 이는 미국 여성 인구의 1퍼센트에 달한다. 수감된 여성 수는 1980년 이후 크게 증가했고, 수감률이 높아짐에 따라 많은 잠재적 유권자들은 재소자들이 투표하는 것을 불법으로 규정하는 법 때문에 권리를 박탈당한다. 이 법은 주에 따라 다르지만 '마약과의 전쟁'이 유색인 공동체에 미친 영향에 대한 현대적인 이해에 기반해 있지 않으며, 경찰의 직권 남용 및 폭력의 영향을 고려하지 않은 것이다. 투표권을 잃을 위험을 가장 많이 경험하는 이들에게는 투표가 정치적인 힘 비슷한 어떤 것에라도 접근할 수 있는 유일한 길이다.

투표는 미국을 병들게 하는 문제에 대한 완벽한 해결책일까? 그렇지 않다. 하지만 투표를 한다는 것은 국가 운영 방식에 목소리를 내는 것이며, 때로 그 목소리는 안전과 안정을 향한 공동체의 첫걸음이다.

2016년 선거가 치러지기 전에 주류 페미니즘은 미국 내에서 주변화된 이들의 투표권이 위협받는 문제에 관심을 기울이지 않았다. 유권자 억압의 역사는 잘 기록되어 있다. 1965년 투표

─── * 사법제도에서의 인종차별 문제를 연구하고 해결하고자 하는 단체다.

권법*이 만들어지기 이전인 1920년에 여성들이 투표권을 얻었음에도 불구하고 미 연방정부는 흑인과 토착민이 투표하는 것을 막기 위해 인두세를 물리고 문맹 검사를 실시했다. 이런 장애물은 여러 차례의 소송을 거치고 나서야 거두어졌다. 많은 정치인들은 짐 크로 시대의 구습을 곧장 새로운 장애물로 대체했다. 지금까지도 일부 입안자들은 투표권을 침해하는 정책을 계속 추진하고 있다. 비록 연구들은 불법 투표가 신화임을 보여주었지만, 지난 몇 년간 투표에 대한 강력한 제한 조치는 반대보다는 지지를 더 많이 받았다.

투표 사기를 견제한다는 명목 아래 많은 주는 투표자 신원을 엄격하게 확인하고 투표소 수를 줄였다. 특히 2016년 선거를 앞두었을 때는 사전 투표할 기회를 줄여버림으로써 투표를 제한했다. 더 중요한 점은, 이러한 초기 조치가 이루어진 몇몇 주에는 투표에 관련한 오랜 인종차별 역사가 존재하며, 최근까지도 투표에 관한 법과 절차를 바꾸기 전에 연방정부로부터 승인을 받아야 했다는 사실이다. 투표권을 옹호하는 이들은 이러한 조치가 수만 명에 이르는 저소득층 및 유색인 시민에게 장벽을 만든다는 점을 지적했는데, 이에 우파 정치인들만이 아니라 적잖은 수의 좌파 정치인들이 보인 반응은 주변화된 공동체의 현재적이고 역사적인 장벽을 무시해버리는 것이었다. 투표율을 낮추고 싶어하는 우파 정치인들이야 그런 반응을 보일 수 있다지만

---

* 1965년 투표권법은 투표에서의 인종차별 철폐를 골자로 한 법안이다.

좌파 정치인들이 투표권법이 존재하는 이유를 무시하고 그것이 효력을 발휘하지 못하게 내버려두는 것은 경악할 만했다.

투표할 권리는 미국 민주주의의 기둥이라는 주장이 이어져 왔지만 수많은 미국인들은 투표에 어려움을 겪는다. 페미니스트 조직 가운데 모두의 투표권을 우선순위로 삼는 곳은 거의 없지만, 그중에서도 극소수만이 백인 여성이 모든 여성의 이익에 반해 투표하는 일을 허용하는 편견에 대해 고찰한다. 그것이 캐버노를 지지하기 위해 목소리를 높였으나 그가 자신들 또한 무시하고 존중하지 않았음을 알게 되는 여성들이든, 캐버노의 대법관 임명을 축하하기 위해 몰려든 공화당원들이든, 일부 여성들만이 투표할 권리에 접근할 수 있는 상황은 모든 여성의 권리에 심각한 결과를 야기하게 마련이다.

여성이 인종이나 계급, 혹은 다른 요소와 무관한 단일한 투표 집단으로 취급될 수 있다고 보는 서사는 어떤 것이든 간에 근시안적이며 커다란 오류를 품고 있다. 페미니스트 정치학의 역사는 시스, 트랜스를 비롯해 주변화된 여성들의 문제를 무시하는 것의 위험성을 보여주었다. 솔직히 말하자면 파니 루 해머Fannie Lou Hamer와 이다 비 웰스Ida B. Wells를 비롯해 세대에 걸쳐 사회적 문제를 널리 해결하는 리더가 된 여성들이 있었다[두 사람 모두 민권운동가다]. 이들이 한 활동은 백인 미국인들로부터 최소한의 인정이나 존중을 받았을 뿐이지만 모두를 위한 조건을 개선하는 데 더 많은 역할을 했다. 오늘날 페미니즘 운동은 모두를 위한 투표권을 무시할 수 없다. 단지 백인 여성을 위한 대의를 지지할 사람들이 필요한 게 아니라면, 페미니즘의 목표가 진정으로 모두를 위한 평등에 있다면, 페미니즘의 미래는 과거와는 달라야 하기 때문이다. 페미니즘은 지난 수십 년간 강력한 정치적 힘이었지만, 핵심적인 선거에서 이기기 위해서는 초점을 더욱 확장할 필요가 있다.

빈곤에서부터 형사제도 개혁, 생활임금, 이민자들에 대한 더 나은 보호 조치, 성소수자 문제에 이르기까지 여성에게 영향을 미치는 모든 문제를 아우르는 페미니즘이란 모두에게 투표를 기본적인 권리로서 보장하는 것이다.

편향은 교문 앞에서

멈추지 않는다

EDUCATION

페미니즘이 교육적 접근을 옹호하는 것만으로는 부족하다.
교육이 모두에게 가치 있는 것이 되도록 밀어붙여야
한다. 양만큼이나 질도 중요하다. 학교가 학대를
가하고 트라우마를 유발하는 공간이라면 학생들에게
학교는 가서 좋을 곳이 못 된다. 학교에서 감옥으로
이어지는 파이프라인을 끊는 데 필수적인 것은, 교실을
통제하기는커녕 소수자들을 향해 경찰을 무기처럼
휘두르면서 편안함을 느끼는 대다수 백인 여성 교원들의
내면화된 편향에 도전하는 일이다.

▶▶

어릴 때 정치인들이 텔레비전에 등장해 자신들이 마약상의 '위협'으로부터 도시를 구했다고 말하는 장면을 본 기억이 난다. '슈퍼 포식자'들의 시대였다. 우리 모두 법과 질서를 우선시하는 리더들에게 감사함을 느껴야 하던 때였다. 하지만 나는 어떤 슈퍼 포식자도 알지 못했다. 다만 약에 찌든 소년 소녀들을 알았을 뿐. 약을 팔고, 옮기고, 지니고, 때로는 하기도 했던 이들. 나는 그들 중 하나가 아니었다. 나는 미래가 있는 너드였을 뿐, 누구도 나를 그들 무리에 끼워줄 만큼 내게 관심을 보이지 않았다. 그들에게 나는 책벌레였고, 내게 그들은 유치원 시절부터 알고 지낸 나 같은 아이들이었다.

나는 조모부와 이모들, 엄마, 계부가 있었지만 그들에게는 아무도, 최소한 충격적인 상황을 바라보고 그것을 개선하기 위해 최선을 다한 사람은 없음을 이해했다. 마약을 팔던 소년들은 위탁 가정에서 자라거나 친척들에게 맡겨져 자란다는 사실, 하지만 친척들은 자기 자식들을 먹여 살리기에도 바빠 그들에게 신경 쓸 겨를이 없다는 사실을 알게 됐다. 소녀들은 대개 마약을 운반하기는 했지만 팔지는 않았고, 녹색이나 흰색 알약에 마약을 운반하는 소년 혹은 성인 남성과 (자주 친밀하게) 연결되었다. 나와는 달리 그들에게는 세상만사를 아는 할머니도 없었고, 어떤 순간에든 그들을 멈춰 세워 무엇을 하고 있냐고 물을 할아버지도 없었다.

대신 그들은 냉장고 안에 음식이 있는지, 가스비가 제대로 나갔는지 확인하는 책임자였다. 그런 책임은 5학년이나 10학년 때 그들 어깨 위에 얹힌 것일 수도 있고, 어쩌면 단지 그들이 늘 해야 한다고 느꼈던 것일 수도 있다. 나는 마약을 팔지는 않았지만 자라면서 알게 된 마약 딜러들에 대한 두 가지 이야기가 있다. 가진 것보다 더 많은 양을 필요로 하기가 얼마나 쉬운지, 범죄에 의존하지 않고서는 그것을 얻어내기가 얼마나 어려운지에 대한 이야기다. 던 제이Deon J의 이야기로 시작하자.

던은 착한 아이였다. 몇 년간 학교를 같이 다녔는데, 다른 애들이나 나 같은 아이였다. 그는 할머니, 여동생, 때로는 엄마와 함께 드렉셀에 있는 아파트에 살았다. 수입은 적었지만, 이웃한 거의 모든 사람들처럼 입에 풀칠할 수는 있었다. 멋진 장난감 같은 아이들이 원하는 물건을 사기에 충분한 돈을 갖고 있지는 않았지만 해진 옷을 입지 않았고, 깔끔했고, 잘 먹고 다니는 것 같았다. 읽기를 배우는 동안에는 학교에서 어려움을 겪었다. 피부색이 밝다거나 싸구려 신발을 신는다고 놀림을 받기도 했다. 1980년대 시카고에서 흑인 학교를 다닌 아이들이라면 99퍼센트 확률로 겪는 일이었다. 코즈민스키는 흑백 분리 학교였지만 우리는 그런 사실을 몰랐고, 한 번도 가져본 적 없는 것은 바랄 수 없게 마련이어서, 나는 그때 우리에게 무엇이 결핍되어 있었는지 우리가 정말로 이해했으리라고는 말하기 어렵다.

집에 모부 둘 다 있지 않은 건 정상이었다. 한두 세대가 함께 사는 것도 정상이었다. 가족들은 대개 모여 살았고, 특히 우리가 어릴 때는 그렇게 사는 것처럼 보였다. 하지만 모든 아이가 같은 지지 기반에서 자라는 건 아니었다. 내가 아프면 할머니는 나를 침대에 누였고, 할아버지나 고모가 진저에일이나 크래커를 주곤 했다. 던은 3학년 때 수두를 앓았는데, 우리가 학교에 있는 동안 그는 침대에 누워 있는 대신 동네를 배회했다. 4, 5학년 때 그는 우리 중 누구보다도 옷과 신발을 살 돈을 많이 가지고 있었고, 6학년을 마칠 때쯤에는 갱과 어울려 다닐 뿐만 아니라 그들 중 하나라는 사실이 분명해졌다.

어머니는 곁에 있을 때가 별로 없었고, 할머니는 아팠고, 던과 여동생은 먹을 것이 필요했다. 집값을 내야 했고, 난방도 때야 했다. 나는 던이 언제부터 마약을 팔았는지는 알지 못한다. 던의 가족들이 그가 올곧고 좁은 길을 가도록 하기보다는 그가 가져오는 돈을 필요로 했다는 것을 알 뿐이다. 그는 거리의 위계서열에서 자신이 차지한 자리를 자랑했다. 나이를 먹으면서 우리는 고등학교에(일부는 직업학교에), 대학에, 군대에 갔지만 던은 계속 거리에 있었다. 거리는 그가 의지할 수 있는 곳이었다. 할머니가 돌아가시고 어머니가 가끔이나마 방문하던 것을 멈추었을 때에도, 여동생과 자기 자신을 먹여 살릴 수 있었다. 거리가 그를 끌어안았기 때문에 그도 거리를 껴안았다. 나는 할머니를 보러 갔을 때 그를 지나친 적이 있다. 늘 행복하지는 않았겠지만 풍요로워 보였다. 던의 여동생은 고등학교에 이어 대학에 갔고, 그는 거리와 감옥 사이를 오갔다. 나는 그가 어떤 사람이 될 수 있었는지는 알 수 없지만, 그가 가질 수 있었던 것이 거리밖에 없었다는 사실은 안다. 그는 서른 전에 살해당했으니까. 던 같은 아이에 대해 판단하는 것도, 내가 해냈으니 그도 할 수 있었다고 말하는 것도 쉬운 일이다. 하지만 나는 그보다 더 많은 선택지와 더 나은 자원을 가졌다.

그리고 라토야LaToya라는 아이가 있었다. 같은 중학교를 다닌 여자아이였는데 나중에 전학을 갔다. 다른 친구들처럼 유치원을 같이 다니지는 않았다. 라토야는 재밌었고, 매력적이었고, 나의 너드 같은 어색한 태도에도 놀랄 만큼 친절했다. 정확히 말하자면 우리는 친한 사이가 아니었지만, 내가 알고 지내던 그의 사촌을 통해 중학교를 졸업한 뒤로도 몇 년간 가깝게 지냈다. 그는 똑똑했고, 아마 대학에 갈 수 있었을 것이다. 하지만 그는 남자친구를 위해 마약을 보관하고 있었다. 어머니는 죽어가고 있었고, 남은 가족들은 재정적으로 안정적이지 못했고, 그는 십대였다. 남자친구가 라토야와 어머니에게 돈을 대주는 대신 라토야는 마약을 보관하고 옮겨주었다. 남자친구는 천사가 아니었지만 거리라든가 일리노이의 위탁 가정이라든가 하는 다른 선택지보다는 나았다. 둘 다 적발됐을 때 라토야는 마약을 하고 있었

편향은 교문 앞에서 멈추지 않는다

지만 남자친구보다 훨씬 어렸고 (내 기억이 맞다면) 처음 걸린 것이었다. 이 말은 그가 전과자들이 출소 후에 자립할 수 있도록 돕는, 지금은 사라진 프로그램의 혜택을 받을 수 있었다는 뜻이다. 그는 직업을 구했고, 아이들과 함께 살 공간을 얻었고, 결국에는 '모범 시민'이 되었다. 직업이 있고, 살아갈 공간이 있고, 자기를 실현할 수 있는 환경에 있는 그는 이제 투표권을 제외한 모든 것을 자신이 원하는 대로 행할 수 있다.

왜 이 두 가지 이야기를 했을까? 나는 가족으로부터 조금 더 많은 지지와 감시를 받은 덕분에 마약 밀매에 연루되지 않았지만, 이것이 내가 법을 어긴 적이 없다는 뜻은 아니다. 나는 무단 침입을 했고, 절도를 했고, 대마초를 피웠고, 열네 살에 술을 마시기 시작했고, 통금을 어겼고, 사소한 기물 파손을 저질렀다. 내 범죄는 더 일상적이었기 때문에 경찰이 개입할 가능성이 적었다. 후드는 희망 없는 곳이 아니지만, 그곳에서 직면할 수 있는 장애물은 학교에 경찰이 상주하는지, 당신을 위해 자주 얼굴을 비출 수 있는 가족이 있는지 같은 일상적인 요인에 따라 엄청나게 달라진다.

선을 넘을 때마다 나는 바깥의 반향을 피하려면 일을 몰래 저질러야 한다는 사실뿐만 아니라 조모부나 다른 친척들이 설정한 선 안에 있어야 한다는 사실을 분명히 알고 있었다. 누가 돈을 낼 것인가 하는 문제를 걱정할 필요가 없었기 때문에 더 쉬운 문제였다. 혹은 내가 같이 살고 있는 가족 구성원에게 무슨 일이 일어나면 갈 곳이 없어질지도 모른다고 생각하지 않았기 때문에 그랬다. 만약 엄마가 나를 돌볼 수 없다면 나는 이모들이나 조모부, 혹은 가족 간 친구들과 살 수 있었다. 청소년기에 할아버지가 돌아가셨을 때는 엄마와 계부와 살았고, 중고등학교를 다니는 동안 모부와 사이가 좋지 않을 때에는 친구 집에, 할머니 집에, 이모 집에 갔다. 우리는 모두 복잡한 가족관계에 얽혀 있었다. 모부들은 분투했고 때로 실패했다. 던은 어른들로부터 중요한 지지를 받지 못했을 뿐 아니라 여동생을 위해 스스로 어른이 되어야 했고, 라토야는 지지를 받았지만 충분치 않았다. 나는 지지를 받았다. 그것이 늘 내가 원한 것은 아니었을지라도.

우리 모두에게 있어 학생들에게 관심을 기울이는 교직원과 차이를 만들고자 하는 이웃이 있다는 것은, 우리가 다다를 수 없을 거라고 예상되는 미래를 적어도 상상할 수 있음을 의미했다. 던의 이야기는 명백히 슬픈 결말을 맞았지만, 그런 결말만큼이나 슬픈 것은 던이 오늘날 그 같은 처지의 아이보다 더 오래 살았다는 사실이다. 지금 그가 아이였다면 경찰에게 총을 맞을 위험을 무릅써야 했을 것이다. 고작 열두 살에 공공장소에서 총 같아 보이는 것을 들고 있다는 이유로 말이다. 혹은 학교에서 수갑이 채워지거나 전담 경찰에게 곤봉으로 얻어맞았을지도 모른다. 불관용 정책zero tolerance policy* 이전에, 그는 가정에서 얻을

---

* 1994년 학교 총기 규제법Gun-Free Schools Act과 함께 시작된 불관용 정책은 학교에서 조금이라도 바람직하지 않은 행동을 보이거나 물건을 소지하면 곧바로 정학 혹은 퇴학 처분을 내리는 등 엄벌주의를 말한다. 하지만 이 정책은 처벌 중심적일뿐더러 유색인종에 치우쳐서 시행됐다는 점에서

수 없는 안전한 공간을 학교에서 찾을 수 있었다. 인종 분리가 일어나면서 생겨난 가혹한 학교 정책과 학교 내에 공권력을 투입하는 안전 정책은 학교에서 감옥으로 이어지는 파이프라인을 만들었다. 문제 학생은 방과 후에 남는 벌을 받는 데서 그치는 것이 아니라 정학을 당하고, 퇴학당하고, 심지어는 학교 내에서 체포된다. 학교는 그들에게 상담이나 중재를 하는 대신 공권력을 사용해 비행을 제지한다. 사소한 일에서까지도 그렇게 한다.

학교에서 밀려나 소년원에 들어가는 아이들의 경우, 그들의 미래는 나나 라토야보다는 던에 가깝다. 페미니즘적이고 인종적인 정의에 발생한 위기나 다름없다. 학교에서 밀려나는 아이들은 유색인종일 뿐 아니라 높은 비율로 여성이기 때문이다. 또한 장애를 가진 학생들, 성소수자 학생들도 많다. 편향은 교문 앞에서 멈추지 않는다. 주변화된 학생들이 이러한 정책에 영향을 받는 건 그들이 한 행동보다는 그들이 지닌 정체성과 관련이 있다.

불관용 정책은 1980~1990년대 '범죄와의 전쟁' 정책에서 시작됐으나, 당시에는 그 영향이 가혹하지 않았다. 학생들은 적어도 그들과 그들 가족을 아는 교사, 그들의 기본적인 인간성을 아는 교사에게 가르침을 받았다. 그렇지만 불안정한 학교 체계와 교사 집단에서의 다양성 결여가 합쳐지면서, 군대식 혹은 감옥식 훈육 체계가 학생의 성공을 좌우하는 열쇠라는 인식이 팽배했다. 하지만 이는 성공을 돕기는커녕 학생들의 성취만이 아니

―――― 많은 비판을 받았다.

라 안전까지도 위험에 빠뜨렸다. 특히 수많은 공립학교가 문을 닫았을 때, 이런 학교들이 유일한 선택지일 때는 더욱 그러했다. 어떤 교칙에 의거해 당신이 잘못된 색깔의 신발을 신었다는 이유로 교실에서 쫓겨날 때, 당신 곁에 있는 어른들은 당신에게 자신들은 교육보다 복종을 중시한다고 가르친다. 그들이 당신이나 당신 미래를 가치 있게 평가하지 않는다면, 당신이라고 왜 그래야 하겠는가?

교사가 학생에게 가하는 차별의 가장 흔한 형태는 교실에서의 기대와 제재로 드러난다. 편향을 가진 교사는 특정한 학생에게 더 자주, 더 가혹한 벌을 준다. 학생의 정체성 때문이다. 그들은 학생들이 선호하는 대명사를 쓰지 않고, 학생이 화장실에 가는 것을 막거나, 학생이 규칙을 어기게끔 만드는 기준을 임의로 만들어낸다. 이는 고등학교에서 흑인 및 라틴계 학생들에게 특히 흔하게 일어난다. 내 첫째 아이는 열여섯 살 때 어떤 교사와 개인적인 갈등을 빚은 이후 무단 침입이라는 죄명을 뒤집어썼다. 어디에 무단 침입했냐고? 그는 시험 전에 공부를 하기 위해 빈 교실에 앉아 있었다. 시험은 그 교실에서 치러질 예정이었다. 학생부에 기재하겠다고 아이를 위협한 교사는 실제로 그를 가르치지도 않았다. 아이의 교사는 이 상황에 아무 문제가 없다고 보았다.

무단 침입을 했다고 위협한 교사는 다른 무엇보다도 통제에 관심을 두었지만 아이는 똑똑했고, 도전적이었고, 사소한 역학 관계에 압도되지 않았다. 그가 교실에 있는 것을 막는 실제적인 규칙이 없었고 문도 열려 있었지만, 교사가 이에 문제를 제기하는 한 아이는 붙잡혀서 처벌받아 마땅한 존재가 됐다. 내가 이런 평가를 적는 기준이 무엇이냐고, 내 아들이 그러했듯이 아이들이 조용한 곳에서 공부하기를 원하지 않느냐고 묻자, 교사는 한 걸음 물러서더니 아이에게 규칙을 가르쳐주고 싶었다고 말했다. 하지만 아이는 공부를 하고 있었기 때문에 그런 변명은 별 효력이 없었다. 교사들이 가하는 차별은 불공평한 점수 매기기에서 교실 내 다른 학생들의 차별적 행동을 용인하거나 부추기는 데로 이어질 수 있다.

이러한 학내 괴롭힘 문제가 논의되지 않는 것은 적어도 어떤 선생들이 무슨 일이 일어나는지 알면서도 무시하기 때문이다. 결국 한정적인 감정적 자원을 가진 주변화된 학생들은 모든 곳에서 공격을 받는다고 느낀다. 문제는 여기서 끝나지 않는다. 자신이 겪은 차별적인 행위를 알리고자 하는 학생들은 도리어 그들이 나쁜 짓을 했다고 비난받는 상황에 놓일 수 있다.

그렇다. 교사도 괴롭힘의 주체가 될 수 있고, 학교 밖까지는 아니더라도 교실 밖으로 내모는 식으로 주변화된 학생들에게 힘을 행사할 수 있다. 교사에 의해 타깃이 될 때 그들은 수치심과 무력감을 마주할 수 있다. 그들은 학교 내에서 다른 긍정적인 관계를 맺는 데에도 어려움을 겪을 수 있다. 2007년 대안적인 교육을 받는 학생들을 대상으로 연구한 결과, 학생들은 학교에서 겪은 최악의 경험에 또래보다도 성인이 관련되어 있다고 응답했으며, 80퍼센트 이상이 교사에게서 정신적이거나 육체적인 위해를 입었다고 응답했다. 교사가 주도하는 괴롭힘은 전염성을 갖고 있어서 학생들로 하여금 특정한 개인을 괴롭히는 행위가 용인될 만하다는 생각을 하게 만들며, 그런 개인을 더 많은 학대에 노출되는 취약한 이로 만들어버린다. 교사가 학생을 괴롭히는 행위는 최근에야 나쁜 성취도에 기여하는 요소로 지목되었다. 연구는 계속 진행 중이지만 이런 일이 얼마나 자주 일어나는지 정확한 수치는 알 수 없다.

교사가 주도하는 괴롭힘의 가장 나쁜 면은, 이 행위에 공모한 성인들이 이를 해명하는 경우 그들이 자기 행위를 학생들에게 투사한다는 점이다. 양육자들은 아이들의 불만을 통해 그들이 괴롭힘 당한다는 사실을 알 수는 있지만, 그들이 할 수 있는 일은 아이를 학교에서 빼내는 것 말곤 아무것도 없다. 학교는 이런 행위가 처음 보고될 때 나서지 않기 때문이다. 편향을 가진 교사들은 자신들의 학대가 성취를 북돋우기 위한 전략의 일부인 것처럼 속일 수 있다. 성취에서 격차가 나타나는 이유로 훈육을 꼽는 서사들 때문에, 교사들은 자기 행위를 정당화하기 위해 학생들의 낮은 성적을 언급할 수도 있다. 문제가 생기면 그들은 자기 행위를 축소하거나 부인하면서 오해가 있었다고 주장할 것이다. 교사 괴롭힘 문제를 외면하는 것은 문제의 일부분일 뿐이다. 행동하지 않으면 학습을 방해하는 적대적인 환경을 지지하게 되고, 양육자들은 여러 방면에서 싸워야 한다고 느끼게 된다. 이는 (가능하다면) 학교 가는 날에 아이들을 직접 데려다주고, 아이에게 녹음기나 휴대폰을 들고 다니게 하고, 행정처를 찾아가고, 아니면 언론사를 찾아가야 한다는 것을 의미할 수도 있다.

내 아홉 살배기 아들은 학교에서 자신을 괴롭히는 교사를 만났다. 처음에 나는 아들이 숙제를 제대로 해 가지 않아 지적받은 일을 과민하게 받아들이는 거라고 생각했지만, 교사가 숙제를 제출하는 규칙을 계속 바꾸었다는 사실이 점점 명확해졌다. 나는 교사에게 차분히 이야기했고, 행정처에 이야기했다. 나중에는 학교 상담사까지 찾아갔다. 결국 나와 남편이 교실 밖에서 아이를 기다리기에 이르자 교사는 괴롭힘을 멈췄다. '짜잔! 우리가 여기 왔지!' 하는 순간을 몇 번 거치자 특정한 행동이 사라진 것이다. 우리는 이를 문서화해 알렸지만, 많은 괴롭힘이 그러하듯이 희생자가 마주 싸울 수 없을 때는 놀림거리에 지나지 않게 된다.

유감스럽게도 행정상에서의 차별은 교사의 차별보다 흔하다. 초등학교에서나 고등학교에서나 행정 직원들은 유색인을 과하게 처벌하는 반면 같은 행동을 한 백인 학생에게는 가벼운 벌을 내린다. 주변화된 공동체에서 온 학생들은 백인 학생들에 비해 정학을 당하거나 퇴학당할 확률이 더 높다. 이는 단지 학교에서만 일어나는 일이 아니다.

교육 제도에서 가장 흔히 발견되는 인종차별 형태는 백인 학생들이 유색인 학생들을 괴롭히는 것이다. 뉴스에서는 며칠에 한 번씩 인종차별적인 괴롭힘에 대해 보도한다. 이는 물리적인 공격을 동반한 것일 수도 있고, 담장에 인종차별적인 욕설을 휘갈겨 쓴 것일 수도 있고, 주변화된 학생들이 환영받지도 안전하지도 못하다고 느끼게 만드는 조직화된 혐오 행위일 수도 있다. 캠퍼스에서 학생이 저지른 한 번의 사건이 수사를 촉발시키지는 않을지라도, 공격이 반복될 때 혹은 가해자가 아무런 처벌을 받지 않는 결과가 반복될 때 이는 더 넓은 문화적 이슈로 번질 수 있다. 하지만 유색인 학생들이 대응하기라도 하면(시위를 통해서든, 더 직접적이고 물리적인 방식을 통해서든), 그들이 벌인 행동은 경찰관에 의해 범죄로 규정될 수 있다.

어린 유색인 여성들은 요람에서부터 경찰 폭력을 마주한다. 유색인 여성들이 단지 피부색 때문에 문제적인 존재로 여겨진다는 오류를 인지하는 데 실패한 기관에는 안전도, 친화적인 경관도 존재하지 않는다. 유색인 학생들에 대한 경찰의 공격적인 태도는 막대한 비용을 치러야 한다. 미국 정부는 학교 대신 소년원에 연간 5억 7000만 달러를 지출한다. 평균적으로 미성년자 1명을 수감하는 데에는 8만 8000달러를 지출하지만, 교육에는 1만 달러 남짓을 지출할 뿐이다.

학교가 기금이 없고, 인력이 없고, 공동체에서 제 기능을 하지 못할 때, 자원이 아닌 경찰에 비용을 지불하는 것은 타당하지 않다. 하지만 기금에 대한 접근성 면에서 공립학교보다 사립학교에 특권을 부여하는 정책 변화를 지지하는 페미니즘으로부터 이득을 보는 이들의 수는 부족함이 없다. 자원이 부족한 공동체를 학군에 포함시키는 데 반대할 준비가 된 백인 중산층 페미니스트들의 수도 모자라지 않다. 이들은 더 많은 경찰을 배치하지 않고도 학내 환경을 개선하는 데 이상할 정도로 침묵하곤 한다.

전통적인 노동 시간표대로 일하지 않는 양육자들이 유연하게 참석할 수 있도록 학부모회 회의를 조정하도록 요구할 때, 기존 역학에는 불안정이 발생한다. 시카고처럼 백인이 소수에 해당하는 도시에서조차 백인 학교에 압도적인 특권을 부여하는 현 상황, 그것을 흔들 수 있는 학교 재정 지원이나 학군에 존재하는 편향에 맞설 때에도 그렇다. 우리는 이런 일들이 일어나는 모습을 실시간으로 본다—뉴욕에서 백인 양육자들이 다양성 조치에 반대하는 장면이 담긴 교내 이사회 회의가 동영상으로 유출될 때, 아니면 아시아계 미국인 양육자들이 이를 막기 위해 소송을 제기할 때.

주변화된 공동체의 많은 모부들은 학교를 열어두기 위해서만이 아니라 아이가 범죄자가 되는 것을 막기 위한 싸움을 일찍부터, 이를테면 아이가 미취학 상태일 때부터 시작한다. 사실 교내 경관을 늘리기 위해 지출되는 돈은 위험에 처한 학생들과 그들 가족에게 상담을 제공하는 데 쓰여야 한다. 학생들에게는 학교가 필요하다. 정치인들은 학교에서 일하는 상담사, 사회복지사, 간호사, 더불어 방과 후·주말·여름방학 프로그램을 늘리는 것을 안전에 대한 정의에 포함시킬 수 있다.

학내 안전을 증진하라는 요구는 감시가 유색인 학생들에게 미치는 영향을 거의 인정하지 않는다. 신상이 노출되고, 기회가 되어야 하지 완전한 복종이 되어서는 안 되는 공간에서 감시를 당하고 괴롭힘을 당하는 데 안전은 존재하지 않는다.

우리는 깨끗한 물에서부터 학교 폐교에 이르기까지 전 세계에 불평등이 만연하다는 사실을 안다. 이를 가장 잘 보여주는 사례가 있다. 2002~2018년 사이 시카고에 있는 학교들이 폐교되면서 영향을 미친 백인 학생은 533명, 라틴계 학생은 7368명, 흑인 학생은 6만 1420명이었다. 상황이 이렇다면, 페미니스트 집단 내에서 교육에 대한 접근이 높은 우선순위를 차지하지 못할 이유가 무엇인가? 이는 단지 관심을 모으기 위한 노력이 부족한 탓이라고 할 수 없는 문제다.

활동가들은 회의에 나가고, 언론과 접촉하고, 국회 의사당에서, 시장의 사무실에서, 때로는 집 앞에서 시위를 한다. 그들은 학교를 열어두기 위해 성명을 내고 연좌 농성을 하지만, 기금은 학교에 보호를 빙자한 '안전 계획'으로 무장한 인물을 배치하지 않는 한 증발해버린다. 우리는 '학교 전담 경찰관'이 학생들에게 난폭하게 굴거나 혹은 그들이 총기 사고를 막지 못할 때 충격에 휩싸이면서도, 공동체 내 학생들이 교육받기보다는 감시당하면서 교육적 성공을 거두지 못한다는 데 한탄한다.

'학교 내 존엄' 같은 기관은 얼마나 많은 아이들이 불리한 영향을 받는지를 추적하는 데 최선을 다한다. 그들은 흑인 학생이 정학을 받거나 퇴학당하는 비율이 백인 학생에 비해 3배 높다는 사실을 밝혀냈다. 또한 학교에서 경찰에 체포되거나 신고된 학생들의 70퍼센트가 흑인과 라틴계였다. 흑인 아동들은 미국 내 공교육을 받는 인구 가운데 16퍼센트를 차지하지만 체포되는 비율은 과대해 교내 체포 사건의 31퍼센트를 이루고 있다. 아마도 가장 충격적인 사실은, 장애를 가진 이들이 비장애 학생보다 교외 정학을 받을 확률이 2배나 높다는 것이다. 교내 경관이 되는 데에는 특정한 절차나 훈련 과정이 필요치 않기 때문에, 또한 이 경관들은 아동 및 청소년과 상호작용하는 법을 배우지 못했기 때문에, 그 나이대 아이들에게는 완벽히 정상적인 행동을 두고도 비정상적인 행위나 범죄 행위로 해석할 수 있다.

우리는 경찰이 상주하는 학교의 학생들이 범죄 기록을 갖기 더 쉽다는 사실을 안다. 심지어 기물 파손 같은 비폭력적인 비행까지도 말이다. 하지만 우리가 알지 못하는 사실은, 이 학교에 다니는 아이들이 얼마나 자주 경찰들에 의해 폭력을 당하느냐는 것이다. 누구도 이런 사건에 대한 기록에 접근하지 못하기 때문이다. 물론 어떤 경우에는 뉴스거리가 되고, 교내 경관들에 대해 변화를 일으키는 공적 계기가 되기도 한다. 하지만 교내 경관이 어린 흑인 소녀들에게 가차 없이 신체적 폭력을 가하는 동영상이 돌아다닐 때조차 주류 페미니스트 그룹은 이에 대응하지 않는다. 흑인 소녀들, 그들 같은 이들의 권리를 옹호하는 일은 인종 정의를 위한 기관으로 넘겨진다.

학교 내에서 경찰 폭력의 피해를 입는 이들, 학교에서 감옥으로 이어지는 파이프라인을 따라가는 이들, 추방 조치가 취해지는 이들은 많은 경우 유색인이다. 하지만 이것이 페미니즘 이슈가 되지는 않는다. 교육에 대한 교차적 페미니스트 접근에 들어선 것을 환영합니다! 더 안전한 선택을 내릴 수 있는 선택권을 가지고 있고, 특권에 의해 보호되는 공동체에 속한 이들은 아이들을 그들 삶을 망칠 수 있는 시스템으로부터 보호하기 위해 발걸음을 내디뎌야 한다. 우리는 어떤 아이들이 어른들의 잘못으로 인해 만들어진 가정환경 때문에 위험에 처한다는 사실을 안다. 이 위험이 중독, 가난, 폭력 중 무엇 때문에 불거지든 간에 우리는 학교가 안전하지 않은 공간이 되게 내버려둘 수 없다.

일반적으로, 저소득층 가정에서 자란 아이들은 학교에서 실패할 위험이 있다. 이는 그들 모부가 그들에 대한 야심이 부족하다는 잘못된 신념 때문이다. 특권을 가진 이들과 주변화된 이들 사이에 존재하는 성취의 격차를 좁히기 위해서는 열망을 필요로 하는가에 초점을 맞추어야 한다. 학생들이 자신을 재현될 수 있는 인물로 바라볼 수 없는 환경에서 과연 무엇을 열망하겠는가? 누가 이런 기준을 세우는 것이며, 세심한 문화적 감수성을 지닌 유능한 교사 없이 그들이 더 넓은 세상에서 성취를 이룰 수 있겠는가?

페미니즘이 교육적 접근을 옹호하는 것만으로는 부족하다. 교육이 모두에게 가치 있는 것이 되도록 밀어붙여야 한다. 양만큼이나 질도 중요하다. 학교가 학대를 가하고 트라우마를 유발하는 공간이라면 학생들에게 학교는 가서 좋을 곳이 못 된다. 학교에서 감옥으로 이어지는 파이프라인을 끊는 데 필수적인 것은, 교실을 통제하기는커녕 소수자들을 향해 경찰을 무기처럼 휘두르면서 편안함을 느끼는 대다수 백인 여성 교원들의 내면화된 편향에 도전하는 일이다.

우리는 때때로 괴롭힘을 주도하는 이가 교사라는 사실을 안다. 우리는 유색인 학생들이 헤어스타일에서부터 억양에 이르기까지 모든 것을 제재받는다는 사실을 안다.

집을 둘러싼 내 인생 초반은 혼란스러웠다. 나는 한 번도 중산층들이 살곤 하는 집, 흰 울타리로 둘러싸인 교외의 집에서 자란 적이 없었다. 가족 환경은 무척 불안정했지만, 학교에서는 그렇지 않았다. 나로서는 충분한 행운이었다. 8학년 때 실수로 과학실에 불을 질러버렸을 때 어떻게 됐던가? 선생님은 청소를 시켰을 뿐 경찰을 부르지는 않았다. 10학년 때 거의 낙제할 정도로 수업을 빼먹었을 때에도 잔소리를 듣고 간섭을 받기는 했지만, 소년원행 열차를 타지는 않았다. 나중에 내가 잘못된 곳에서 어울리고 있을 때 선생님 중 1명은 내게 이런 말을 했다. 네가 해야 할 일은 열여덟 살이 될 때까지 버티는 것뿐이라고, 그 후에는 네 인생을 결정할 수 있다고. 언제나 나는 나를 잠재력 있는 사람만이 아니라 다음 기회가 주어져야 마땅한 사람으로 보는 흑인 선생님들에게 둘러싸여 있었다. 학교에서 비행을 저지르는 아이들을 볼 때 당신이 그들을 어떻게 생각하든 간에, 당신은 당신 자신에게 물어야 할 것이다. **왜 저렇게 시끄럽지? 왜 화가 났지? 저 아이들에게 안전한 공간은 어디지? 페미니즘은 그들에게 혹은 그들 공동체에 어떻게 힘을 실어주었지? 소녀들을 도와주었나?** 결국 우리가 젊은 유색인 여성들을 대하는 데 실패한 방식은 그들과 우리의 미래를 따라다닐 것이기 때문에.

주거 위기는

우연히 일어나지 않는다

HOUSING

주거와 페미니즘에 대해서 이야기할 때, 우리는 이것이 단순히 자기 사업을 하고 싶어하는 어린 여성이라거나 가족을 위한 집을 찾는 여성의 고민만이 아님을 유념해야 한다. 노인 여성, 자기 공동체의 규범과 리듬에 의지하여 존엄을 가지고 한곳에서 나이 들 수 있는 노인들을 위한 문제이기도 하다. 노령 인구가 접근할 수 없는 빛나는 주거 개발 계획은 대안이 될 수 없다. 노인이 음식, 청결을 위한 수단, 익숙한 방식의 감정적 돌봄을 얻을 수 없는 공동체란 페미니스트가 목도한 심각한 미래다.

▶▶

앞선 장에서 배고픔에 대해 말한 바 있다. 이번에는 가난이 낳는 다른 문제, 주거 위기에 대해 이야기할 차례다. 어떤 면에서는 이 문제를 별개로 다루는 것이 더 나은데, 그러면 덜 속상하게 느껴지기 때문이다. 하지만 높아지는 주거비와 낮아지는 임금은 주변화된 여성들을 안전한 주거로부터도, 개인적인 안전으로부터도 점점 더 멀어지게 할 뿐이다. 월수입의 30퍼센트를 집세나 대출금 상환에 지출한다는 말은 얼핏 합리적으로 들린다. 그 정도 비율을 들여 얻을 수 있는 주거와, 최저임금의 30퍼센트를 들여 얻을 수 있는 주거의 환경을 비교하기 전까지는 그렇다.

이론상으로 공공주택과 섹션 8Section 8* 프로그램은 이 격차를 줄여줄 수 있을 것처럼 보이며, 바로 그것이 이들 프로그램의 목적이다. 하지만 가족들은 여전히 비용 때문에 좁은 공간에 모

―――― * 연방정부의 저소득층 주거비용 지원 프로그램.

287

여 산다. 테트리스는 블록을 가지고 하는 게임이지 사람을 두고 해서는 안 된다. 무엇보다 주거 위기는 여성들에게 큰 영향을 미친다. 임금 격차는 여성이 적은 돈을 벌고, 그들이 비율상 더 큰 돈을 집세로 지불한다는 것을, 따라서 여성이 꾸리는 가계에서는 집세가 차지하는 비중이 평균치보다 크다는 것을 뜻한다. 우리는 임금 격차가 젠더 및 인종에 의해 발생하기 때문에 백인 여성이 백인 남성보다, 흑인·라틴계·토착민 여성이 백인 여성과 남성보다 더 적게 번다는 사실을 안다. 이를 일생에 걸친 문제로 본다면 가용할 수입이 더 적고, 주거에 들어가는 돈이 더 크고, 경제적 안정과 독립을 획득하는 데 더 큰 어려움을 겪는다는 뜻이 된다.

특히 학대적인 관계를 맺고 있는 사람들을 바라볼 때는 문제가 더 분명해진다. 내 경우에는 이성애 관계였지만, 주거 위기는 어떤 학대적인 관계에서든 일어날 수 있다. 이는 시스젠더와 트랜스젠더 여성에게 더 큰 문제를 불러오는데(젠더가 이분법적으로 갈라지지 않음에도), 여성으로 표상될 때 재정적으로 불리하기 때문에, 여성혐오가 지옥과도 같기 때문에 그렇다.

2002년 독신모가 되어 대학을 다닐 때, 나는 내가 집세를 낼 형편이 안 된다는 사실을 깨닫곤 울었다. 다행히 공공주택으로 옮길 수 있었지만, 정부는 내가 이혼 이후에 2년간 살았던(지금은 사라졌다) 레이크사이드 테라스 같은 곳에 주거 보조 기금을 대는 데 굉장히 부정적인 반응을 보였다. 수십 년간 섹션 8 목록에 올라 있던 어떤 지역들은 사라졌고, 여전히 바우처를 사용할 수 있는 지역에서는 물가상승률을 반영하지 않았다. 예전 건물들을 대체한 새 건물들은 약속된 금액에 공급되지 않았고, 시카고 같은 도시에서는 몇 년간 건물이 빈 채로 남아 있었다. 행정적인 절차가 너무 많았기 때문이다. 더불어 가장 영향을 받는 이들은 변화를 일으킬 만한 정치적 권력을 갖고 있지 못한 게 현실이다.

주거 위기는 우연히 일어나지 않는다. 주변화된 이들이 이런 결정의 결과를 용인하리라는 것을 잘 알고 있는 사람들이 내린 일련의 결정들이 만들어낸 결과다. 내 경우에는 나쁜 관계에서 벗어나는 데 충분한 운이 따랐고, 더욱이 필요한 프로그램들이 여전히 존재하고 있었다. 그렇지만 많은 경우에, 그들은 안전하게 떠날 수 있을지언정 떠난 상태를 계속 유지할 만한 형편이 안 된다. 감당할 수 있는 주거지를 찾는 일은 단지 후드만의 문제가 아니다. 심지어 시골에서도 (가장 가까운 도시 중심부보다 주거비가 훨씬 낮다고는 하지만) 감당할 수 있는 주거지가 부족한 상황이다. 슬프게도 많은 시골 지역에서 낮은 생활비는 낮은 임금과 밀접한 연관이 있다. 도시에서 워킹푸어가 살아가는 환경이 열악한 만큼이나 침체된 지역에서 생활하고 노동하며 구할 수 있는 경제적인 기회는 한정되어 있다. 많은 이들에게 그들이 살아가는 주거 공간은 인간이 살아가기에 부적절하지만, 다른 대안이 없다. 부재중이거나 존재하지 않는 집주인에게 항의를 하거나 가까운 부동산에 불만을 표할 수 있겠지만, 집을 잃고 새로운 집을 찾을 수 없을 위험을 무릅써야 한다. 아니면 집주인이 보복성 퇴거를 요구할 수도 있다. 이런 집주인들은 차라리 집을 팔거나 기본적인 수리를 하는 것이 편해질 때까지 시설이 악화되는 것을 내버려두곤 한다.

열악하거나 위험한 주거 환경은 도시에서든 시골에서든 이상한 일이 아니다. 집에 계속 살 수 없거나 새 집을 얻을 수 없는 이들은 홈리스가 되는 상황을 피하기 위해 가족들과 함께 옹송그리고 지내야만 한다. 길거리에서 지내는 이들과는 달리 이러한 주거 상실은 비가시화된다. 갈 곳이 있는 이들은 통계에 포함되지 않기 때문이다. 많은 홈리스 재활 프로그램은 차에서 살거나, 길에 있거나, 아니면 사람이 살 수 없는 환경에 있는 이들이 아니고서는 우선순위로 여기지 않는다.

매튜 데즈먼드Matthew Desmond는 빈곤으로 인한 퇴거가 미치는 장기적인 영향을 고찰한 책《퇴거: 미국 도시의 빈곤과 번영Evicted: Poverty and Profit in the American City》으로 퓰리처상을 받았다. 이 책은 2016년 퇴거가 1분당 4건이 일어났음을 보여주는데, 이러한 연구 결과를 바탕으로 데즈먼드는 프린스턴 대학에서 퇴거연구소를 운영해 처음으로 퇴거를 추적한 전국적인 데이터베이스를 내놓았다. 이를 통해 우리는 얼마나 많은 사람들이 주거를 유지하기 위해 분투하는지 알 수 있지만, (탄탄한 연구임에도 불구하고) 얼마나 많은 여성이 퇴거에 영향을 받는지에 대해서는 분명히 알 수 없다.

데즈먼드가 지적하듯이 주거 불안정은 빈곤의 결과일 뿐만 아니라 원인일 수 있다. 주거는 성공에 필수적인 요소이며, 사람들이 학교에 가거나 일을 하거나 아이, 노인, 그들 자신을 돌볼 수 있는 터전이다. 하지만 치솟는 물가와 정체된 임금으로 인해 주거를 확보하는 것도, 유지하는 것도 어려워지면서 위기는 점차 재앙이 된다.

나는 무척 운이 좋은 편이었다. 친구들과 내가 저주가 내렸다고 할 만한 상황을 겪었음에도 그랬다. 내 집주인들은 압류를 당하거나, 감옥에 가거나, 사망하거나, 아니면 도저히 살 수 없을 때까지 집을 방치했다. 나는 점점 불안정해지는 사회 안전망에 기대지 않고도 문제를 해결할 수 있는 자원과 지식을 갖고 있었다. 나와 남편에게는 대학 학위가 있었고, 오륙십대가 아닌 사십대에 이미 자식들이 집을 떠났는데도 둘 다 돈을 벌고 있었다. 우리는 경제적·사회적 자원의 특권을 얻고 있었다.

맞벌이 가정임에도 불구하고 몇 년 전만 해도 우리는 살고 있던 아파트에 독성 물질 수준의 곰팡이가 핀다는 사실을 발견한 후 홈리스가 될 위기에 처했다. 홈리스가 되기는 얼마나 쉬운지, 또 빠져나오기는 얼마나 어려운지에 대해 할 이야기가 아주 많다. 가족 쉼터는 극히 드물고, 응급 주거 공간의 결핍은 자원이 제한된 이를 끔찍한 상황에 몰아넣을 수 있다. 우리는 호텔을 전전하는 홈리스가 될 자원을 가지고 있었고, 아이들을 계속 학교에 보낼 수 있었고, 새로운 주거지를 바로 찾아낼 수 있었다. 곰팡이 때문에 물건들을 대부분 내버려야 했지만, 우리는 홈리스로 완전히 미끄러지는 대신 많은 불편함을 떠안았을 뿐이다.

이런 경험은 내가 안정 비슷한 어떤 것이라도 가지기 요원해

보였던 이십대 초반부터 얼마나 많은 특권을 누려왔는지 깨닫게 했다. 내 이야기에는 예외적인 것이 없다. 나는 후드의 수많은 여성들과 같다. 이 나라 어느 곳에서든 더 적은 돈과 같은 요구를 가진 여성들을 떠올릴 수 있다. 하지만 우리는 주거 위기를 페미니즘 이슈로 다루지 않는다. 그것이 주로 여성에게 영향을 미치는데도 그렇다. 물론 이 문제를 다룬 한 줌 남짓한 기사를 발견할 수도 있고, 페미니즘 이슈로서 다루는 활동가를 한두 명 마주칠 수도 있다. 하지만 화려한 캠페인도 없고, 유명 인사들이 함께하는 눈에 띄는 슬로건도 없다. 주류 페미니즘은 모두를 위해 주거 환경을 개선하는 집단적인 운동을 벌이는 대신, 다른 누군가가 해결해야 하는 문제로 치부하고 있다.

또한 적절한 주거를 마련하고자 하고 가정폭력 피해자를 불리하게 처우하는 법을 없애고자 하는 이들에게는 주거 안정이라는 특권을 가진 이들의 힘과 자원을 필요로 한다. 그런데 주거 불안정 문제를 해결하고자 하는 활동가들은 대개 자원이 적고, 과로를 하며, 젠트리파이어gentrifier 즉 귀엽고 작은 가게나 카페를 세워 침체된 동네를 소생시키는 식으로 문제를 해결하려 드는 이들을 마주친다. 젠트리피케이션은 대체로 젊은 백인 여성의 얼굴을 하고 있다. 젠더에 따른 임금 격차는 백인 여성들이 부유한 지역에서 부동산을 두고 백인 남성과 경쟁할 수 없음을 의미하지만, 한편으로 이들은 다른 인구 집단에 비해 많은 이득을 취하며, 따라서 유색인 공동체의 더 싼 지대와 더 큰 공간에서 이득을 볼 만큼의 비용을 감당할 수는 있다. 마요네즈만 파는 가게를 만들고 싶은가? 제품에 키치한 라벨을 붙이고 월세를 덜 내는 지역으로 가면 된다. 당신의 존재는 유색인으로 가득한 이웃을 경제적으로 침해하기에 적절한 때가 됐다는 신호가 될 것이다. 미국은 약탈한 땅 위에 세워졌으나, 어떤 공동체들은 분명 서브프라임이나 특정 경계 지역 지정redlining*으로부터 영향을 받을 가능성이 훨씬 적다.

이론상으로 젠트리피케이션은 공동체에 서비스를 확충하고 일자리를 창출한다. 그러나 실제로는 일부에게만 기회를 안겨줄 뿐 나머지에게는 범죄화를 불러온다. 당신이 어떤 지역에 새로 왔다면 경찰이 출몰하는 횟수가 늘어났다는 거주민들의 주장을 단순한 추측으로 여기기 쉽다. 하지만 주요한 도시에서 수십 년을 거주한 이들은 자신이 어렸을 때나 어른이 됐을 때나 동네에 아무런 투자가 이루어지지 않는 모습을 지켜봤다. 주요한 미국 도시 내에서 젠트리피케이션은 규범이 되었다. 꽃과 부티크, 카페로 가득한 새 도로를 가다 보면 바로 도시 게토로 미끄러진다는 사실을 알 수 있다. 오랜 거주자와 사업이 화이트칼라 노동자에 의해 쫓겨난 저소득층 지역에서는 중심으로 가면 갈수록 선택지가 줄어든다. 대중교통 환승이나 쓰레기 수거, 심지어는 도로 상태에서도 차이가 난다. 젠트리피케이션이 경제적 재구조화를 불러와 직업과 자원을 더 많이 만들어내기 때문에 요긴할 수 있다는 전통적인 '지혜'는 안타깝게도 해당 지역에 오래 거주한

---

* 지역을 기준으로 담보 대출이나 보험 가입 등을 거부하는 것을 말한다.

이들이 반드시 고용되지는 않는다는 사실과, 종종 동네 규범을 이해하지 못하고 아이스크림 트럭 소리에서부터 바비큐 파티 같은 일상적인 소음에도 경찰을 부르는 새 이웃에게 폭력을 당할 수 있다는 점을 무시한다. 젠트리피케이션 비율이 높아지면 범죄는 부작용에서 그치지 않는다. 오히려 유색인 공동체에 불평등한 영향을 불러일으키는 수단이 된다. 젠트리피케이션은 가장 기본적인 재화와 서비스에 접근하는 데 계속 어려움을 겪는 사람들을, 새로운 자원에 접근하기에 더 어려운 곳으로 옮겨 가게 만든다.

괜찮은 저소득층 동네에 고소득 주민과 사업이 유입되면, 사회적 역동과 기대는 침식된다. 이를테면 유색인 여성들에게 편안함을 줄 수 있는 길모퉁이에서의 잡담은 길거리 성희롱이라는 렌즈를 통과한다. 유색인 남성이 백인 여성에게 말을 걸기 때문이다. 이 현상에 관한 가장 두드러지는 예는 몇 년 전에 있었던 성희롱 반대 캠페인 '홀라백!'이었다. 이 캠페인은 기이하게도 인사를 하는 라틴계 남성과 신체를 더듬으려는 백인 남성의 이미지를 병치시켰다. 이 캠페인을 기억하지 못한다고 해도 놀라울 게 없다. 캠페인을 시작한 지 몇 시간 만에 온라인상에서 백래시가 일어났기 때문이다. 백인 남성들 대부분을 아무런 설명 없이 편집했다는 이유에서였다. 안전과 공공 치안, 국가의 역할에 대한 서로 다른 기대는 충돌한다. 특히 주거에 관해서, 백인 여성들은 조용한 거리와 경찰이 자주 돌아다니는 곳을 안전하다고 느끼겠지만 유색인 여성들에게 이런 모습은 국가의 대

주거 위기는 우연히 일어나지 않는다

리인과 폭력적인 상호작용을 하리라는 전조처럼 느껴진다. 많은 유색인 공동체에서 배회하는 행위는 실제적인 범죄가 아니다. 범죄란 그저 현관에 앉아 있거나 이발소 바깥에서 담배를 피우는 사람들을 경찰이 괴롭힐 수 있게 하는 핑계에 불과하다. 교외에서 온 백인들에게, 거리에서 어울리는 이들은 확실히 심각한 문제로 보인다. 그들이 드럼을 치든 차에서 일을 하든 어떤 사회적인 행동을 하든 간에 백인이 주류가 아닌 인종적으로 다양한 지역에서는 범죄 행위로 보일 수 있다. 한 지역에서 나이 들어가고자 하는 사람들에게 이런 변화는 혼란스러우며 공동체가 예상보다 더 빠른 속도로 축소될 경우에는 위험하기까지 하다.

부의 격차 때문에, 자원이 풍부한 지역에서 감당할 만한 주거를 필요로 하는 사람들은 시간이 지남에 따라 자신이 환영받지 못하는 사람이라는 느낌을 받는다. 내 친척 가운데 한 사람은 워싱턴 광장 근처 하이드파크 서쪽 끝에 살았다. 고모가 그 집을 살 때는 공사가 필요했고, 현실적인 가격에 공사를 했다. 그로부터 23년이 지나 고모는 은퇴를 해 이미 집값을 지불한 집을 갖는 기쁨을 누렸다. 그러나 고모는 집을 팔지 않겠느냐는 수없이 많은 질문을 받아야 했다. 그건 그저 일상적으로 묻는 "이 집 파는 거예요?" 따위가 아니었다. 고모는 이 집이 당신에게 과분하다고 이야기하는 낯선 이들을 맞는가 하면 심지어는 **고모의** 베란다에서 브런치를 먹는 자기 모습을 묘사하는 긴 편지를 받기까지 했다. 편지를 쓴 여자는 중산층 백인 미국인 가족과 자신에 대한 멋진 묘사를 담아 보냈다. 우리가 마당에서 일을 하고 있던 어느 날, 편지를 쓴 사람이었는지 편지에 등장한 사람이었는지 어쨌든 한 커플이 다가와서는 고모에게 정원 일을 하면 얼마를 받느냐고 물었다. 그들에게 고모는 절대 집주인으로 보이지 않았던 것이다. 물론 고모는 그들이 자기 부엌에서 계란을 깨뜨릴 일은 없으리라는 걸 알고는 즐거워했다.

고모는 운이 좋았다. 그는 낮은 가격에 집을 샀고, 계속 세금을 낼 수 있었고, 육체적으로 감당하기 힘든 일들을 다른 가족들에게 부탁할 수 있었다. 집이 있었기에 은퇴할 때까지 수입은 정체되는 와중에 집세를 2~3배씩 올리는 집주인을 만날 일도 없었다. 집세가 상승함에 따라 보조금을 받아 저소득층 주택에 거주하는 노령 인구와 같이 주거 면에서 보호를 받는 이들에게도 이동의 위협이 찾아왔다. 도시 개발은 현 정부를 비롯해서 어떤 정부에서든 자금 부족을 이유로 중단되거나, (과거에 그러했듯이) 중지된 뒤 다시는 대체되지 않을 수 있다. 이렇게 자금이 끊긴 주거 프로그램에 기대 살고 있던 거주자들이 월세 시장으로 다시 진입하면, 이웃 가운데 많은 이들이 사라진 뒤이거나 그들이 필요로 하는 서비스에 접근할 수 있는 비용을 감당할 수가 없다.

젠트리피케이션 동안에 이동은 상승하는 집세와 부동산세, 적정한 가격의 건물이 고급스럽게 개발되는 것과 같이 직접적인 방식으로 일어나지만 한편으로는 그저 공동체의 나머지를 제거하는 방식으로 손쉽게 일어나기도 한다. 젠트리피케이션은 노인들이 자신의 공동체에서 소외되었다고 느끼게끔 하는 간접적인 이동을 만들어낸다. 더 어리고, 더 하얀 거주자들은 카페나 부티크로 들어갈 수 있지만 그들이 장기 거주자를 내몲에 따라 변화하는 인구 통계는 지역적인 시설을 훼손하게 된다. 결국 노인들은 필요한 약품을 조달하는 약국 없이, 적절한 가격에 식품에 접근할 수 있는 식료품점 없이, 공원 등 이웃과 연결되었음을 느낄 수 있는 공간 없이 남겨진다. 거주자들은 계속해서 주거비를 감당할 수 있을지는 몰라도, 그들의 예산은 그들이 주변 세상에 참여할 수 있다고 느끼기 어렵게 할 수 있다. 이웃과 연결되어 있다는 감각을 더 이상 느끼지 못하는 노인 여성들에게 사회적 죽음이란 놀라우리만치 견디기 어려운 문제가 될 수 있다.

주거와 페미니즘에 대해서 이야기할 때, 우리는 이것이 단순히 자기 사업을 하고 싶어하는 어린 여성이라거나 가족을 위한 집을 찾는 여성의 고민만이 아님을 유념해야 한다. 노인 여성, 자기 공동체의 규범과 리듬에 의지하여 존엄을 가지고 한곳에서 나이 들 수 있는 노인들을 위한 문제이기도 하다. 노령 인구가 접근할 수 없는 빛나는 주거 개발 계획은 대안이 될 수 없다. 노인이 음식, 청결을 위한 수단, 익숙한 방식의 감정적 돌봄을 얻을 수 없는 공동체란 페미니스트가 목도한 심각한 미래다. 그리고 여기에는 그들이 나이가 들었거나, 장애를 겪거나, 연령과 정체성에 따라서 다른 의미로 주변화된 채로 증가하는 홈리스 인구에는 포함되지 않는다는 가정을 동반한다.

홈리스 비율이 높아짐에 따른 간단한 진실은 우리가 필요로 하는 것보다 더 많은 주거가 빈 채로 남아 있고, 젠트리피케이션의 부작용은 자신의 고급스러운 라이프스타일을 지켜주기를 바라면서 경찰을 부르는 사람들이 공동체 내에 홈리스를 포용하는데 필요한 서비스를 두고서는 머뭇거린다는 것이다. 우리는 홈리스가 집세 때문에 집에서 쫓겨난 노인, 정신질환자, 장애인을 포함하고 있다는 점을 알고 있다. 접근 가능한 주거는 비싸고 최소한의 자원을 가진 이들이 접근하기에 어렵다는 점도 알고 있다. 하지만 우리는 주거 불안정성에 대해 말하면서도 다른 이들이 이 문제를 해결해주기를 바란다. 하지만 여성들은 퇴거라는 가장 커다란 위기에 직면할 수 있는 재산상의 격차를 마주하고 있고, 주거를 마련하거나 주거가 있는 상태로 머무르기 위해서 분투한다. 주거는 페미니즘 이슈 가운데 가장 큰 압력을 휘두르는 문제다. 주거 불안정의 영향은 그저 한 사람뿐 아니라 그들을 둘러싼 사람들의 삶까지도 흔들어놓을 수 있기 때문이다.

이 말은 페미니스트가 구원자로 나서야 한다는 뜻이 아니다. 그들의 문제는 복잡하고, 막대한 지식만이 아니라 주거가 인권이 아니라는 태도를 바꾸기 위한 문화적 작업과 함께 더 나은 정책을 위한 로비, 현존하는 자원의 균형을 맞추는 행위를 요한다. 이 말은 활동가와 조직자의 말을 듣고, 정치인들을 공공 주거를 폐쇄하지 못하게 하고 인종과 소득 수준이 혼합된 지대를 환영하게끔 만들어야 한다는 것이다. 또한 주거가 도심, 부도심, 시골을 아우르는 지역에서의 위기이며 하나를 위한 정책이 모두를 위한 정책이 아님을 이해한다는 뜻이다. 페미니즘이 시스젠더, 트랜스젠더, 장애인, 빈곤층, 성노동자, 그 누구든지 뒤에 남겨놓지 않을 수 있도록 하는 접근을 취하고, 그들의 주거가 여성의 권리를 옹호하는 모든 조직에서 우선순위로 다루어져야 한다는 의미이다. 공공 영역에서의 페미니스트 후보자란 그저 유명한 일을 하고 중산층을 돕는 데 헌신하지 않는다는 것을 뜻한다. 이들은 주거 상실 문제에 맞서야 하고, 낮은 가격의 주거에 비용을 더 많이 지출하도록 하고 소수의 고급스러운 개발보다는 더 많은 것을 제공하도록 요구해야 한다. 이 말은 집세를 통제할 수 있는 더 의미 있는 계획을 만들어내고 장기 거주자들을 이동시키지 않으면서도 지역을 재활성화해야 한다는 뜻이다. 새로운 시대에 떠오른 문제를 해결하는 새 시대의 해결책이란 집에서의 돌봄, 준비된 노화를 비롯해서 절대로 중산층 소득을 올릴 수 없으나 그들의 표와 노동에 기대는 후보자들과 시스템으로부터 같은 수준의 돌봄과 관심을 받을 자격이 있는 여성들을 위한 보조를 제공하는 다른 프로그램을 포괄해야 한다.

재생산 정의, 우생학,

모성 사망

REPRODUCTIVE
JUSTICE, EUGENICS,
AND MATERNAL
MORTALITY

자원의 결여는 우리가 재생산 정의에 대해 이야기할 때
다루어야 하는 주제다. 주류 재생산 권리 운동은 장애를
어떻게 다뤄야 하는지도 모르고 장애에 대해 충분히
이야기하지도 않는다. 그동안 임신 중지에 반대하는 진영은
장애아의 태어날 권리에 관한 운동에서 성공적으로 중심을
차지하게 됐다. 이들이 대화의 통제권을 장악함에 따라
임신 중지에 찬성하는 활동가들은 장애를 가진 성인의
재생산 권리를 옹호할 책임을, 표준 의료 검진을 통해
장애 여부를 가려내는 것이 어떤 의미인지 토론할 책임을
면제받았다.

▶▶

모성 사망maternal mortality의 위기는 다섯 번째 임신 동안에 왔다. 내게 임신은 언제나 힘든 일이었다. 나는 출산보다 유산을 더 많이 했다. 다섯 번 임신했고, 세 번이 유산으로 끝났다. 다섯 번째 임신이 마지막 임신이었는데 처음부터 문제가 많았다. 정상적인 임신 신호라고는 하나도 경험하지 못했다. 정혈이 밀리지도 않았고, 출혈량이 많아지면서 유섬유종과 포궁내막증을 전문적으로 다루는 산부인과를 찾았다가 임신했다는 사실을 알게 되었다. 이미 10주째였다. 남편과 소식을 듣고 나서 (수술 전에 표준 임신 검사를 받아야 했는데, 결국 필요한 조치였던 셈이다) 우리는 확실히 결정하기 전에 임신 중지에 대해 이야기했다. 심지어 임신 중지 클리닉을 찾기도 했다. 우리는 이미 아들이 둘 있었고, 셋째를 감당할 수 있을지 확신할 수 없었지만, 만약 낳는다면 딸이기를 원했다. 의사는 좋은 결과가 나올지 확실하지 않다고 조언했다. 유섬유종이 컸고 포궁내막증이 같이 있었기 때문에 임신은 매우 위험한 결과를 불러올 터였다.

그는 쉽게 생각하라고 했고, 나는 그 말에 따랐다. 아이에게 가능한 한 최선의 기회를 주고 싶었기 때문에. 하지만 8주가 더 지나도 출혈이 멈추지 않았고, 임신을 끝까지 지속할 수 없으리라는 사실을 알았다.

낮잠을 자고 있던 어느 날 출혈이 시작됐다. 의사가 말한 대로 태반 조기 박리가 일어난 것이었다. 잠에서 깨어나 몸에 피가 묻어 있는 것을 보는 경험은 누구에게도 권하고 싶지 않다. 나는 태아와 나 둘 다를 돌보기 위해 최선을 다했다. 남편은 일하고 있었고, 이제 막 두 돌이 된 아이는 나를 위해 911을 눌러줄 수 없었으므로, 나는 전화기를 들어 직접 병원 예약을 잡았다. 이런저런 구체적인 내용은 생략하기로 하자. 병원에 갔을 때, 나는 내 목숨을 구하기 위해 임신 중지가 필요한 상태였다. 하지만 출혈이 있는데도 즉시 수술을 받을 수 없었다. 첫 번째 의사가 어떤 잘못된 처치를 했는지에 대한 이야기는 《살롱》에 실렸다. 그리고 소위 프로라이프pro-life*를 자처하는 진영으로부터 몇 달간 괴롭힘에 시달렸다. 질 스타넥Jill Stanek이라는 이를 필두로 한 집단이었는데, 그는 일리노이 오크 론의 병원에서 조산아들이 비품실에 방치된 채 죽는다고 주장해 잘 알려진 전 간호사였다.

스타넥의 추종자들을 비롯해 다른 사람들은 내게 살해 협박을 했다. 내가 장애를 가진 퇴역 군인이기 때문에 임신이 불가능

---
* 임신 중지에 반대하는 입장 혹은 집단을 가리키며, 태아의 생명을 옹호하는 프로파간다를 통해 세력을 유지한다.

재생산 정의, 우생학, 모성 사망

하다고 주장하면서(대체 내 다친 다리가 포궁과 무슨 관련이 있는지는 영원히 알아내지 못할 것이다). 그들은 내 삶을 시궁창으로 만들어놓기 위해 최선을 다했다. 심지어 어떤 이들은 내 전 직장에 전화를 걸어 전 상사에게 이미 일을 그만둔 나를 해고하라고 했다. 끔찍했다. 나는 그에 맞서는 데 최선을 다했다. 가족을 보호하기 위해서였다. 그러는 동안 나와 같은 일을 겪어보지 못한 사람들은 내가 무엇을 했어야 한다는 둥 내 개인적인 의료 기록을 더 알렸어야 한다는 둥 온갖 말을 늘어놓았다. 내가 제대로 대처했든 대처하지 못했든, 마치 삶의 가장 끔찍한 순간에 대한 가이드북이라도 있는 것처럼.

페미니스트들로부터는 지지를 받았다고 말할 수도 있을 것이다. 그러나 내 경험은 그렇지 않았다. 주류 페미니스트들은 내게 지지받을 자격이 있다는 말을 하면서도 대체로 요구를 했다―행진 앞에서 발언하기를, 증언하기를, 내 의료 기록 사본을 건네주기를. 내 글은 여기저기 퍼져나갔고 적잖은 관심을 받았지만, 긍정적인 반응보다는 부정적인 반응이 훨씬 많았다. 변호사며 활동가들 사이에서 누구도 내가 두려워하고 있다거나 내 가족이 위협받고 있다는 사실, 혹은 (그들은 당연하게 여기는) 경찰의 도움으로부터 내가 소외되어 있다는 사실을 신경 쓰지 않았다. 나는 후드로부터 도움을 받았다. 내가 의회 앞에서 증언할 가능성이 있는 사람인지 아닌지는 상관없이, 나를 안전하고 온전한 장소에 두는 것을 우선시한 사람들로부터. 임신 중지를 할 권리가 근본적으로 페미니즘 이슈로 보인다는 사실은 정확하다. 하지만 불명료했던 것은 모든 사람이 그들 삶에서 필요로 하는 양질의 의료 서비스에 일관되게 접근할 수 있는가였다. 무언가 잘못됐을 때, 많은 이들이 향해야 하는 첫 번째 단계는 소송이 아니라 생존이다.

최근, 미국의 모성 사망률이 세계 평균치보다 높다는 사실은 인종주의가 의료에 미치는 영향에 대한 관심을 불러일으켰다. 미국에서 흑인 산모들은 백인 산모보다 3~4배가량 높은 사망률을 기록한다. 이는 여성 건강에서 인종 불평등이 가장 만연한 예다. 개인적인 부富도 흑인 산모들이 더 큰 위험에 노출되는 것을 막지 못한다. 세리나 윌리엄스가 폐색전을 우려하여 필요한 의료 조치를 요구하는 과정에서 일어난 일을 예로 들 수 있겠다.* 세리나 윌리엄스는 부유하고 잘 알려진 인물이며, 남편 역시 그러하다. 그는 자신에게 필요한 의료 조치에 대해 잘 알고 있었지만, 그것을 받기 위해서는 의료인과 싸워야만 했다.

그렇지만 임신 중지가 페미니즘 이슈로 보이는 것과 달리 의

━━━━　*　이에 대해서는 다음 글에서 상세히 다루고 있다. 윤정원, '어떤 여자들은 자기 병명을 아는 데 12년이 걸린다', 《시사IN》, 2018.05.02. 이 글을 요약하면 이렇다. 2017년 세리나 윌리엄스는 제왕절개로 출산한 다음 날 호흡곤란을 느꼈다. 그는 이전에 폐색전을 경험한 적이 있었기에 간호사에게 의료 조치를 요구했으나 간호사나 의사 모두 이 요구를 무시했다. 결국 그에게 필요했던 의료 조치는 뒤늦게야 이루어졌으며, 그 과정에서 그는 제왕절개 상처가 벌어지고 수술 부위에 혈종이 생기는 등 겪지 않아도 됐을 부작용을 겪어야 했다.

료 서비스에 대한 접근성은 그렇게 보이지 않는다. 재생산 정의는 재생산과 관련이 있든 없든 여성 건강의 모든 단계를 아우른 스펙트럼 전체를 포괄하는 것으로 다시 틀 지어져야 한다. 미국은 끊임없이 보건 위기에 직면하는데 어떤 사람들만이 이 문제가 구조적 실패와 관련되어 있고 또 그것을 반영하고 있음을 이해한다.

흔히 오바마 케어로 알려진 건강보험개혁법affordable care act이 있기 전까지 매년 4만 5000명이 보험이 없어 사망했다. 단지 보험이 없다는 이유로 사망한 사람의 수가 이 정도다. 여기에 평생토록 최대치의 의료에 접근하지 못한 경우 혹은 치료를 승인받지 못한 경우를 포함하면 사망자 수는 더 많아진다. 인종에 따른 모성 사망에서의 불평등에 대해 이야기했으니 의료 서비스에 대한 접근 방식에도 변화가 있어야 한다. 의료 서비스는 상품이나 선택지가 아니라 권리로 여겨져야 한다. 의료 서비스 제공자들은 환자를 대할 때 어떤 선입견을 갖고 있는지 스스로에게 질문해야 한다.

인종주의적 신념은 치료에서나 호전도에서나 지속적인 인종 격차를 만들어낸다. 이는 21세기 의료 서비스 제공자들만이 아니라, 주변화된 공동체의 의료 서비스 접근을 위해 싸우는 모든 이에게도 도전 과제다. 의료 체계에 착근된 무의식적 편향에 의해 부풀려지는 문제들은 내 경험, 즉 임신을 지속할 수 없었음에도 내가 무엇을 했어야 한다는 비판을 수없이 듣는 경험이나 누구도 제때 함께해줄 수 없기 때문에 어머니가 된다는 것이 사망

선고나 다름없는 경험을 포괄한다.

흑인, 라틴계, 토착민 여성들은 편견으로 인해 비슷한 후유증을 겪는다. '미시시피 맹장 수술'(남부 흑인 여성을 상대로 진행된 불필요한 불임 수술)과 같이, 토착민 여성들에게도 강제 불임 수술이 이루어졌다. 1970~1980년대, 그들은 맹장 수술을 받으면서 불임 수술을 당했다. 1970년부터 1976년까지 토착민 여성의 25~50퍼센트가 불임 수술을 당했다. 푸에르토리코 역시 강제 불임 수술의 역사를 가지고 있다. 이 나라는 세계에서 불임 비율이 가장 높다. 좀 더 최근에는 2006~2010년 캘리포니아에서 150여 명의 여성 수형자들을 대상으로 한 강제 불임 수술을 승인한 바 있다.

우생학에 따른 강제 불임 수술이 수치스러운 역사로 남은 것이 아니라 지금까지도 되풀이되는 나라들에서, 우리는 우생학에 가장 큰 영향을 받은 이들이 양질의 의료 서비스를 받을 수 있는지 물어야 한다. 이러한 프로그램은 편견에 찬 생각 때문에 이민 및 인종 분리에 관한 정책에 포함되어 있으며, 이제는 모성 의료 조치에도 영향을 미치는 것으로 보인다.

사회가 유색인 가족에 가치를 부여하지 않는 나라에서, 아이를 가질 권리가 여전히 경합된다는 사실이 놀라운가? 재생산 정의는 선택할 권리에 초점을 맞추지만 이를 옹호하는 이들은 너무도 자주 다른 문제를 겪고 있는 공동체를 희생해 피임에 대한 접근을 논의의 중심으로 가져온다. 진정한 재생산 정의는 그저 출산 통제나 임신 중지, 의료 서비스를 감당 가능하게 만드는 것만이 아니라 다양한 이유로 자기 삶을 통제하는 것이 무가치해 보이는 이들, 수형자들, 이주민 수용소에 있는 이들에게도 같은 접근을 제공할 때 이루어진다. 트랜스, 논바이너리, 인터섹스 역시 백인 중산층 시스젠더의 요구를 우선 과제로 삼는 틀에 영향을 받는다.

　재생산 건강은 신체 자율성과 관련이 있다. 트랜스젠더들은 트랜스혐오로 인해 자주 부정당한다. 자기 정체성과 일치하지 않는 젠더를 출생 시에 할당받았다는 사실은 차치하더라도, 이들은 일반적인 의료 서비스 전반에 접근하는 데 어려움을 겪는다. 트랜스젠더는 자기 정체성과 일치하지 않는 젠더를 출생 시에 할당받는다는 사실은 차치하고서라도, 일반적인 의료 조치 전반에 접근하는 데 어려움을 겪는다. 그들은 의료 전문가들로부터 무지나 편견을 경험하며, 이는 양질의 치료에 대한 또 다른 장애물로 작용한다. 기본적인 의료 조치에 접근하는 문제에서부터 안전한 호르몬 치료를 받는 일에 이르기까지 전부 거주지 위치나 재정 상태에 따라 어렵거나, 심지어는 불가능한 문제가 될 수 있다. 슬프게도 어떤 의료인들은 환자가 트랜스젠더라는 사실을 알게 되면 처방전을 써주기를 거절하거나, 때로는 트랜스젠더 환자를 받지 않겠다고 할 정도로 차별적인 태도를 보인다. 다른 이들은 자신들이 트랜스젠더 공동체의 요구를 이해하지 못했다고 하지만, 한편으로 그들 자신에게 부족한 교육을 받으려 하지는 않는다. 이는 트랜스젠더 환자들을 일정한 비용을 치러 진료를 받으면서도 의료 서비스 제공자들에게 무상 교육을 해야 하는 곤란한 처지에 놓는다.

미국 바깥에서 성전환을 한 절친한 친구는 몇 년 전 유방암에 걸린 적이 있다. 조치는 곧바로 이루어졌어야 했다. 그는 잘살고 있었고, 좋은 보험을 들고 있었고, 법적으로 성소수자를 보호하는 주에 살고 있었다. 그러나 보험은 그를 그렇게까지 차별적이지는 않지만 트랜지션에 대해 잘 알지 못하는 의사에게 연결시켜주었다. 때문에 친구는 의사를 만날 때마다 의료 조치와는 하등 상관없는 질문을 받아야 했다. 그는 치료받고 싶었고, 의사의 도움이 필요했기 때문에, 의사가 진료 도중에 젠더에 대한 자기 생각을 늘어놓는 동안에도 그와 우호적인 관계를 유지해야 한다는 압박을 받았다. 의사는 놀라울 만큼 비전문적이었으며 친구가 화제를 돌리려 하면 자신은 단지 더 나은 의사가 되기 위해 그러는 것이라고만 말했다. 환자의 아내가 어떻게 트랜지션을 받아들였는지에 대한 호기심이 의사로서 지켜야 할 윤리보다 더 중요하다는 듯이. 그렇지만 어쨌든 간에 친구는 필요로 하는 조치를 받았고, 이를 승리로 여기기로 했다.

최근 트럼프 정부가 의사들이 젠더 정체성에 기반해 환자를 차별하는 행위를 막는 법적 보호 조치를 거두어들임에 따라, 미국 행정부는 단지 의사가 트랜스젠더 환자를 진료하기를 거부할 수 있게 허용하는 것뿐만 아니라 차별을 적극적으로 독려할 준비를 마쳤다. 이는 어떤 젠더 비순응적인 사람이 만성적인 기침으로 의사를 찾았을 때, 폐 기능을 진단받는 대신 아무런 법적 구제 방안 없이 진료를 거부당할 수 있다는 뜻이다. 그가 기관지

염인지, 폐렴인지, 폐암인지는 중요하지 않다. 선한 의사를 찾기 전까지 건강은 위태로운 지경에 놓인다.

건강에 대해 아는 것이 더 나은 조치로 이어질 수 있다지만, 이는 주변화된 공동체가 마치 걸어 다니는 무급 자원인 것처럼 착취하는 차원의 문제다. 편견 때문에 의료 서비스 제공자들은 트랜스젠더 환자들을 의료문화에 기여하는 존재로 보기를 거부한다. 그러나 이러한 의료문화 안에서 트랜스젠더들은 서비스 제공자에 접근하기도 어려울뿐더러 그들을 잘 돌볼 사람을 찾을 수 없다. 이 말은 트랜스젠더 환자들이 어떤 수준의 돌봄에 접근하기 위해서는 디스포리아를 유발하는 상황에 반복적으로 놓일 수밖에 없다는 뜻이다.

젠더 디스포리아는 제대로 다뤄지지 않으면 치명적이다. 트랜스젠더 공동체 가운데 41퍼센트는 자살을 시도했다. 재생산 의료 서비스에서의 트라우마는 의료 체계 전반에 대한 두려움을 심어줄 수 있다. 차별과 공포(주변화된 이들을 의사로부터 멀어지게 한다) 사이에서, 트랜스젠더들은 예방 조치를 받을 확률이 낮고 지연된 치료로 인해 합병증을 얻을 확률은 높다. 이는 임신 중지 동안 혹은 임신 중 조치를 포함한다. 논바이너리와 트랜스젠더에게 재생산 조치에 접근하는 문제는 그들이 겪고 있는 사회경제적 어려움에 따른 제한적인 접근성 때문에 이미 문제가 되었다. 의료 서비스에서 일어나는 트라우마에 더해, 도움을 구할 수 있는 바로 그 장소가 또 다른 감정적 지뢰밭이 된다.

임신 중지에 대한 접근이 필요하다는 주장의 일반적인 근거가 태아의 장애라는 점도 비판적으로 논의해야 한다. 누구도 원치 않는 아이를 가져서는 안 된다. 그렇지만 다른 한편으로는 페미니즘이 차별을 철폐하기 위한 운동이라면, 운동 핵심에 있는 선택할 권리가 차별적인 논리로 옹호되어서는 안 될 것이다. 장애가 임신 중지에 대한 근거가 된다는 주장은, 장애를 건강하고 충만한 삶과 병립 불가능한 조건으로 만드는 틀을 필요로 한다. 장애를 가진 이들이 존재할 권리에 반하지 않으면서도 선택할 권리를 논할 수 있다.

장애는 사형선고가 아니다. 이 말은 선택의 권리가 제한되어야 한다는 뜻일까? 그렇지 않다. 나는 임신 중지가 임신한 사람의 결정이 되어야 한다고 믿는다. 하지만 임신 중지 비율에 대한 우려는 필요에 의한 임신 중지가 우생학을 실천하는 행위라는 발상을 중심으로 만들어져 있다. 재생산 정의를 옹호하는 이들은 우생학을 옹호하는 이들의 수사를 앵무새처럼 반복해서는 안 될 것이다. 특히나 어떤 이들만이 존재하기에 알맞다는 생각을 중심으로 이야기해서는 안 된다.

재생산 정의는 기본적으로 행위자성과 자율성에 대한 것이다. 임신 중지 권리는 장애를 가진 이들의 삶에 대한 가치를 두고 싸우는 문제가 되어서는 안 된다. 장애를 가진 이들은 존재할 권리를 가졌기 때문이다. 스스로는 존재할 능력이 없는 잠재적인 생명인 태아는 포궁 밖에서 살아가는 사람들과 같지 않다는 틀 속에서 대화가 전개되어야 한다.

저소득 공동체에서 임신 중지 비율이 높다는 사실은 임신 중지에 반대하는 집단이 우생학을 사용하는 이유와 연결되기도 한다. 인종주의적인 환경이라거나 산전 조치에 대한 접근이 제한되는 문제, 혹은 영양실조, 주거와 같은 문제들이 주변화된 공동체에서 나타나는 만큼, 장애를 가진 아이를 가질 확률은 해당 공동체에서 평균치 이상으로 나타나곤 한다. 게다가 자원이 장애아에게만 제한된 것이 아니라 장애를 가진 성인에게도 그렇다는 사실을 더하면 임신 중지 비율이 높게 나타나는 데는 이유가 있다.

자원의 결여는 우리가 재생산 정의에 대해 이야기할 때 다루어야 하는 주제다. 주류 재생산 권리 운동은 장애를 어떻게 다뤄야 하는지도 모르고 장애에 대해 충분히 이야기하지도 않는다. 그동안 임신 중지에 반대하는 진영은 장애아의 태어날 권리에 관한 운동에서 성공적으로 중심을 차지하게 됐다. 이들이 대화의 통제권을 장악함에 따라 임신 중지에 찬성하는 활동가들은 장애를 가진 성인의 재생산 권리를 옹호할 책임을, 표준 의료 검진을 통해 장애 여부를 가려내는 것이 어떤 의미인지 토론할 책임을 면제받았다. 재생산 권리가 자율성과 자기 결정을 중심으로 틀 지어져 있는 지금, 임신 중지에 찬성하는 운동은 장애권 운동과 확실한 연결을 도모해야 할 것이다.

그런데 여성혐오자, 인종주의자, 끔찍한 테러리스트들은 스스로를 생명권과 관련된 사람으로 위장한 채 장애를 가진 이들을 포섭하고자 가시적인 시도를 하는 중이다. 그들은 진심으로 생명권을 믿는 이들에게서, 안티초이스 수사를 지지하는 결과를 낳는 줄도 모르는 이들에게서 지지를 받고 있다. 입양함으로써 아이를 구했다고 주장하는 이들을 비롯해 누구나 위선자가 될 수 있다. 하지만 그렇다고 해서 장애를 가진 이들을 입양하는 모든 이가 위선적이라는 뜻일까? 당연히 아니다.

하지만 임신 중지에 반대하는 진영이 그들 캠페인에 아이를 소품으로 이용할 때의 매우 현실적인 문제들이 있다. 그들은 장애아를 입양함으로써 그들 주장을 강화하며, 자신들이 이 아이를 '구함'으로써 발견한 기적적인 사랑에 대해 새빨간 거짓말을 늘어놓는다. 그러고서 그들이 하는 일이란 공동체에서 장애인을 위한 서비스를 제거할 후보자들에게 투표하는 것이다. 이들은 실질적인 변화보다는 공적인 메시지에 치중하며, 장애를 가진 이들이 독립적이고 충족적인 삶을 살 기회를 제공할 수 있는 의료 조치를 폄하한다. 태아의 장애에 대한 서사가 임신 중지 반대 진영에서 중심을 차지하고 있고, 임신 중지에 반대하는 페미니스트들은 장애를 가진 태아의 임신 중지를 우생학적인 형태로 재빨리 지적하곤 하지만, 그들은 장애를 가진 태아에 대해 후속 조치를 취하고 관심을 기울이는 일 앞에서는 멈춰 선다.

진정한 재생산 정의를 옹호하는 이들은 장애권을 포함하는 더 넓은 운동을 위한 작업을 잘 해냈지만, 이들은 때로 장애를 가진 이들과 그들 관심사를 포용하는 데 너무 머뭇거리곤 한다. 이러한 공동체에서는 모임 장소에 대한 접근성이 떨어질 때나, 청각장애인이 모임에 참여할 수 있게 하는 서비스가 부족할 때, 혹은 활동가들이 공동체가 하는 말에 귀를 기울이는 대신 공동체를 위해 말하는 데 너무 익숙해서 발생하는 다른 장애물들에 부딪힐 때 대화를 나누기가 어렵다.

임신 중지 반대 운동과 대화를 고려하기는 불편하고 때로 분노를 불러일으킨다. 하지만 그렇게 대화를 하지 않는다면 그들은 장애권 전반에 대한 전유를 지속해나가다가 결국에는 모두를 배신하는 운동의 틀로 만들고 말 것이다. 재생산 정의를 추구하는 이라면 누구도 우생학주의자와 동일시해서는 안 되는데, 이는 그저 우생학주의자가 임신 중지 권리를 옹호하는 이들에게 붙는 가짜 라벨이어서가 아니다. 그들이 우생학적 수사를 피해야 하는 것은, 그런 수사가 궁극적으로 재생산 정의를 폄하하기 때문이다.

임신 중지 반대 운동은 다운증후군 진단을 받은 태아를 임신 중지하는 여성들을 중심으로 일어났다. 재생산 정의 운동은 이 움직임을 무시하는 것보다 나은 대안을 필요로 한다. 자원, 지지, 비장애 중심적인 서사에 대한 대항에 초점을 둔 대화가 이루어져야 한다. 그들이 통계 자료를 우생학적 증거로서, 임신 중지를 옹호하는 이들이 장애인에 무관심하다는 증거로서 활용할 때, 재생산 정의를 외치는 페미니스트들은 아이와 태아의 장애뿐 아니라 장애를 가진 성인에 대해서도 이야기할 수 있어야 한다. 선택할 권리는 장애를 가진 사람들의 권리를 확실하게 포함해야 한다. 그들이 필요로 하는 인프라와 접근에 대해서도 이야기해야 한다. 그들의 재생산 가능성과 섹슈얼리티를 통제할 권리에 대해서도 말해야 한다.

주류 페미니스트들이 장애를 가진 태아를 임신 중지하는 사람들에게 기여하는 인프라에 대해서 이야기하지 않으면, 그들의 선택권을 침해할 사람들에게 공간을 내어주는 셈이 된다. 임신 중지를 하는 다른 사람들과 마찬가지로, 장애를 가진 태아를 임신 중지하기로 선택한 이들은 그들이 이미 아이를 가지고 있거나, 빈곤하거나, 장애가 있는 아이를 돌보는 데 전념할 수 없는 다른 구조적 억압을 경험하기 때문이라는 사실에 대해서 이야기해야 한다. 재생산 권리 및 재생산 정의를 틀 지을 때는 인종, 계급을 비롯해 주변화를 유발하는 요소들에 강력한 영향을 받아 임신을 지속하거나 중지하는 선택이 이루어진다는 사실을 인지하는 것이 중요하다. 장애를 가진 부모들에게는 아이들을 적절하게 기를 수 없다는 낙인이 찍힌다. 성공적으로 아이를 기르는 가족이 얼마나 많은지는 상관없는 문제다. 장애를 가진 이들은 이런 낙인 때문에 불임이 될 위기에 처한다. 다른 이들은 장애를 가진 아이를 낳을 수 있다는 생각, 최소한의 자원으로 살아가는 삶이 대물림되리라는 생각에 의해 동의 없이 불임 수술을 당한다.

일반적으로 아이를 기르는 데는 많은 돈이 든다. 더욱이 미국에는 실질적인 사회 안전망이 결여되어 있기 때문에 기본적인 주택, 보육, 의료를 감당하는 것만으로도 힘겨운 저소득층 양육자들에게 더한 어려움을 안긴다. 장애를 가진 아이들은 값비싼 전문 의료를, 교육적 보조를, 특수한 식단을, 치료를 필요로 하기 때문에 재생산 정의는 아이가 태어난 이후에 대해서도 이야기해야 한다. 더욱이 양육자들은 많은 경우 집 밖에서 일하지 않을 수 없어 보육에 비용을 지불해야 하거나, 상반되는 노동 일정과 어떤 형태로든지 보육을 병행해야 한다. 애초에 선택지 자체가 형편없다. 가족 간에 보낼 수 있는 시간이 부족하거나 수입 가운데 상당 부분을 잃어야 하는 문제인 것이다. 제도는 돌봄을 많이 요하는 아이를 기르는 양육자를 돕도록 설계되지 않았고, 따라서 장애를 가진 아이들은 자원을 할당해야 하는 존재로 여겨지는 대신에 피해야 하는 짐처럼 취급되기가 더 쉽다.

장애아의 양육자나 장애를 가진 양육자에 대한 공감 역시 결여되어 있다. 특히 이 양육자가 유색인이거나 성소수자인 경우, 백인 중산층 비장애인 '전통' 가족의 역동을 갖지 않는다면 문제가 된다. 그들의 장애, 인종, 이주, 젠더 정체성, 성적 지향, 소득 수준은 이 가족들을 지지할 계획을 논하는 대신에 이들이 가족을 꾸릴 권리가 있는지를 논의에 부치는 근거가 된다. 인종이나 장애가 강제 불임의 의료적 근거가 된 역사가 길기 때문에, 재생산 정의의 어떤 개념이건 간에 이 역사를 포함해야 한다.

진정한 재생산 정의는 장애를 가진 이들의 보호자들이 당사자 동의 없이 불임 수술을 요구할 수 있는 권리에 맞서야 한다. 국제인권감시기구가 지적했듯이, 불임 수술을 당한 장애인들은 학대로 이어질 확률이 특히나 높은 이 절차에 대해서 이해할 수 없거나 동의할 수 없는 상태였다.

우리는 장애를 가진 이들에 대한 끔찍한 서사에 동조하지 않도록 조심해야 한다. 페미니즘은 장애인이 자원을 고갈시키는 존재이고 그들 삶이 가치 없다는 발상을 반복해서는 안 된다. 장애인이 공동체의 짐이며 공적 부조의 수혜를 받을 자격이 없다는 우생학적 신화를 반복하는 대신, 우리는 누군가의 필요를 적절하게 조달하지 않는 사회에서 장애아를 키우는 가족이 너무 많은 비용을 치른다는 사실을 다뤄야 한다. 장애가 존재하기에, 이야기하기에, 선택을 하기에 적절한 존재인지를 예측할 수 있는 요소와도 같다는 관념에 맞서야 한다. 우생학은 많은 공동체 구성원이 재생산 선택을 할 수 없거나 그럴 가치가 없다는, 따라서 양육자가 되기에 적절하지 않다는 주장을 해왔다. 이러한 수사는 대중 문화부터 의학에 이르기까지 모든 곳에 걸쳐 있다.

미국 모성 사망에 대한 연구가 흑인 여성을 중심에 두고 있지만(흑인 여성의 모성 사망률이 가장 높기 때문이다. 임신에 관한 한 흑인은 사망 확률이 243퍼센트 더 높다) 많은 공동체에서 유사한 문제가 발생한다. 하지만 여타 공동체에서의 결과는 조금 더 나은데, 그들이 존중이나 돌봄을 받을 자격이 없다는 발상이 덜하기 때문이다. 미국 내 흑인 공동체에서 신체적인 건강이나 산전 돌봄에 대한 접근, 소득 수준, 교육, 사회경제적 지위와 같은 요소가 통제될 때조차 흑인 여성들은 모성 사망을 더 많이 경험한다. 흑인의 모성은 불임 수술로 해결되어야 하는 문제로 여겨져왔기 때문이다.

사회적이고 환경적인 위험 요인은 주변화된 공동체 내에서 심각한 수준으로 유지되는 모성 건강에 영향을 주었다. 빈곤에 기반한 요인, 즉 주거 불안정에서부터 열악한 주거 환경에 따른 독소 노출 비율, 폭력 노출 비율에 이르는 여러 요인은 스트레스 수치를 높이며 양질의 의료에 대한 접근성을 낮춘다. 이때의 으료 조치에는 종합적인 정신 건강 서비스도 포함된다. 일터에서의 장애물이라거나 식품 불안정과 같은 추가 요인들은 미국에서 유해한 환경 가운데 살아가는 누군가와 그들이 경험할 수 있는 임신을 위험에 빠뜨린다.

같은 맥락에서, 우리는 백인이 엄마일 때에만 이를 축하하는 방식으로 모성을 사고하도록 하는 많은 **-주의**에 대항해야 한다. 세리나 윌리엄스, 비욘세, 메건 마클과 같은 흑인 어머니들에 대한 기사를 읽다 보면 인종주의를 발견할 수 있다. 흑인 어머니가 임신한 배를 내놓는 것은 역겨운 일이 되고, 같은 행위를 백인 여성이 할 때는 사랑스러운 일이 된다. 이러한 소극적인 형태의 인종주의는 거의 들추어지지도 않고 이야기되지도 않는다. 아무리 댓글창이 진창과도 같은 곳이라지만 의료진들 역시 온라인 게시판에 댓글을 단다. 트위터나 인스타그램, 페이스북에서 흑인 어머니의 아이들이 식권이나 원숭이라고 말하는 이들, 혹은 혐오를 취미 삼아 그것을 프로필에까지 걸어두는 이들을 보면, 그들이 혹시 아이를 인형처럼 다루거나 스냅챗을 찍겠답시고 아이를 사탄이라 부르는 전문 의료진이 아닌지 생각해보아야 한다.

세리나 윌리엄스나 비욘세가 임신 합병증에 대해 이야기했을 때, 이는 흑인 여성의 모성 사망 문제를 잠시 동안 주요 페미니스트 미디어의 중심에 서게 했다. 하지만 모든 사람의 머릿속에 미국인 흑인 어머니들의 건강 문제를 더 이상 무시할 수 없음을 주입시키는 데 세상에서 가장 유명한 흑인 여성의 열정적인 이야기가 필요하지는 않을 것이다. 우리는 의료 체제 내부의 명백한 결함만이 아니라 의료 조치에 대한 접근성, 주변화된 이들이 받는 의료 서비스의 질 등 다양한 측면에 영향을 미치는 다른 제도에 대해서도 이야기해야 한다. 같은 체제와 제도는 너무 오랫동안 노예제, 우생학을 허용하였고 그것에 뿌리를 두고 자라난 편견을 다루지 않았다. 모성 사망을 총체적으로 다루기 위해서는 의료 체제 내외부의 검토되지 않은 편견이 모성이 성스러운 일이 아닌 죄악으로 간주되는 공동체에서 자원이 결핍되게 만드는 핵심적인 요인이었음을 이야기할 필요가 있다.

백인 모성에 대한 이미지는 미디어에서 표준이 된다. 백인 페미니스트들이 엄마가 된 후 삶이 바뀌었다고 논한 글들이 이를 뒷받침한다. 이런 이미지 뒤에는 그들을 돕도록 고용된 돌봄노동자들의 일상적인 측면이 숨어 있다. 가까이에서 본다면, 이런 이야기들은 유색인 공동체에 기대면서도 의미있는 방식을 만드는 데 실제로 함께하지 않는 이들의 면면을 살필 수 있을 것이다. 우리를 둘러싼 세상의 텔레비전, 빌보드, 포스터를 비롯해서 어디에나 백인 어머니들이 나온다. 그 이야기가 여섯 쌍둥이건 열아홉 아이를 둔 가족이건 간에, 텔레비전 채널은 이 가족들의 삶 속으로 기꺼이 우리를 데려간다. 그들의 선택을 정당화하고 가치 있게 바라보고 인간화하기 위해서. 하지만 흑인, 아시아계,

토착민, 라틴계 양육자가 백인 아이들을 돌보았던 역사에도 불구하고 대중 미디어는 다른 모든 집단이 자기 아이를 기르기에 부적절하다고 믿게 만든다.

비백인 어머니와 아이들은 미국 사회에서 오랫동안 가치를 절하당했다. 토착민 가족들은 오늘날 우리가 미국이라고 여기는 무언가를 만들기 위해서 집단적으로 학살당했다. 노예제 동안 흑인 여성들은 가축으로 취급당했고, 그들 자녀는 백인의 부를 축적하기 위한 인적 자본으로 취급되었다. 플랜테이션에 대한 낭만화된 이미지는 흑인 양육자들이 자기 아이를 돌볼 만한 감정적 능력이 결여되어 있다는 발상을 부추겼다. 이런 신화는 오늘날 복지 여왕이라는 서사를 만들어내며, 아이들을 수표처럼 발행하고 가족의 일부로 원하고 사랑하지 않는 여성의 모습을 형성하는 데 여전히 힘을 행사한다. 그것을 비방하는 수사가 '앵커 베이비anchor baby'[시민권을 얻기 위해 낳은 아기]든 다른 어떤 형태든 간에, 오직 백인 양육자만이 자기 아이를 원할 만한 감정적 능력을 갖고 있다는 인종주의적인 거짓말로부터 안전한 이는 아무도 없다.

실제로, 주변화된 몸과 그들의 재생산에 대한 자유를 공격하는 언설에 대한 내용이 아무리 잘 정리되어 있다고 하더라도, 주류 페미니스트 서사는 그러한 메시지가 문화와 정책에 미치는 결과에 관여하는 데 실패하곤 한다.

비록 앞서 언급한 종속이 미국 내에서 더 이상 공공연하게 이루어지지 않는다고 하더라도, 그 잔여물은 오늘날까지도 편향을 만들어내는 체제 전반에 남아 있다. 주변화된 가족들은 국가 폭력에 찢기고, 이는 집단적인 구금이라거나 빈곤층에 대한 처벌적인 정책의 영향을 받는다. 구금된 여성들은 동의 없이 불임 수술을 받는다. 이주자를 위한 의료 조치에 대한 접근은 도움을 요청하는 이들을 처벌하는 공공정책에 의해 영향을 받는다. 저소득 직업 종사자들은 그저 돌봄에 대한 접근만을 두고 분투하는 것이 아니라 해당 돌봄을 받을 때 제대로 취급받기 위해서도 싸워야 한다.

미디어 내에서 주변화된 이들에 대한 전형적인 이미지와 인식이라 함은 그저 보수 정책 입안자들의 전유물이 아니다. 심지어 임신 중지에 대한 접근은 저소득 공동체와 관련하여 논의될 때 성적인 문란함이나 무책임을 불러올 수 있다는 틀 속에서 다루어진다. 최근 들어서야 우리는 가난한 이들 역시 자신의 가족 규모를 결정할 수 있다는 이야기를 주류 미디어에서 들을 수 있게 되었다. 우리는 가족 규모를 제한할 필요에 대한 이야기가 너무 자주 이러한 저소득 가족을 평가절하하는 자원의 문제나 사회로 하여금 이들이 존재할 권리가 없는 듯이 보이게끔 했다. 이런 태도가 불러일으키는 파문은 주류 페미니스트 조직이 주변화된 공동체의 건강에 대한 최소한의 접근만을 담고 있는 정책과 프로그램마저도 간과하는 상황을 통해서 살필 수 있다. 유색인 가족에 대해 이루어지는 평가절하란 구조화되었으며 도전받지 않는 인종주의가 공공정책과 제도적 실천, 미디어에서 만연하게 나타나는 모습으로 확인할 수 있다. 이 모두는 흑인과 백인

간의 모성 사망률에서 드러나는 차이를 만들어낼 뿐 아니라 다른 주변화된 공동체에서 발생하는 모성 사망을 지운다.

주변화된 공동체에 의해 만들어진 조직은 문제를 해결하기 위해서 노력하지만, 이런 영역에서 백인 우월주의에 도전하는 일은 그로부터 가장 많은 영향을 받는 이들에 의해서만 이루어질 일이 아니다. 재생산 건강에서 인종주의가 갖는 역할에 맞서서 페미니즘은 모성 사망을 줄이고 많은 공동체의 미래를 바꿀 수 있도록 해야 한다.

양질의 보건 서비스에 대한 접근성을 높이는 페미니즘 프로그램을 만들고 의료 서비스 제공자들이 가지는 인종적인 편향을 함께 다룰 때, 모성 사망을 줄일 수 있는 총체적인 접근을 할 수 있다. 필수적인 보건 서비스 목록에서 모성과 관련된 조치를 빼고자 하는 시도를 막는 노력이 훌륭한 한 걸음일 수 있다. 또한 메디케이드를 보호하고, 건강보험에 노동이 필수적인 요건이 되기를 막는 시도 역시 그러하다.

재생산 정의는 단순히 가족계획을 보호하거나 저소득 가족계획 프로그램을 위해서 싸우는 문제가 아니다. 여성, 유아, 어린이를 위한 영양보조프로그램(WIC)과 영양보충지원프로그램(SNAP)을 사수하는 문제이기도 하다. 정치인들은 가족을 먹이기 위해서 분투하는 저소득층 인구에 대해 무례한 태도를 보이나, 이때 페미니즘은 모든 공동체를 위한 작업을 옹호하고 이를 지지하며 한 발 앞서가야 한다. 이미 공동체 내에서 너무나 많은 장애물을 안고 있는 이들로부터 더 많은 자원을 가진 이들의 도

움 없이 더 질 좋은 서비스를 위해 싸울 수 있는 에너지를 찾기
란 어렵다.

주변자로서

양육하기

MARGINALIZED

WHILE

PARENTING

우리는 성차별주의가 문제이며 여성혐오가 문제라는 것을 안다. 하지만 우리는 여성 집단 내부에서 인종주의가 어떻게 문제가 되며 어떤 역할을 하는지에 대해서는 말하고 싶어하지 않는다. 막대한 부의 격차가 인종에 따라 발생하는 나라에서, 좋은 양육이란 충분한 소득을 가진 이들이 할 수 있는 결정을 내릴 때에만 가능한 것처럼 틀 지어진다는 건 무엇을 의미하는가? 가난하고 백인이 아니라는 것, 좋은 양육자가 되기에 능력이 없다고 가정되는 것은 무엇을 의미하는가?

▶▶

내가 여덟 살 때, 술에 취한 삼촌이 할머니 집에서 두어 시간 동안 총을 들고 위협한 적이 있다. 돈 때문에 일어난 일이었고, 이제는 누구도 제대로 기억하지 못하는 사건이다. 하지만 나는 기억한다. 삼촌이 겁 없이 그런 짓을 저지른 건 할아버지가 집에 없었기 때문이라는 것을. 삼촌은 아내(숙모는 삼촌에게 돈 문제가 있다는 걸 알았다)가 집에 총을 둔다는 사실을 알고 있었다. 숙모는 삼촌이 폭력을 휘두르려 할 때 그를 찌르거나 쏘아서 대응했기 때문에 그는 숙모에게 맞서는 일이 별로 좋은 방법이 아니라는 것을 알고 있었다.

삼촌은 할아버지가 집에 없는 한 여자들 몇 명은 해치우기 쉬울 거라고 생각했다. 틀렸다. 당시 할머니 집에 살고 있었던 고모는 용감하게도 삼촌을 물러서게 했을 뿐 아니라 병을 들어 그의 머리를 깰 준비가 되어 있었다. 그날 밤에 대해 내가 기억하는 것은 총도, 술에 취한 말싸움도 아니다. 삼촌이 떠나고 나서 고모와 내가 나란히 앉아 각자의 숙제를 했던 것이다. 나는 고모 딸이 아니었지만 할머니, 할아버지와 함께 고모 손에 자랐고, 해야할 숙제가 남아 있었다. 고모는 내게 내가 불안정성(지금까지의 내 삶을 특징짓는) 없는 미래를 가지려면 무엇을 해야 하는지 알고 있다는 확신을 심어주었다.

나는 고등학교를 마친 뒤 군대에 들어갔다. 기회에 대한 전망 밝은 서사 이상으로는 생각지 않았다. 첫 남편과 첫 아이를 만난 것은 전통과는 거리가 먼 삶을 시작하는 길에 접어드는 발걸음과도 같았다. 나는 결혼을 했고, 우리는 같은 곳에 정착했다. 임신을 한 건 우리가 아이를 원한다고 결정했기 때문이었다. 아이를 가질 생각을 할 때, 나는 가족을 위해 원하는 방식의 삶을 떠올렸다. 나는 내 아이들이 술 취한 남자들, 술에 취해 총을 든 남자들에 대해 걱정할 필요가 없기를 원했다.

그런 밤들을 보냈기 때문에 나는 절대로 '마미 워Mommy War'*에 참여하지 않았다. 삶은 내게 일찍, 그리고 자주 먹을 것을 가지고 있는 것이 그것이 올바른 곳에서 왔는지 아닌지보다 중요하다는 점을 일깨워주었다. 안전하고 안정된 가정이 중요했지 그 집이 올바른 우편번호를 가지고 있는지 아닌지는 중요치 않았던 것이다. 첫째 아들의 작은 눈이 초점을 갖추기도 전에, 나는 다른 사람들이 내가 그를 위해 올바른 결정을 내릴 만한 자격을 가졌는지 아닌지를 두고 하는 가정에 신경을 썼다. 내가 가난하

---

* 아이를 양육하는 엄마들 사이에 자기 양육 방식이 더 낫다고 주장하면서 벌어지는 다툼을 가리킨다.

고 흑인이기 때문이었다.

　나는 싱글맘이 아니었지만 의사들은 마치 내가 그런 것처럼 나를 대했다. 남편이 진료실에 같이 들어오지 않는 한 그랬다. 어떤 때에는 내가 집에 아이와 같이 있는 사람이라는 것이 매우 확실할 때에도, 마치 그가 결정을 내리기에 적합한 사람인 듯이 그에게만 말을 했다. 그가 백인이어서였다. 우습고도 우울한 사실은 그런 사람들이 분명히 스스로를 페미니스트라고 말하는 백인 여성들이었다는 점이다. 그들은 나의 사회경제적인 지위가 의미하는 바는 내가 가장 필요로 하는 것이 양육에 대해서 그들이 이래라저래라 하는 점이기라도 한 듯이, 내 삶에 대해 내리는 '선량한' 인종주의적 가정이 어떤 가치가 있기라도 한 것처럼 굴었다.

　아이를 어떻게 트림시키느냐 하는(아이는 무릎에 눕기를 좋아했다) 일상적인 것에 대한 대화는 백인의 지휘에 따라 '올바른' 방식으로 트림을 시키는 오만한 강의로 이어졌다. 라틴계 간호사는 내가 하는 방식도 옳다고 말했지만 백인 관리자는 틀렸다고 했다. 어린 얼굴에 흑인이라는 점은 내가 낳은 아이를 어떻게 트림시켜야 하는지 물어야 하고 성인이 될 때까지 어떻게 키워야 하는지를 그에게 물어야 하기라도 하는 것처럼 보였을 것이다. 아이가 유치원에 가자, 원장은 아이의 우유 알레르기를 의문시했다. 아이에 대한 의사의 메모가 비어 있어서가 아니었다. 그는 영양사인 자기 친구에게 물어보는 일이 내가 아이를 소아과 의사에게 데려가는 것과 똑같다고 여겼다. 그는 친구의 가정

대로 아이의 식습관을 바꿨다. 아이가 필요로 해서가 아니었다. 그는 내가 자신의 도움을 반기지 않는다는 사실에 불쾌함을 느낀 듯했지만, 그가 시도한 식습관의 변화는 아이를 응급실로 데려갈 뻔했다.

분유 대 모유와 언제 백신을 맞힐 것인가는 어떻게 좋은 양육자가 되는가를 배울 수 있는 가장 좋은 단계다. 가장 어려운 부분은 내가 다른 사람들과 똑같이 걱정을 한다는 점을 스스로 인정하고, 그들의 인종주의적 가정이 가족을 지키려는 내 모든 노력을 허사로 만든다는 점이었다. 가장 일상적인 부분부터 주요한 측면까지 모두 그랬다. 나는 돈 없이 나쁜 결혼생활로부터 떠난 것, 아이를 데리고 대학에 다닌 것, 앞으로 나아가기 위한 길을 만들어낸 모든 결정을 두고 싸워야 했다.

양육을 두고 일어나는 '마미 워'에서, 유기농 식단을 제공할 수 없는 나의 무능력은 내가 아이를 충분히 돌보지 않았다는 의미가 되었다. 사실상 오레오 과자를 가끔 준다는 사실은 내가 카페인과 값싼 패스트푸드로 연명할 때에도 아이는 아몬드 우유와 신선한 채소를 먹는다는 뜻이기도 했다. 아파트에서 나가 공공주거시설로 들어가는 것은 외부에서 보면 실패였다. 하지만 내부에서 보면 나도 규칙적으로 식사를 할 수 있다는 뜻이었다. 좋은 선택이 아닌 힘든 선택을 한 몇 년간의 시간은 내게 어떤 양육이 정말로 문제인가에 대한 교훈을 알려주었다.

아이가 자람에 따라서, 나의 관심사는 외부인에게 최우선 과제로 보일 법한 것에서부터 점점 멀어졌다. 대부분의 흑인 양육자들과 마찬가지로, 나는 아들들에게 인종에 대해 가르치고 그 것이 사람들로 하여금 그들을 어떻게 인식하는지에 영향을 끼 친다고 일러주었다. 우리는 학교에 제대로 된 놀이터가 갖춰져 있는지를 두고 스트레스를 받지 않았다. 대신 우리는 그 학교가 폐쇄 조치에서 살아남아 열려 있을 것인가를 두고 고심했다. 선 생님들이 보수를 받는지, 경관들이 건물에 있는지도 신경 썼다. 이는 헬리콥터 맘*이 하는 질문과는 달랐다. 우리는 생존에 가까 운 양육을 했다.

주변화된 공동체에서의 양육자들에게, 아이들이 갱과 어울 리지 못하게 하고 감옥에 가지 않도록 만드는 건 엄청난 문제다. 어떤 공동체에서는 아이 혹은 양육자의 강제 송환을 피하는 것 이 핵심 문제가 된다. 삶의 모든 측면을 결정하거나 문제가 쉬워 지도록 만들 수 있는지에 대한 생각이란 없다고 봐야 한다. 아이 들이 자원에 접근할 수 있고, 탄력적으로 살아가고, 그럼에도 여 전히 꿈을 꿀 수 있는 삶을 위해서 분투할 뿐이다.

우리는 성차별주의가 문제이며 여성혐오가 문제라는 것을 안다. 하지만 우리는 여성 집단 내부에서 인종주의가 어떻게 문 제가 되며 어떤 역할을 하는지에 대해서는 말하고 싶어하지 않 는다. 막대한 부의 격차가 인종에 따라 발생하는 나라에서, 좋은 양육이란 충분한 소득을 가진 이들이 할 수 있는 결정을 내릴 때

---

* 아이들이 성장해 대학에 들어가거나 사회생활을 하게 되어도 헬리콥터 처럼 아이 주변을 맴돈다는 데서 만들어진 말이다.

에만 가능한 것처럼 틀 지어진다는 건 무엇을 의미하는가? 가난하고 백인이 아니라는 것, 좋은 양육자가 되기에 능력이 없다고 가정되는 것은 무엇을 의미하는가? 특히나 백인 여성이 다른 유색인 여성과 아동에게 행사할 수 있는 권력을 고려한다면 또 어떤가.

인종주의적인 고정관념에 영합하는 것이 무해하고 재미있는 일이라고 고집하거나 왜 유색인 양육자들이 자신들의 공동체에 특수하게 존재하는 장애물을 신경 쓰는지 전혀 모르는 듯이 구는 문제는 모든 아이들에게 본질적으로 위험한 수준의 근시안적인 태도로 인해 생겨난다. 우리가 아동노동법을 만든 이유는 그저 그게 좋은 아이디어라고 생각했기 때문이 아니었다. 아이들이 성인이 보호되지 않는 방식으로 보호될 필요가 있기 때문이었다. 주변화된 양육자들에게, 모든 결정은 다른 누군가의 편향으로부터 영향을 받아 아이가 경험할 수 있는 추가적인 위험을 동반한다.

만성적으로 늦는 문제 때문에, 더 나은 학교에 아이를 입학시키기 위해 친구의 주소를 썼기 때문에, 일을 하고 보육할 방편이 없기 때문에 아이를 잃을지 모른다는 공포는 어디에나 존재한다. 하지만 공포가 결정을 내리게 둘 수는 없다. 아이가 의식주를 해결하기를 원한다면 그래서는 안 된다. 주변화된 존재로서 양육을 한다는 건 그물 하나 마련되어 있지 않은 딱딱한 바닥 위에서 감정적이고 사회적인 줄타기를 하는 일이다.

나는 원주민 보호구역에서 아이를 기르는 일이 어떤지, 강제

추방이나 교육권을 걱정해야 하는 이주노동자로서 아이를 기르는 일이 어떤지 아는 척할 생각이 없다. 다만 내가 아는 건 그러한 위치에 있는 여성들에 대해서 들어야 한다는 사실이다. 그들이 가장 필요로 하는 것이 무엇이고 무엇이 가장 치명적인지에 대해 그들이 보여주는 대로 따라야 한다는 걸 안다. 그들은 자기 자신의 필요에 한한 전문가들이며, 나는 그러한 필요가 다르다는 사실이 그들을 덜 중요한 존재로 만들지 않는다는 점을 인지한다.

더 많은 이들이 경찰 폭력에 대해서 말한다. 안타깝게도 이 문제는 인종 문제로만 보여지며 흑인 남성에게만 영향을 주는 것처럼 여겨진다. 이때 젊은 흑인 여성에게 가해지는 영향은 지워진다. 트랜스젠더나 젠더퀴어의 경우에도 마찬가지다. 혹은 흑인이 아닌 유색인 공동체에서 일어나는 일도 가려진다. 위험 요인이 다르다는 사실은 위험 요인이 없다는 말이 아니다. 우리는 과도한 감시나 경찰 폭력을 페미니즘 이슈라고 말하지 않지만 유색인 여성들에게 경찰 문제는 구조적 억압의 주요한 요인이다. 사실상 경찰에 대해 두 번째로 자주 언급되는 문제는 그들이 직권을 남용해 저지르는 성폭력이다. 이는 성인기에 시작되지 않는다. 십대들은 위협을 겪고 있다. 심지어 가장 안전해야 하는 공간에서 이러한 위협을 겪는다. 기본적으로 경찰을 늘리면 문제가 해결된다고 보기 때문이다.

우리는 경찰 폭력에 희생된 (시스젠더든 트랜스젠더든) 흑인 여성의 이름을 다른 어떤 집단에 비해 더 적게 알고 있다. 그들이 성폭력, 구금, 사망에 이를 위협에 대해서는 이야기되지 않는다. 시스젠더 흑인 여성이 경찰 폭력에 사망하는 일이 적다는 사실은 흑인 여성으로 사는 것이 흑인 남성으로 사는 것보다 억압으로부터 안전하다는 오류를 뒷받침할 수 있다. 마찬가지로, 경찰의 위력이 성적일 수 있다는 관점을 지우고 오직 신체 폭력에만 초점을 맞춘다면 주변화된 공동체의 여성들이 마주하는 위험을 키울 수 있다. 젊은이들의 경우 당국에 의해 잘못된 처우를 받을 확률이 높다는 점도 자주 간과된다. 단지 유색인 아이만이 문제가 아니다. 경찰 폭력과 위력을 무시하는 일은 가장 많은 특권을 가진 아이도 위험에 처하게 만든다.

백인 아이에게 보여주는 우아함을 다른 아이에게도 보일 수 있도록 하라. 우리 소녀들은 다섯 살에 어른이 되지 않으며 소년들은 무기로 태어나지 않는다. 나는 경찰에게 괴롭힘을 당했던 일이나 청소년기에 포식자 성인들을 상대했던 일을 말할 수 있지만, 그런 일들을 이야기하기란 어려운 일이고, 듣기는 더 어려운 일이다. 하지만 그런 이야기들이 나'만'을 당신에게 인간처럼 보이게 한다면, 내 공동체의 나머지 사람들은 여전히 그렇게 보이지 않는다면, 페미니즘이 가져다주는 좋은 점이란 무엇이란 말인가? 인종주의 패러다임에 도전하지 않는다면 혀를 차고 고개를 젓는 일에 무슨 소용이 있는 것인가?

우리는 어째서 주변화된 자가 양육을 하는 문제를 페미니즘 이슈로 다루지 않는 것인가? 우리는 양육을 경쟁으로 보기보다 백인 여성과 인종적 편향에 직결되는 심각한 사회적 차원의 문제로 바라볼 수 없는 것인가? 학교에서 감옥으로 이어지는 파이프라인이 가지는 당황스러운 현실이란 흑인 청년들이 학교 차원에서 경찰이 개입되어 내려지는 결정에서 발생하는 의식적 혹은 무의식적 위기에 놓여 있다는 점이다. 가르치는 직업은 대부분 백인 여성으로 이루어져 있다. 주류 페미니즘 아이디어에 걸맞은 여성이 다른 형태의 억압의 공범일 때, 우리는 어떻게 과도한 감시와 차별을 페미니즘 이슈로 다룰 수 있을 것인가?

물론 답은 문제에 맞서는 것이다. 페미니즘은 학교 관련자가 백인 여아의 기물 파손은 훈계로 끝나는 장난으로 치부하지만 흑인 여아의 기물 파손은 사법적 개입이 필요한 범죄로 바라보게끔 하는 편향을 검토해야 한다. 모든 여성이 젠더 억압에 맞서는 일은 물론 중요하다. 하지만 어떤 여성들? 어떤 형태의 젠더 억압이란 말인가? 어쨌거나 시스젠더 여성은 트랜스 여성을 억압할 수 있고 억압한다. 백인 여성은 유색인 여성을 억압할 수 있다. 비장애인 여성은 장애를 가진 여성을 억압할 수 있다. 여성 억압은 외재적인 힘을 통해서만 발생하는 것이 아니라 여성 집단 내에서도 발생한다. 피억압자가 억압에 맞설 수 있고 그렇게 하는 동안, 한편에서는 당신의 동맹인 자가 다른 편에서는 당신의 억압자라고 할 때 어떤 일이 일어나는 것인가?

만약 당신이 학령기 흑인 아이라면, 문제를 일으켜 상담을 필요로 하는 백인 동급생과 같은 행동을 저질렀을 때 교사가 내면화된 인종주의 탓에 당신만을 위협으로 여긴다면, 당신은 무엇에 의지해야 하는가? 당신의 임파워먼트가 현상 유지에 위협이 된다면 어떻겠는가? 피부색과 머릿결 때문에 '좋은 아이'에 들어 맞지 않는다면 어떻게 공동체의 일원이 되겠는가? 이 질문 가운데 어떤 것도 쉬운 답을 주지 않지만 여기에 답을 해야 하는 존재는 아이가 아니다. 솔직히 말하자면 이는 성인 흑인 여성이 백인 페미니스트들에게 자신들의 인간성을 설득시킬 문제가 아니며, 그들 자녀에게도 존재할 권리가 있고 다른 이들과 동등한 기회에 접근할 권리가 있음을 설득시킬 문제가 아니다.

주류 백인 페미니스트들은 백인 여성들의 인종주의와 그것이 가하는 위해를 직면해야 하고, 이 문제를 백인 남성의 것으로 돌리지 않아야 한다. 학교 내에서 백인 여성들이 유색인에게 행하는 제도적인 권력이 되었든 뉴욕 스테이튼 아일랜드의 교사들이 에릭 가너Eric Garner를 죽인 경관을 지지하기 위해 셔츠를 입으면서 만들어낸 메시지가 되었든 대화는 단절된 지 한참이 지났다. 연대와 자매애를 요청하는 외침은 모든 여성이 중요하다는 아이디어에서, 모든 가족이 중요하며 아이를 돌보는 일이 단순히 집에서 일어나는 일이 아니고 사회에서 아이를 어떻게 다룰 것이냐는 발상에서 시작된다. 흑인 소녀가 잘못된 일을 할 만큼 순진할 수 있고 그리고도 미래를 가질 자격이 있다고 생각하는 것이 중요한 주제가 아니라면, 당신은 교실에 있다고도 페미니즘 운동에 몸담았다고도 말할 수 없다. 흑인 소녀들을 바라보고 백인 소녀들에게 하는 것과 같은 가능성을 전망할 때까지는 그렇지 않다.

이것은 단지 흑인 소녀에게서 끝나야 할 만한 책임이 아니다.

주변자로서 양육하기

모든 인종의 모든 소녀는 기회에 도달할 자격이 있고, 자신의 문화와 공동체가 존중받는 경험을 해야 한다. 흑인이 아닌 유색인종 양육자에게는 이 문제가 조금 다를 수 있지만, 기저에서 발휘되는 영향이란 자주 같은 것으로 드러난다. 대선 후보가 멕시코 이주자들을 강간범이라 일컫고, 백인 페미니스트 코미디언이 비슷한 농담을 하면 사회적 영향이라고 어떻게 이와 다르겠는가? 후보자는 법을 만들고 벽을 짓겠다고 약속할 수 있지만, 이 말을 덜 인종주의적으로 들리게끔 하는 사람은 이런 수사에 깃든 인종주의의 심각성을 누그러뜨리는 수사를 씀으로써 이를 정상화하는 백인 페미니스트다.

흑인 남성, 소년, 젠더퀴어 십대가 단순히 존재한다는 이유로 느끼는 공포는 실제적인 위협에 의한 것이 아니다. 이는 내면화된 인종주의와 반흑인주의가 우리 문화에 스며든 결과이며, 위험한 이데올로기를 조명하는 일은 주변화된 공동체에 대한 폭력을 정상화한다.

흑인 아이들이 토착민과 이주민 아동과 갖는 공통점은 위탁 가정에서 평균 이상의 위험을 경험한다는 점이다. 우리는 특권을 통해서 보호할 수 없는 양육자들이 가난으로 인해 만들어내는 문제를 잘라낸다. 그렇다, 나는 국가가 학대나 방치 문제에 뛰어들기를 절대적으로 지지한다. 하지만 가장 흔한 것은 백인 구원자 서사다. 유색인 아이는 더 부자인 양육자와 함께 사는 것이 본질적으로 더 낫다는 생각이다. 양육자가 그와 인종적이고 민족적인 배경을 공유하지 않음에도 말이다. 우리는 아이를 감정적이고 사회적으로 최선의 상태로 만드는 데 부의 격차는 거의 관련이 없음에도 재정적 안정성이 결여되는 문제는 양육자의 자질을 측정하는 지표로 받아들인다. 빈곤에 대한 끔찍한 현실은 양육자들로 하여금 아이를 위험에 처하는 결정을 내리게끔 할 수 있다. 예를 들어서 아이를 혼자 두거나 안전하지 않은 양육자와 함께 두는 것이다. 유해한 스트레스는 양육자들로 하여금 아이의 감정적인 요구를 맞추기에 무감하게 만들 수 있다. 이 문제는 심각한데, 대체로 아이들이 집에서 분리되는 근거는 학대가 아니라 방치이기 때문이다. 빈곤은 방치처럼 보일 수 있다. 양육자가 최선을 다할 때에도 그렇다. 소득이 아이를 키울 때 필요한 수준보다 절대적으로 부족하고 경제적으로 가능한 모든 대안이 활용 불가능하거나, 효과가 없거나, 불법일 때면 어떻게 해야 하는가?

아이의 보육비가 한 시간에 벌어들이는 돈보다 더 비싸고 보조금 프로그램은 자금이 부족하거나 존재하지 않지만 빈곤가족 임시지원과 푸드 스탬프 등에 접근할 수 있기 위한 공적 부조 요구사항 때문에 일을 해야 한다거나 하면, 할 수 있는 것을 할 수 있을 때 하면서도 내릴 수 있는 좋은 선택지를 갖고 있지 못하다. 그때 할 수 있는 일이란 상황을 최선으로 만드는 일과 법을 벗어나지 않기를 바라는 것뿐이다. 이는 헬리콥터 맘의 시대에 특히나 어렵다. 재정적으로 부유하고 사회적으로 특권을 가졌고 덜 가진 이들의 라이프스타일에 대해서 철저히 무지한 이들은 아이가 집에 혼자 걸어가는 일상적인 일조차 방치라 여기고 당국을 부른다.

물론 아이의 최선의 이익을 위해서 행동하는 것이라고 주장할 수도 있지만, 아이의 이익만이 유일한 관심이라면 저소득 양육자의 빈곤을 경감하는 일이 주된 페미니즘 이슈가 되어야 한다. 하지만 우리는 주류 페미니스트들이 힙스터 마미 워에 참전한 모습을 본다. 이때 최선의 주제란 일을 하러 갈 때 아이를 유모에게 맡기기 때문에 느끼는 죄책감 정도다. 집에 있기로 결정했기 때문에 충분히 페미니스트적이지 못하다고 느끼는 죄책감에 대한 기다란 문단은 개인적으로는 만족스러울 수 있겠지만 주변화된 양육자에게는 무슨 소용이 있단 말인가?

다른 이들이 직면한 문제에 대해 배우는 일은 페미니스트로서 양육을 대하는 가장 쉬운 길일 수 있다. 나는 토착민 아이들이 어떤 일을 겪는지, 위탁 가정이 어떻게 운영되는지 우연히 알게 된 것이 아니다. 나는 적극적으로 토착민 아동 복지법에 대한 더 많은 정보를 찾았다. 관련된 법정 사건이 뉴스에서 다루어진 이후였다. 이 말은 내가 해당 법의 전문가라는 뜻일까? 아니다. 하지만 토착민 아동의 기숙사 학교에서 일어난 끔찍한 일들은 해당 법의 중요성에 대해서 알게 해주었다. 그리고 자신들의 공동체에서, 비록 가정 상황이 불완전함에도 아이들을 키우기 위해서 열심히 싸우는 활동가들의 이야기를 듣는 일이 중요하다는 사실을 알게 해주었다. 문화에 대한 아이의 연결을 지우는 일이 그다지 끔찍하지 않다고 여길 때, 또한 문화가 어떤 가치도 없다고 생각할 때 "사랑만이 중요하다"는 말을 하기는 쉽다.

내면화된 편향은 불리한 공동체에 속한 양육자들을 비인간화하는 인종주의적인 미신을 믿기 쉽게 한다. 하지만 특권을 가진 이들은 페미니스트로서, 또 양육자로서 그들이 가지지 못했던 삶에 자신의 아이들을 접근할 수 있도록 하기 위해서 기꺼이 할 수 있는 일이 무엇인지를 스스로 물어야 한다. 그들도 임의의 국경이나 법과 상관없이 생사를 걸고 이민을 할까? 그들은 마약을 팔까? 특권, 특히나 경제적인 특권은 모든 양육자가 도전 과제를 안고 있지만 모두가 같은 자원을 안고 있지는 않다는 사실을 잊게끔 한다.

대학생인 첫 아이는 내 모교에 다니고 있다. 막내는 중학생이다. 나는 중산층인 척하면서 내가 어디에서 왔는지, "위기의 유년"으로부터 학위를 두 개 가진 작가가 되기까지 무슨 일을 겪었는지 잊은 듯 굴 수 있다. 그러나 그것은 내 공동체를 위한 일이 아니고, 아이를 위한 좋은 예가 아니고, 나 스스로를 나로 살지 못하게 한다. 더 많은 교육을 받고 전문적인 글을 쓸 수 있음으로써 만들어지는 존중받을 자격이란 근사하다. 나는 사람들이 내가 말해야 하는 무언가를 들으리라는 걸 알 때가 좋다. 하지만 사람들은 나와 같은 흑인 여성이 하는 말을 잘 듣지 않는다. 그리고 지금까지도 나를 위한 자리를 만들어내는 사람조차 나와 같은 다른 사람들과는 분리시킬 것이다. 어떤 이들이 도달하지 못한 자리에 내가 있다는 사실은 곧 그들이 열심히 노력하지 않았다는 뜻이 될 것이기 때문이다. 사실 그들은 할 수 있는 대로 노력했지만 그저 같은 운, 같은 친척, 같은 공동체를 갖지 못했을 뿐이다. "왜 그들은 네가 하는 걸 못 했어?"라는 질문이 아니라, "왜 우리는 다른 모든 이들에게 같은 지지와 접근을 허락하지 않아?"라는 질문이어야 한다. 그것이 바로 페미니즘이 싸워야 하는 전장이다. 인종주의와 계급주의가 만들어내는 다른 장애물이 없다면, 나와 같은 사람들은 성공할 수 있을 것이다. 그것이 바로 나 같은 자유주의자가 살고 싶은 세상이다.

분노를 표출한다는 것,

공모자가 된다는 것

누구도 착하게 물어서는 스스로를 억압으로부터 구할 수
없다. 그들은 싸워야 했다. 때로는 말로, 때로는 총알로.
나는 단 한 번 요구하고 나서 사회가 그들에게 주기를
거절한 존중, 평화, 권리, 그게 무엇이든 그것을 찾기 위해
본론으로 들어간 사람들 사이에서 자랐다. 그것을 찾기
위한 움직임은 무례하다고 평가절하되었다. 너무 시끄럽고,
너무 화가 났고, 너무 과하다는 평가였다.

▶▶

나는 트랜스나 젠더 비순응 이슈에 대해 끔찍하게 굴곤
했다. 특히 화장실을 둘러싼 문제에 그랬다. 화장실을 분리해 쓴
다는 건 내 마음속에서 그리 큰 문제가 아니었다. 그러다 한 친
구가 내게 공중화장실을 쓸 수 없다는 문제는 일상에서 정상이
아님을 확인받기를 강요당하는 문제와도 버금간다고 지적해주
었다. 나는 스스로를 트랜스와 논바이너리에 대한 좋은 앨라이
라고 생각했고, 한 번도 그들이 존재할 권리가 없다거나 그들이
고립되기를 원한다거나 노동환경에서의 성공에서 제외되기를
바란다고 생각한 적이 없었다.

나는 트랜스 여성이 여자 화장실에 가는 게 그다지 문제라 느
끼지 못했고, 그러니 그걸로 충분하다고 생각했다. 내 젠더 정체
성과 일치하는 화장실이 사용 가능한지에 대해서 걱정할 필요
가 없었고, 따라서 시스젠더가 아닌 사람에게 어렵고 위험한 문
제가 내 삶에서는 일어나지 않았다. 하지만 나는 좋은 공모자가
되지 못했다. 앨라이가 되는 건 그저 첫 걸음일 뿐이었고 가장

간단한 일이었다. 앨라이란 특권을 가진 이가 불평등을 만드는 결점을 가진 역동을 받아들이기 시작하는 곳이다. 좋은 앨라이가 되는 건 쉽지 않다. 그저 올라탈 수 있는 무언가도 아니다. 그런데도 마치 갑자기 모든 걸 아는 슈퍼히어로가 된 것처럼 느끼게 할 수 있다. 특권은 그저 억압을 보이지 않게 만들 뿐 아니라 억압을 인지할 때조차 갖고 있는 무지를 보이지 않게 한다.

왜 앨라이가 되는 일이 이토록 어려울까? 앨라이가 될 수 있는 이들 가운데 많은 수는 누군가 자신의 조언과 의도, 필요가 중심에 놓이기를 바라는 태도에 대해 도전하면 즉각적으로 방어적인 반응을 보인다. 그들은 그때 바로 멈추고, 뒤로 물러나, 그들이 여전히 문제의 일부임을 깨달아야 한다. 그들이 좋은 앨라이라고 하더라도 결정을 내리는 건 특권을 가진 외부인이 아니다. 특히나 그들이 집단 내에서 지지해야 하는 누군가에게 공격을 할 만한 어떤 일을 했을 때 앨라이로서의 지위를 이용하려고 들 때는 더더욱 그럴 수 없다.

앨라이가 도전을 받을 때 일어나는 흔한 문제는 그들이 문제의 일부일 리 없다고 주장한다는 점이다. 그들은 기본적으로 "너희를 위해서 한 건데"라고 이야기하는 태도를 가지고 있다. 주변화된 이들이 표현하고자 하는 문제를 듣는 대신 그들은 "나는 닥터 킹과 같이 행진을 했어, 나는 아무도 그렇게 하지 않을 때 앨라이로 나섰어, 나는 전에 이 이야기를 할 권리를 얻었어"와 같은 소리를 한다. 현재적으로 문제가 되는 어떤 것에도 함께 하지 않으면서 모든 것을 덮기 위해서 주로 하는 말이다. 특권이 만들어내는 사고방식의 바깥에 서기란 어려운 일이다. "저런 사람들"로 시작하여 특권을 가진 이들을 다른 이들의 경험에 대한 정당성을 가진 위치로 세우는 서사를 버리기도 어렵다.

스스로를 앨라이라고 정체화하는 것은 자신보다 특권과 힘을 덜 가지고 있는 사람들의 경험을 기각할 자격증을 발부하는 편리한 방법이다. 당신은 그들과 같이 귀퉁이에 서 있을 수 있다. 그것이 당신을 불편하게 만들기 전까지 말이다. 그리고 그것이 "인종과 아무 상관없다"고 느끼거나, 그들이 과도하게 반응한다고 말하면 당신은 도우려고 했지만 "저런 사람들"은 정말로 문제라고 말할 수 있다. 앨라이가 되기를 멈추거나 좋은 앨라이가 되려고 하지 않으면, 그저 한때 뭔가를 했던 좋은 기억으로 스스로를 무장하고 죄책감을 모면할 수 있다. 무엇이 필요했는지는 그리 중요하지 않다. 그게 당신의 기분을 나아지게 한다면 말이다.

앨라이들은 일이 편안하게 돌아가기를 바라는 그들의 요구에 따라 분노를 몰아내는 경향이 있다. 그들은 교육받은 존재이고 싶어하고, 자신이 타인에게 친절하게 했는지와는 무관하게 친절을 요구한다. 앨라이가 되는 과정은 감정적으로 많은 투여를 필요로 하는데, 이때 감정노동을 심하게 하는 쪽은 주변화된 쪽이지 특권을 얻은 쪽이 아니다. 그러나 앨라이가 될 수도 있는 사람에서 앨라이가 되면서 정말로 공모할 수 있는 한편이 되는 과정의 일부에는 분노가 자리하고 있다.

분노를 승인받기 위해서 박식한 존재가 될 필요가 없다. 이야기가 들리게 하기 위해서는 평정을 찾고 착해야 할 필요도 없다. 사실 나는 화난 흑인 여성을 위험하다고 보고 주변화된 이들이 목소리를 낼 때 그들이 공적으로 화가 나 있는 경우에 톤을 조절해야 한다는 서사에도 불구하고, 공동체를 살리는 것은 분노이자 분노에 대한 표현이라고 주장하곤 한다. 누구도 착하게 물어서는 스스로를 억압으로부터 구할 수 없다. 그들은 싸워야 했다. 때로는 말로, 때로는 총알로. 나는 단 한 번 요구하고 나서 사회가 그들에게 주기를 거절한 존중, 평화, 권리, 그게 무엇이든 그것을 찾기 위해 본론으로 들어간 사람들 사이에서 자랐다. 그것을 찾기 위한 움직임은 무례하다고 평가절하되었다. 너무 시끄럽고, 너무 화가 났고, 너무 과하다는 평가였다. 하지만 그것들은 효과적이었고, 궁극적으로는 분노가 우리가 항상 필요로 해야 하는 것이 아닐 수 있게끔 여길 수 있는 초석을 닦았다.

분노는 카타르시스를 만들 수 있고, 동기를 부여할 수 있고, 어떤 공동체에서든 인간이 가지고 태어난 인간성을 표현하는 방안일 수 있다. 피억압자가 얌전하고 예의 바른 존재여야 한다는 요구와 용서가 앞서야 한다는 주장이란 기본적으로 비인간적이다. 아이가 경찰에 의해 죽었다면, 공동체에 있는 물에 독이 들었다면, 애도가 조롱거리가 된다면, 무엇을 느끼겠는가? 평정을 찾고 조용히 하고 싶겠는가? 다른 이들을 편안하게 만들기 위해서 용서를 택하겠는가? 혹은 소리를 지르고, 비명을 질러서, 잘못된 것에 대해 정의를 찾아야 한다고 요구하겠는가?

분노는 청원을 만들어내고, 행진하게 하고, 사람들을 투표소에 모이게 한다. 분노는 길고 끔찍한 하루, 한 주, 한 달, 혹은 세대의 끝에 남은 유일한 연료일 때가 있다. 분노는 강력한 동력이고, 때로는 억압자들이 피억압자를 악마화하기 위해서 지적하는 첫 번째 사실이다. "왜 그렇게 못되게 굴어야 하니?", "나는 그저 도와주려는 거야"라면서.

구원자주의에는 스스로를 앨라이로 동일시하게 하는 요소가 숨어 있다. 이론상으로는 앨라이가 된다는 게 멋진 일로 보인다. 문제에 들어와서 특권을 사용해서 주변화된 개인 혹은 집단을 돕기 때문이다. 하지만 우리가 페미니즘의 교차적인 측면에 대해서 이야기하면, 우리는 교차성이 흑인 여성을 중심으로 둔 이유와, 흑인 여성이 정의에 도달할 수 있도록 하는 계급적 특권을 가질 확률이 가장 적다는 사실을 이해해야 한다. 현재까지도 문제가 생길 때 현장을 기록할 수 있는 휴대폰 카메라와 바디 캠으로 공적인 지지를 만들어낼 수 있는지 여부는 정의가 선택지로 남아 있느냐 아니냐에 따라 큰 차이를 만들어낸다.

해시태그와 온오프라인상에서의 논쟁을 거치고 나서, 나는 분노와 그것을 표현하는 방식으로 가장 잘 알려졌는데 이는 때로 너무 위험하다는 프레임으로 조명되었다. 내 분노는 때로 정교하고 때로 효과적이나, 이따금은 그 강도 때문에 핵심이 없는 듯이 보이기도 했다. 나는 분노를 믿었고, 그것이 강력할 수 있다는 걸 알기 때문에 그것을 표출하기를 목표로 삼는 일의 중요성을 믿었다. 내 목표는 아래, 옆이 아니라 내가 있는 곳보다 위였다.

소셜미디어는 감정이 과열된 곳으로 보이기 쉬운 게 사실이다. 페이스북과 트위터는 주변인들이 쉽게 조용히 할 수 없는 곳이다. 당장의 해결책이 마련되지 않은 상황에서 사회적 병폐에 대한 관심을 모으기 쉬운 곳이다. 소셜미디어에서 분노를 둘러싼 서사, 특히 공적인 분노는 다른 사회적 규범에 의해서 왜곡될 수 있다. 하지만 제임스 볼드윈James Baldwin의 말을 조금 바꾸자면 이 세계에서 어떤 일이 일어나는지 안다는 건 끊임없는 분노의 연속이다. 부정의를 경험하는 이들뿐 아니라 모두가 부정의에 분노해야 한다.

그리고 우리는 분노를 부끄러워할 만한 형편이 되지 않는다. 편견에 가득해 분노를 정치적 도구로 이용하고 동기를 부여하는 방식으로 사용하고, 폭력의 촉진제로 쓰는 이들은 더 큰 플랫폼에 접근할 수 있기 때문이다. 어떤 경우에 그들은 억압을 조직화하는 데 있어 우위를 점하고 있기까지 하다. 페미니즘 내부에서 일어나는 문제에 맞서려는 어떤 시도를 억압하는 것이든 이는 분열되지 않아야 한다는 요구에 맞아 떨어지기 때문이다. 따라서 이들은 효과적이고 정직할 수 있는 방식을 억누른다. 백인 남성 정치인들과 권위자들이 분노를 가장 잘 활용하는 이들인 반면, 여성혐오와 인종주의는 가장 소외된 이들로부터 발생한 분노를 해석하는 방식에 파고든다. 분노의 뿌리를 다루는 데 사용될 수 있는 힘과 문제를 해결하기 위한 작업은 개인의 감정이 안전보다 우위에 있다는 요구 때문에 낭비된다.

을의 지위와 갑의 지위가 가려진 점잖음이란 예의와 무관한 것이다. 이는 대화를 통제하는 방법론이라 보아야 한다. 점잖은 백인들은 존중과 점잖음을 요구하면서 호통을 치지만 사실 저항이나 혼란에는 관심이 없다. 그들이 관심을 갖는 건 통제다. 그들은 미국의 짐 크로 시대를 모방하고, 맹종과 복종을 요구한다. 그들은 분열 대신 점잖은 표면을 원한다. 그들은 싸움이 일어나고 편견을 물리치려 시도할 때 일어나야 하는 일이 무엇인지 가장 잘 안다고 주장하지만 사실 그들은 쓸모없는 상태를 기뻐한다. 기꺼이 방해하려 들기 때문에 어떤 회한도 느끼지 않고 어떤 가치 있는 통찰도 제공할 수 없는 이들은 자유를 얻는 데 방해가 된다. 그들은 자신들이 임의로 만들어둔 기준이 무엇이든 어떤 이들도 그것을 지나지 않고는 통과할 수 없도록 길을 막으러 온 억압의 관광객이자 미덕을 과시하는 자원봉사자다. 그들과 충분히 시간을 두고 보면, 그들은 백인 우월주의와 깨어 있는 상태로부터 얻을 수 있는 모든 것에 발을 걸치고 있으면서 실제적인 진보를 막고 있다는 걸 알 수 있다. 그들은 자신이 생각하는 것보다, 다른 이들이 느끼는 것보다 사실상 힘을 덜 가지고 있다. 그러나 다른 작은 포식자들이 그러하듯이 호화롭게 보이는 상태를 유지한다. 일반적으로, 페미니즘을 직업으로 삼는다는 건 특권의 영역이다. 미용실에서 일하거나 많은 정신적, 신체적 에너지를 요하면서 입에 풀칠을 하며 페미니즘 이론에 대한 책을 수십권씩 읽기란 어려운 일이다. 내가 하는 방식대로, 즉 삶의 경험을 통해 페미니즘을 해온 많은 이들에게, 페미니스트들이 공동체에서 하는 일들은 어떤 텍스트보다도 자신들과 유관하다.

우리는 공적으로 이루어진 페미니스트 작업들이 인정을 덜 받고, 돌봄노동자, 성노동자, 점원, 청소부와 같은 여성화된 일에 종사하는 이들의 지지를 받는다는 걸 이해해야 한다. 우리는 생존을 위한 페미니즘에 젠트리피케이션을 불러오는 이가 되지 않도록 주의해야 한다. 우리는 도움을 줄 수도 위해를 가할 수도 있는 힘을 가지고 있다. 그리고 막상 우리는 그 결과와 같이 살지 않아도 될 때에도 그것과 같이 살아야 하는 사람들보다도 우리가 더 잘 할 수 있다는 발상에 따라서, 공동체 내에 무엇이 세워져왔는지에 무지하게 굶으로써 공동체에 야기하는 위협을 간과해서는 안 된다.

나는 앨라이가 되는 대신에 공모자가 되겠다고 먼저 나서서 말하는 사람과는 거리가 멀다. 나는 다른 공동체를 위해 이야기하겠다고 나서지도 못할 것이다. 하지만 나는 우리의 관심사가 겹쳐지는 영역이 있다고 생각한다. 누구도 구원자를 필요로 하지 않는다. 문제를 해결하기 위한 최선의 방책을 결정해줄 사람을 찾지도 않는다. 누구도 공모할 수 있는 앨라이들의 감정적인 돌봄자가 될 만한 시간이 없다. 대체로 기여할 방도를 찾기 전에 이득을 볼 방법을 찾기 위해서 그러한 공간에 들어갔다면 이미 잘못했다는 뜻이다.

이때의 공간이란 갈등 이후 심각한 대화를 해야만 하는 곳이다. 때로 정치적인 것은 개인적인 것이기 때문이다. 좋은 공모자가 되기 위해서는 실제로 일이 되도록 해야 한다. 이 말은 공동체 내부에서 덜 가진 이들을 보호함으로써 특권을 넘겨주는 리스크를 감수함을 의미한다. 또한 이는 단순히 마이크를 넘기는 것뿐 아니라 완전히 무대에서 내려가 그들이 일을 하기 위해 필요한 초점을 온전히 얻을 수 있게 해야 한다는 뜻이기도 하다. 우리는 페미니즘 이슈라 생각되는 문제만을 다루는 대신에 공동체가 직면한 문제가 더 넓은 범위에 해당한다는 것을 이해해야 한다. 이는 먹는 일, 의사를 보는 일, 노동하는 문제, 인종주의적인 환경이 초래하는 위험으로부터 벗어난 곳에서 자는 일까지를 포괄한다.

백인 페미니즘은 너무 자주 스스로에게 거짓말을 한다. 그 의도와 영향에 대해서 거짓말을 하는 것이다. 그들은 여성을 보호하기보다는 백인을 보호하는 데 더 주력한다. 이 거짓말은 무해하지 않다. 주변화된 공동체에 직접적인 해를 초래한다. 이때 해롭다는 것은 어떤 백인 페미니스트들이 어떤 일도 하지 않고 포용하는 권력의 원천이기도 하다. 그들은 권력에 취해 이를 마음대로 휘두르고자 하는 충동에 저항하지 못한다. 이는 그저 키어스천 닐슨Kirstjen Nielsen이 폭스 뉴스에서 일곱 살짜리 여자아이가 죽은 사건을 두고 피난처를 찾는 '죄'를 저질렀다며 비난한 사건만을 의미하지 않는다. 어떤 백인 여성들이 아주 사소한 일에도 경찰을 부르는 권력 남용만도 아니다. 페미니즘은 백인됨을 지지하는 일을 자신의 우선 과제로 삼아서는 모두에게 상처를 줄 수 있는 인종주의적이고 여성혐오적인 정책에 적극적으로 싸울 수 없다.

백인 페미니즘의 기본적인 문제는 항상 자신들의 주된 목표가 권력을 다른 누구도 아닌 오직 백인 여성에게만 이양하는 것임을 인정하기를 거부한다는 데 있었다. 이 말은 윤리적이건 그렇지 않건 모든 백인 여성이 임파워링되어야 한다는 생각을 지지한다는 뜻이다. 백인 페미니즘에서는 누구나 때때로 옳은 일을 하기만 한다면 앨라이가 된다고 할 수 있지만 현실에서는 앨라이십이 수행되는 방식은 쓸모도 없고 믿음도 가지 않는다. 그런데 이는 백인 페미니즘에서 끔찍한 행동을 한 다음 그저 사과를 하면서 위해를 조절하기를 허용한다. 페미니스트 저자인 로리 페니Laurie Penny는 자신을 앨라이라고 불렀지만 문화와 인종을 둘러싼 백인 우월주의 서사를 정당화하는 데 완전하게 공모했다. 비록 페니는 '내 자유주의자 친구들에게 보내는 편지'에서 밀로 야노풀로스Milo Yiannopoulos에게 더 큰 권한을 주도록 한 자신의 결정에 책임이 있음을 인정했지만, 이는 그렇게 적은 단어로도 커다란 위해가 상쇄될 수 있음을 보여주는 사건이었다. 그는 앨라이다. 좋다. 그러나 좋은 앨라이는 아니었다. 그는 절대 자신의 특권을 버리고 다른 편과 공모할 수 없을 것이다. 그의 특권은 실제로 무언가를 하리라고 기대하지 않는 그의 쇼맨십을 받아들이는 사람들을 찾게 할 것이기 때문이다.

어떤 면에서 백인 페미니즘은 백인 여성들이 벌이는 행동이 낳은 결과로부터 그들을 반사적으로 보호해왔다. 억압에 대해 동등한 권리를 요구하는 움직임은 집을 청소하지 않을 권리를 불러왔다. 그러나 백인 우월주의에 근본적으로 깃든 유해한 속성은 백인 페미니즘을 만들어왔고, 이때 백인 우월주의는 다른 모든 여성들을 위한 실질적 평등보다 더 접근하기 쉬운 곳에 있었다. 백인 페미니즘은 앨라이가 된다는 발상을 지나 의미 있는 공모를 해야 한다는 생각으로 옮겨 와야 한다.

공모하여 한편이 되는 페미니스트들은 적극적이고 직접적으로 백인 우월주의에 가담하는 사람들, 정당, 제도, 문화적 규범에 도전해야 한다. 그들은 자신들이 싸우는 과정에서 주변화된 공동체와 같은 몫을 갖지 않아도 된다는 걸 깨달아야 한다. 자신의 에고는 한쪽으로 밀어두어야 한다. 우리의 지침에 따라서 우리가 만들어낸 투쟁의 중심에 자신들이 필요가 있지 않도록 해야 한다. 그들이 특권을 가졌다는 사실이 우리가 경험하는 억압에 있어 자신들을 전문가로 만들어주지 않음을 내면화해야 한다. 이런 방식의 페미니즘은 수행을 할 수 있고, 그저 실제로 일하는 이들을 지지하면서 평등에 대한 립서비스로 그치지 않아야 한다. 공모하는 페미니스트가 된다는 건 그저 의미론적인 차원에 그치는 게 아니다. 공모는 편견에 대해서 말하는 게 아니라 무언가를 함을 뜻한다.

공모하는 페미니스트들은 극단적인 백인 우월주의자들의 관점을 정상화하는 위험에만 맞서야 하는 게 아니고 자신들의 관점의 기저에 있는 문화적인 기준을 질문하고 이에 도전해야 한다. 그들은 그저 주변화된 이들이 저항하면서 폭력을 경험하는 광경을 옆에서 보는 것만이 아니라 백인 우월주의 체제(그들에게는 위해를 덜 가하는)와 체제가 위해를 가하는 이들 사이에 서 있다. 이는 하루아침에 끝나는 싸움이 아니다. 이는 다른 주변화된 공동체가 하는 대로 백인 우월주의에 맞서 싸우겠다는 약속이어야 한다.

이는 백인 페미니스트 구원자 서사를 넘어서고, 여성의 권리를 증진시키는 것보다 편향을 무기로 삼는 데 흥미가 있는 사람들에게 맞서는 일을 포함한다. 백인 페미니즘을 지나 실제적인 페미니즘으로 전향해야 한다. 이는 주변화된 공동체 내에서의 문제가 드러나서는 안 된다는 것이 아니라 그들이 더 이상은 책임과 공모하는 문제로부터 주의를 돌릴 수 없다는 뜻이다. 주변화된 공동체는 이미 내부 작업에서 전략과 해결책을 개발해왔다. 이제 주류 페미니즘은 더 나아가야 한다. 승인을 요구하는 데 시간을 덜 쓰고 자원을 나누는 데 시간을 할애해야 한다. 공모한다는 것은 백인 페미니즘이 자신들의 자원과 플랫폼을 주변화된 공동체가 페미니즘적인 작업을 할 수 있도록 지지하는 데 헌신한다는 의미다.

분노를 표출한다는 것, 공모자가 된다는 것

이 책을 번역하는 동안 나는 3년간 붙들었던 석사논문을 마무리 짓고 있었다. 7월 말부터 시작한 번역이 11월 말에야 끝났으니 꼬박 한 학기를 함께한 셈이다. 논문을 쓰는 기간은 외롭다고들 하던데, 번역하는 동안에는 저자에게 온전히 이입해야 해서 켄들의 이야기와 대화를 주고받으며 마지막 반년을 함께 보냈더니 외롭지 않았다. 그래서 번역을 일부러 천천히 마무리 지었던 걸까? 우스갯소리지만 그럴지도 모른다.

켄들의 글에는 흑인 페미니스트로서의 직설적인 면모가 있다. 흑인 페미니스트들은 전부 다르지만 흑인페미니즘이라는 뿌리로 얼마간 얽힌 이들이 뿜어내는 에너지를 나는 늘 사랑한다. 또한 우리와 같은 비백인 소수인종인 그들에게는 페미니즘 담론 및 실천에서 같은 인종 남성에 의한 지배와 착취가 중심을 차지하는 한국에서는 반감을 살 수 있는 특유의 정치학이 있다. 흑인 페미니스트들의 통찰을 중요하게 받아들여왔던 나는 이 직설적인 면모에 끌리면서도 특유의 정치학이 늘 마음에 들었던 것은 아니다. 가정 외부의 사회에서 차별받는 위치에 놓여 있기 때문에 가정 내에서만 존중받을 수 있는 상황이 흑인 남성들로 하여금 폭력적이고 가부장적인 태도를 보이게 했다는 설명에 경악하면서도, 백인 중심적인 페미니즘이 흑인 페미니스트들에게 던지는 비판("그들은 젠더를 충분히 중요하게 생각하지 않아")에는 반대했다.

그러면서도 나는 켄들이 백인 여성들을 비판하는 방식이 다소 부당하다고 생각했다. 그가 미국 사회에서 일어난 지엽적인 사건들을 언급하면서 백인 여성을 낱낱이 비난하는 방식, 그들을 트럼프를 대통령으로 뽑은 집단으로 환원하는 서술이 과하다고 느꼈다. 그리고 그가 분개하는 텔레비전 쇼의 장면 장면을 이렇게나 자세히 알아야 할까, 하고 심드렁한 내 태도를 서구사회 외부의 아시아인으로서 타당한 것이라고 여기다 말고 번역 중에 읽었던 캐럴라인 냅의 에세이를 떠올렸다. 냅의 에세이 역시 나의 생활세계와는 동떨어진 삶을 구체적이고 빼곡하게 기술해놓았기 때문에. 이 책《모든 여성은 같은 투쟁을 하지 않는다》가 세상으로 나가고 나면 백인 중상층 여성인 냅이 말하는 사소한 일화들은 사랑스럽게 여겨지는 반면 흑인 여성이 말하는 사소한 일화들은 서술상 부당한 대목부터 눈에 띄고 어쩌면 그 구체적인 서술 자체가 성가시게 느껴질 수도 있으리라는 점, 그것이 모두 백인에 동일시한 결과는 아니겠지만 아주 공정한 태도도 아니라는 점은 나를 오래 붙들었다. 그리고 아들과 딸이 같은 것을 성취해도 서로 다른 대우를 받고, 애초에 딸이 아들과 같은 성취를 이룰 수 없는 존재라는 점을 주요한 정치적 문제로 다루는 한국에서, 누가 사랑받는 존재로서 누가 인간화되고 정당화되는 서사로 타인을 초대할 수 있느냐는 퀸들의 문제의식이 의미 있게 이해될 수 있겠다고 생각했다.

작업을 이어가면서는 리베카 솔닛이 분노를 자신을 태우는 연료로 쓰지 말라고 이야기하는 에세이를 읽었다. 이전이었다면 옳은 말로만 받아들였을 이 글은 하필이면 퀸들이 분노를 활활 태우면서 백인 여성을 트럼프에게나 투표하는 집단으로 몰아가는 글의 도전을 받는다. 공교롭게도 솔닛은 그다음 에세이에서 백인 여성 가운데 트럼프를 지지한 이들이 있다는 사실을 백인 여성 전체의 문제로 일반화하는 것을 반대하기 때문에 내 머릿속에서는 꼭 퀸과 솔닛이 대결하는 듯한 구도가 형성됐다. 한국 여성들이 늘 투표에서 누구를 찍었느니 찍지 않았느니 하는 문제로 곤혹을 겪는 현실을 아는 한편, 인종정치가 부각되지 않은 사회에 살아가기 때문에 둘의 (직접적으로 보이는) 논쟁을 온전히 이해할 수 없는 나로서는 양가적인 마음이 들었다. 이 양가성은 작업 내내 계속되었다. 나는 그와 아주 가까웠다가 아주 멀어진다. 그 사이에는 백인 여성이 끼어들기도 하고 그렇지 않기도 하다. 그 과정은 끊임없는 주저함을 낳았다. 퀸들은 흑인 페미니스트를 용맹하게 표상하는 일이 페티시화를 낳고, 돌봄의 부재를 야기한다고 반복적으로 지적하기에 나는 그들의 에너지를 사랑한다고 말하는 일조차 머뭇대야 했다. 그러나 그의 글이 유발하는 주저함, 주저하는 자의 혼란한 동작은 이렇듯 백인도 흑인도 아닌 아시안 여성으로서의 입장을 명료하게 드러내준다.

작업 막바지에는 중산층으로 자라나 영부인이 된 미셸 오바마의 《비커밍》을 읽었고, 셀린 시아마 감독이 연출한 영화로 흑인 청소년 4명이 주인공인 〈걸후드〉의 해설을 맡았다. 미셸 오바마의 가정과 켄들의 가정은 교육을 무조건적인 가치로 추구했다는 점에서 유사했지만, 전자가 적은 자원을 활용해 무력감에 빠지지 않고 상승 감각을 유지하는 전략으로 생존한 반면, 후자는 그런 전략을 추구할 수 없는 이들에게 존중받을 자격을 갖출 것을 강요하지 말라고 강력히 주장한다는 점에서 달랐다. 미국인인 이 둘과 달리 프랑스 파리 외곽에 사는 흑인 소녀들의 삶을 드러내는 시아마의 영화를 해설하는 자리에서 나는 미셸 오바마와 미키 켄들의 공통점과 차이점을 중요한 레퍼런스로 언급했다. 미셸 오바마는 흑인이라는 위치가 강화하는 무력감을 타파하는 운동과 교육을 통한 성장을 강조하는 중산층 집안에서 자라나 엘리트가 되었다. 미키 켄들 역시 교육에 기대를 거는 집안에서 자랐지만 빈곤층이라는 배경을 엘리트가 되어 회상해야할 과거로 여기지 않고, 소수인종 엘리트가 자원을 점한 뒤 이를 분배하는 방식을 비판적으로 바라본다.

켄들은 자기 자신에 대해서 말하고, '존중받을 자격의 정치'를 완강하게 부인한다. '후드' 출신이라는 배경은 소셜미디어를 통해 직접 말하기를 시작하게 된 상대적으로 자원 없는 이들의 그것과 모르긴 해도 유사할 것이다. 타인의 이야기를 전하는 입장은 직접 말하기가 받는 비난을 피해 갈 수 있다. 자신의 입장을 스스로 대변하는 말하기란 과하게 자세하고, 불필요하게 공격적이고, 너무 편향되었다는 점에서 좀처럼 인정을 얻기 어렵다. 한국에서 2015년을 기점으로 여성들의 직접 말하기가 쏟아지는 맥락 속에서 페미니즘 운동에 동참했던 나는 이 점을 잘 알고 있었다. 그래서 켄들이 식량 및 주거 문제를 주요 페미니즘 이슈로 언급하며 빈곤층으로서 푸드 스탬프를 받아야 했던 자신의 배경을 가감 없이 드러낸 데 존경을 표하게 되었다. 반년간 켄들이 곁에 없었다면 나는 나와 유사한 이들을 대변하는 글쓰기에서 한 발짝 물러선 채 논문을 제출했을지도 모른다. 훌륭한 작업에 함께할 수 있도록 연락해주시고, 늦어지는 마감을 이해해주신 편집자 소영님께 깊은 감사를 표한다. 백인 여성을 중심으로 한 페미니즘 담론이 지배적인 가운데 미국 사회에서 빈곤층 흑인 여성의 관점을 고수하는 켄들의 작업이 앞으로도 왕성하게 이어지기를 바란다.

총구는 누구를 향하는가

Statistic on guns in a domestic violence situation, from J. C. Campbell, D. Webster, J. Koziol-McLain, C. Block, D. Campbell, M. A. Curry, F. Gary et al., "Risk Factors for Femicide in Abusive Relationships: Results from a Multisite Case Control Study," *American Journal of Public Health* 93, no. 7 (2003): 1089 – 97.

Dropout rates of public school students, from R. L. Moore, "The Effects of Exposure to Community Gun-Violence on the High School Drop-out Rates of California Public School Students"(PhD diss., University of California, Los Angeles, 2018), https://escholarship.org/uc/item/4gf4v5c7.

Statistics on gun-related deaths of American children, from "The Impact of Gun Violence on Children and Teens," *Everytown*, May 29, 2019, https://everytownresearch.org/impact-gun-violence-american-children-teens/.

Marty Langley and Josh Sugarmann quote from Violence Policy Center, appears in *Black Homicide Victimization in the United States: An Analysis of 2015 Homicide Data* (Washington, DC: Violence Policy Center, 2018), http://vpc.org/studies/blackhomicide18.pdf.

굶주림은 페미니즘 이슈인가

Studies by the Centers for Disease Control and Prevention can be found in Emily Dollar, Margit Berman, and Anna M. Adachi-Mejia, "Do No

Harm: Moving Beyond Weight Loss to Emphasize Physical Activity at Every Size," *Preventing Chronic Disease* 14(2017), https://www.cdc.gov/pcd/issues/2017/17_0006.htm.

'#까진여자애들'과 자유

Emily Yoffe, "College Women: Stop Getting Drunk," *Slate*, October 15, 2013, https://slate.com/ human-interest/2013/10/sexual-assault-and-drinking-teach-women-the-connection.html.

Amanda Marcotte, "Prosecutors Arrest Alleged Rape Victim to Make Her Cooperate in Their Case. They Made the Right Call," Slate, February 25, 2014, https://slate.com/human-interest/2014/02/alleged-rape-victim-arrested-to-force-her-to-cooperate-in-the-case-against-her-abusers.html.

On white bystanders helping, from J. W. Kunstman and E. A. Plant, "Racing to Help: Racial Bias in High Emergency Helping Situations," Journal of Personality and Social Psychology 95, no. 6(2008): 1499–510, https://www.ncbi.nlm.nih.gov/pubmed/19025298.

White women bystanders, from Jennifer Christine Merrilees, Jill C. Hoxmeier, and Marisa Motisi, "Female Bystanders' Responses to a Black Woman at Risk for Incapacitated Sexual Assault," *Psychology of Women Quarterly* 41, no. 2 2017): 273–85, https://journals.sagepub.com/doi/10.1177/0361684316689367.

Lena Dunham's apology, Lena Dunham: My Apology to Aurora," *Hollywood Reporter*, December 5, 2018, https://www.hollywoodreporter.com/news/lena-dunham-my-apology-aurora-perrineau-1165614.

가부장제가 비처럼 내리네

Homicide rates research, from Natalia E. Pane, "Data Point: Gun Violence Is the Most Common Cause of Death for Young Men," *Child Trends*, February 22, 2018, https://www.childtrends.org/gun-violence-common-cause-death-young-men.

The study from Georgetown Law's Center on Poverty and Inequality, from Rebecca Epstein, Jamilia J. Blake, and Thalia Gonzalez, *Girlhood Interrupted: The Erasure of Black Girls' Childhood* (Washington, DC: Georgetown Law's Center on Poverty and Inequality, 2017), https://

www.law.georgetown.edu/poverty-inequality-center/wp-content/
uploads/sites/14/2017/08/girlhood-interrupted.pdf.

Dehumanizing Black children, from Phillip Atiba Goff, Matthew Christian
Jackson, Brooke Allison, Lewis Di Leone, Carmen Marie Culotta, and
Natalie Ann DiTomasso, "The Essence of Innocence: Consequences
of Dehumanizing Black Children," *Journal of Personality and Social
Psychology* 106, no. 4 (2014): 526 –45, https://www.apa.org/pubs/
journals/releases/psp-a0035663.pdf.

Collier Meyerson, "A Hollaback Response Video: Women of Color on Street
Harassment," *Jezebel (blog)*, November 6, 2014, https://jezebel.
com/a-hollaback-response-video-women-of-color-on-street-
ha-1655494647.

···치곤 예쁨

Discrimination against people with locs, from Lee Peifer, "Eleventh Cir-
cuit Declines to Revisit Dreadlocks Discrimination Case Banc,"
11thCircuitBusinessBlog.com, December 18, 2017, https://
www.11thcircuitbusinessblog.com/2017/12/eleventh-circuit-
declines-to-revisit-dreadlocks-discrimination-case-en-banc/.

흑인 소녀들은 식이장애를 앓지 않는다

On health-care providers, from Angela Garbes, "America Is Utterly Fail-
ing People of Color with Eating Disorders," *Splinter*, May 7, 2017,
https://splinternews.com/how-america-fails-people-of-color-
with-eating-disorders-1793858224.

Being overweight doesn't increase mortality, from K. M. Flegal, B. I. Grau-
bard, D. F. Williamson, and M. H. Gail, "Excess Deaths Associated
with Underweight, Overweight, and Obesity," *JAMA* 293, no. 15
(2005): 1861 –7, https://www.ncbi.nlm.nih.gov/pubmed/15840860.

The assumption that eating disorders largely affect white women, from K. H.
Gordon, M. Perez, and T. E. Joiner Jr., "The Impact of Racial Stereo-
types on Eating Disorder Recognition," *International Journal of Eat-
ing Disorders%%* 32, no. 2 (2002): 219 –24, https://www.ncbi.nlm.
nih.gov/pubmed/12210665/.

Cultural competence in the treatment of eating disorders, from Debra L.

Franko, "Race, Ethnicity, and Eating Disorders: Considerations for DSMV," %%International Journal of Eating Disorders%% 40 (2007): S31 – 4, https://onlinelibrary.wiley.com/doi/pdf/10.1002/eat.20455.

사라지거나, 죽거나, 방치되거나

Murder rates in Chicago, from Aamer Madhani, "Unsolved Murders: Chicago, Other Big Cities Struggle; Murder Rate a 'National Disaster,'" %%USA Today%%, August 10, 2018, https://www.usatoday.com/story/news/2018/08/10/u-s-homicide-clearance-rate-crisis/951681002/.

A serial killer in Chicago, from Kelly Bauer, "Is There a Serial Killer Targeting Black Women in Chicago? After 50 Women Slain, FBI and CPD Form Task Force to Investigate," %%Block Club Chicago%%, April 12, 2019, https://blockclubchicago.org/2019/04/12/police-fbi-task-force-investigating-if-slayings-of-50-women-mostly-black-are-work-of-serial-killer/.

Missing Indigenous women, from Camila Domonoske, "Police in Many U.S. Cities Fail to Track Murdered, Missing Indigenous Women," NPR, November 15, 2018, https://www.npr.org/2018/11/15/667335392/police-in-many-u-s-cities-fail-to-track-murdered-missing-indigenous-women.

The study from the Urban Indian Health Institute can be found at Annita Lucchesi and Abigail Echo-Hawk, *Missing and Murdered Indigenous Women and Girls: A Snapshot of Data from 71 Urban Cities in the United States* (Seattle: Urban Indian Health Institute, 2019), http://www.uihi.org/wp-content/uploads/2018/11/Missing-and-Murdered-Indigenous-Women-and-Girls-Report.pdf.

The homicide rate of Indigenous women, from David K. Espey, Melissa A. Jim, Nathaniel Cobb, Michael Bartholomew, Tom Becker, Don Haverkamp, and Marcus Plescia, Leading Causes of Death and All-Cause Mortality in American Indians and Alaska Natives," *American Journal of Public Health* 104, suppl. 3 (2014): S303 – 11, https://www.ncbi.nlm.nih.gov/pmc/articles/PMC4035872/.

Women from Central America seeking asylum, from Chiara Cardoletti-Carroll, Alice Farmer, and Leslie E. Velez, eds., *Women on the Run* (Washington, DC: United Nations High Commissioner for Refugees, 2015), https://www.unhcr.org/5630f24c6.html.

Rates of violence against trans people in the US, from a report from Mark Lee, A National Epidemic: *Fatal Anti-Transgender Violence in America in 2018*(Washington, DC: Human Rights Campaign, 2018), https://www.hrc.org/resources/a-national-epidemic-fatal-anti-transgender-violence-in-america-in-2018.

누가 정치에 참여할 수 있는가

Bill Clinton on not inhaling, from Olivia B. Waxman, "Bill Clinton Said He 'Didn't Inhale' 25 Years Ago—But the History of U.S. Presidents and Drugs Is Much Older," *Time*, March 29, 2017, http://time.com/4711887/bill-clinton-didnt-inhale-marijuana-anniversary/.

Quote from Diana Mutz, from Tom Jacobs, "Research Finds That Racism, Sexism, and Status Fears Drove Trump Voters," *Pacific Standard*, April 24, 2018, https://psmag.com/news/research-finds-that-racism-sexism-and-status-fears-drove-trump-voters.

More on Bernie Bros from Dara Lind, "Bernie Bros, Explained," *Vox*, February 5, 2016, https://www.vox.com/2016/2/4/10918710/berniebro-bernie-bro.

Sentencing Project's May 2018 report can be found at "Incarcerated Women and Girls," Sentencing Project, June 6, 2019, https://www.sentencingproject.org/publications/incarcerated-women-and-girls/.

편향은 교문 앞에서 멈추지 않는다

Study of students in an alternative school setting, from Kathryn S. Whitted and David R. Dupper, "Do Teachers Bully Students? Findings from a Survey of Students in an Alternative Education Setting," *Education and Urban Society* 40, no. 3 (2007): 329–41, https://journals.sagepub.com/doi/abs/10.1177/0013124507304487.

On $5.7 billion a year being spent on the juvenile justice system, from Amanda Petteruti, Marc Schindler, and Jason Ziedenberg, *Sticker Shock: Calculating the Full Price Tag for Youth Incarceration*(Washington, DC: Justice Policy Institute, 2014), http://www.justicepolicy.org/uploads/justicepolicy/documents/sticker_shock_final_v2.pdf.

Chicago's school closures, from Linda Lutton, Becky Vevea, Sarah Karp, Adriana Cardona-Maguidad, and Kate McGee, "A Generation of School Closings," *WBEZ*, December 3, 2018, https://interactive.wbez.org/generation-school-closings/.

Data on the disciplining of Black students, from a fact sheet published by the National Education Policy Center, Annenberg Institute for School Reform, and Dignity in Schools Campaign, "School Discipline Myths and Facts," *Dignity in Schools*, https://dignityinschools.org/resources/school-discipline-myths-and-facts-3/.

Data on the arrests of Black students, from Evie Blad and Corey Mitchell, "Black Students Bear Uneven Brunt of Discipline, Data Show," *Education Week*, May 1, 2018, https://www.edweek.org/ew/articles/2018/05/02/black-students-bear-uneven-brunt-of-discipline.html.

주거 위기는 우연히 일어나지 않는다

Eviction cases in 2016 and Matthew Desmond's Eviction Lab, from Terry Gross, "First-Ever Evictions Database Shows: 'We're in the Middle of a Housing Crisis,'" *NPR*, April 12, 2018, https://www.npr.org/2018/04/12/601783346/first-ever-evictions-database-shows-were-in-the-middle-of-a-housing-crisis.

재생산 정의, 우생학, 모성 사망

Maternal mortality rates, from Nina Martin, ProPublica, Renee Montagne, and NPR News, "Nothing Protects Black Women from Dying in Pregnancy and Childbirth," *ProPublica*, December 7, 2017, https://www.propublica.org/article/nothing-protects-black-women-from-dying-in-pregnancy-and-childbirth.

Forced sterilization of Indigenous women, from Erin Blakemore, "The Little-Known History of the Forced Sterilization of Native American Women," *JSTOR Daily*, August 25, 2016, https://daily.jstor.org/the-little-known-history-of-the-forced-sterilization-of-native-american-women/.

Forced sterilization of Latina women, from Katherine Andrews, "The Dark History of Forced Sterilization of Latina Women," *Panoramas*, October 30, 2017, https://www.panoramas.pitt.edu/health-and-society/

dark-history-forced-sterilization-latina-women.

Forced sterilization of inmates, from Reuters, "California Bans Sterilization of Female Inmates Without Consent," *NBC News*, September 26, 2014, https://www.nbcnews.com/health/womens-health/california-bans-sterilization-female-inmates-without-consent-n212256.

On aborting fetuses with disabilities, from Lawrence B. Finer, Lori F. Frohwirth, Lindsay A. Dauphinee, Susheela Singh, and Ann M. Moore, "Reasons U.S. Women Have Abortions: Quantitative and Qualitative Perspectives," *Perspectives on Sexual and Reproductive Health* 37, no. 3 (2005): 110–18, https://www.guttmacher.org/journals/psrh/2005/reasons-us-women-have-abortions-quantitative-and-qualitative-perspectives.

Forced sterilization of people with disabilities, from S. E. Smith, "Disabled People Are Still Being Forcibly Sterilized— So Why Isn't Anyone Talking About It?" *Rewire.News*, November 17, 2014, https://rewire.news/article/2014/11/17/disabled-people-still-forcibly-sterilized-isnt-anyone-talking/.

Racism on social media, from Vic Micolucci, "Baby Posts at Jacksonville Hospital Prompt Global Response from Navy," *News4Jax*, September 20, 2017, https://www.news4jax.com/news/baby-posts-at-jacksonville-hospital-prompt-global-response-from-navy.

On Beyonce Knowles-Carter's pregnancy, from Derecka Purnell, "If Even Beyonce Had a Rough Pregnancy, What Hope Do Other Black Women Have?" *Guardian*, April 23, 2019, https://www.theguardian.com/commentisfree/2019/apr/23/beyonce-pregnancy-black-women.

분노를 표출한다는 것, 공모자가 된다는 것

Laurie Penny, "A Letter to my Liberal Friends," *The Baffler*, August 15, 2017, https://thebaffler.com/war-of-nerves/a-letter-to-my-liberal-friends.